U0133371

中华谋略经典

孙子兵法

黄朴民　译注

岳麓书社·长沙

图书在版编目(CIP)数据

孙子兵法/黄朴民译注. —长沙:岳麓书社,2020.11

(中华谋略经典)

ISBN 978-7-5538-1182-6

Ⅰ.①孙… Ⅱ.①黄… Ⅲ.①兵法—中国—春秋时代②《孙子兵法》—注释③《孙子兵法》—译文 Ⅳ.①E892.25

中国版本图书馆 CIP 数据核字(2019)第 258070 号

SUNZI BINGFA

孙子兵法

译 注:黄朴民

责任编辑:陶嶒玲

责任校对:舒 舍

封面设计:山和水工作室

岳麓书社出版发行

地址:湖南省长沙市爱民路47号

直销电话:0731-88804152 0731-88885616

邮编:410006

版次:2020 年 11 月第 1 版

印次:2020 年 11 月第 1 次印刷

开本:890mm×1240mm 1/32

印张:11

字数:306 千字

书号:ISBN 978-7-5538-1182-6

定价:32.00 元

承印:长沙鸿发印务实业有限公司

如有印装质量问题,请与本社印务部联系

电话:0731-88884129

前言

　　"知彼知己,百战不殆。"这句古老而精辟的军事格言,两千五百多年以来,一直脍炙人口,广为流传。它出自中国春秋晚期杰出的军事学家孙武的经典兵学著作——《孙子兵法》,亦称《孙子》。

　　《孙子兵法》一书,是我国古代兵学的杰出代表,中国优秀传统文化的重要组成部分,其内容精博深邃,问世以来,对中国古代军事文化的形成和发展影响极其深远,被尊奉为"百世兵家之师"。直到今天,《孙子兵法》的许多合理内核仍然闪烁着真理的光泽,对现代军事理论的建设和发展,具有重大的借鉴意义。与此同时,《孙子兵法》的基本原则和思想方法,还渗透到军事以外的社会生活领域,在商业竞争、企业管理、体育竞赛、外交谈判等活动中得到广泛重视和应用。从这个意义上说,《孙子兵法》已超越时空的界限而具有永恒的魅力。

第一节　孙武其人

　　《孙子兵法》的作者孙武,又被尊称为孙子或孙武子,字长卿,春秋晚期齐国乐安(今山东惠民县,或说山东博兴、山东广饶)人,其生卒年月已不可详考,大约与孔子(前551—前479)同时而略晚。他的青少年时代,是在齐国度过的。据史书记载,孙武的祖先为陈国公子完。公元前672年,陈国发生内乱,公子完因避祸而逃奔到齐国,被齐桓公授予"工正"(管理手工业的官员)一职,后改称田氏。通过多年经营,田氏家族在齐国站稳了脚跟,势力不断壮大,成为齐国政治生活中一支举足轻重的力量。

田完的五世孙田书，曾奉齐景公之命，率军攻打莒国，立有战功。田书班师后，齐景公对其大加封赏，"赐姓孙氏"，并把乐安封给田书，作为他的采邑。这位战将田书，据说就是孙武的祖父。

孙武从小成长于这样一个欣欣向荣且具有军事传统的家族之中，受到潜移默化的熏陶。在父辈的教育督促之下，他开始接触兵学，这为日后参与战争实践、著述兵书、建功立业打下了良好的基础。

据《新唐书·宰相世系表》和邓名世《古今姓氏书辨正》等典籍的记载，孙武在齐生活期间，齐国政坛上发生了"田、鲍四族谋为乱"的重大变故。孙武不愿置身于这种复杂险恶的环境，于是萌生了远奔他乡、另谋出路的念头，他反复考虑选择的结果，就是作出了南下吴国，以求一展抱负的决定，这大约是在公元前520年左右。

孙武辗转来到吴国之后，在吴国都城(今江苏无锡、苏州一带)附近定居下来。在那里，孙武一面灌园种田，过着隐居生活；一面研读兵书，撰写兵法，冷静观察吴国的政治动向，等待施展才能和抱负的时机。

这样的时机终于来临了。公元前515年，吴国内部发生了一次重大的政治事件。战功卓著、韬略过人、素孚众望的公子光指使勇士专诸在家宴上刺杀了吴王僚，自立为王，是为吴王阖闾。阖闾即位后，励精图治，发展生产，经军讲武，"立城廓，设守备，实仓廪，治兵库"，积极从事对楚的战略决战准备。为此他广揽人才，起用贤士，以求"折冲销敌"，实现自己战胜强楚，争霸天下的战略目标。在这样的背景下，经伍子胥的大力举荐，"善为兵法，辟隐深居，世人莫知其能"的孙武终于脱颖而出，走上风云变幻的历史舞台。

孙武出山后，应召携带他的兵法十三篇赴吴宫晋见阖闾。在那里，孙武向阖闾呈上了自己的兵法。阖闾怀着浓厚的兴趣将它们阅读一遍，连连称妙，孙武那惊世骇俗的议论、新颖独到的见解，引起了一心图霸的阖闾的共鸣，他为自己终于找到一位杰出的将才而深感庆幸。但同时阖间还希望看到兵法十三篇的实战效益,便对孙武说:"您能不能对您的兵法作一次小型的操演呢?"

孙武给了阖闾一个肯定性的回答,于是就在吴宫中用一百八十名宫女当着阖闾的面进行操练。在这次操练教战过程中,孙武为了严肃军纪,体现信赏明罚、"以法治军"的精神,同时也为了申明"将在外,君命有所不受"的指挥原则,处死了两名担任正副队长却藐视将令不遵守军训纪律的吴王宠姬,从而使这次军事操演达到了预期的目的。虽然阖闾对孙武处死自己的两名宠姬感到不快,但他毕竟是个有作为的君主,没有让感情蒙蔽自己的理智,反而从内心深处加深了对孙武将才的认识,于是果断地任命孙武为将军,担当起军国重任。

孙武为将后,参加指挥吴伐徐国和钟吾国的作战,并很快灭掉了这两个小国,剪除楚的羽翼,为吴国下一步伐楚创造了有利条件。

当然,此时从整体实力上来说,楚对吴还占有明显的优势。所以当阖闾出于速胜心理提出大举攻楚计划时,睿智的孙武即以"民劳,未可,待之"的理由加以劝阻(参见《史记·伍子胥列传》)。不过孙武并不是消极地守株待兔,而是积极运用谋略,创造条件完成敌我优劣态势的转换。这方面的典型,就是运用"疲楚误楚"的策略方针,把吴军分为三支,轮番出击,骚扰楚军,使其疲于奔命,斗志沮丧;同时麻痹对手,诱使其发生判断错误,放松必要的警惕。在这一策略方针的实施过程中,孙武作为吴军的统帅之一,立下了汗马功劳。

公元前 506 年,给楚国以致命一击的时机成熟了。这一年的冬天,吴王阖闾御驾亲征,委任孙武、伍子胥、伯嚭等人为将军,胞弟夫概为先锋,倾全国水陆兵力三万余人,并联合唐、蔡两国,乘楚军连年作战极度疲惫及东北部防御空虚薄弱之隙,进行大胆的战略奇袭,从而揭开了商周以来规模最大、战场最广、战线最长的柏举之战的帷幕。这场战争的战略目标是孙武、伍子胥等人预先制定的,他们以袭占楚国郢都为目的,以实施远距离战略袭击为作战方针。

在这场战争中，吴军遵循孙武"出其不意，攻其无备"和"以迂为直"的作战指导思想，迅速地通过楚国北部的大隧、直辕、冥阨三关险隘（均在今河南信阳一带），挺进到汉水东岸，迫使楚军在极其被动的情况下仓促应战。

当两军接触后，吴军即采取了后退疲敌、寻机决战的对策，在小别（今湖北汉川东南）至大别（今湖北境大别山脉）间与楚军进行周旋，屡次挫败楚军的兵锋，造成其军队疲惫，士气低落。然后孙武等人当机立断，决定同楚军在柏举（今湖北汉川市北，一说在今湖北麻城一带）进行战略决战。十一月间，柏举决战爆发，吴军在阖闾、夫概、孙武等人指挥下，奋勇拼杀，大破楚军，取得会战的决定性胜利。

楚军遭受重创后狼狈向西溃逃。孙武等人及时实施战略追击，尾随不舍，终于先后在清发水（即涢水，今湖北安陆西）、雍澨（今湖北京山西南）等地追及楚军，给楚军残部以多次沉重打击。至此，楚军全线崩溃，郢都（今湖北江陵）完全暴露在吴军面前。孙武等人挥师挺进，直捣郢都。楚昭王见大势尽去，仓皇出奔。吴军长驱直入，势如破竹，五战五胜，于十一月底一举攻克郢都，柏举之战终于以吴军的辉煌胜利而告结束。

柏举之战是孙武亲自参与指挥的最重要的一次战争。他给长期称雄的楚国以沉重的打击，从而改变了春秋晚期的战略格局，为吴国的进一步崛起，进而争霸中原奠定了坚实的基础。同时，经此一战，孙武作为伟大的军事家从此闻名遐迩。其战略战术思想，如"兵者诡道""上兵伐谋""避实击虚""兵闻拙速""以迂为直""因敌制胜""致人而不致于人""示形动敌""造势任势"等，均在此战中得到了淋漓尽致的发挥和运用。应该说，孙武本人在柏举之战中的杰出作用是不可抹杀的。

柏举之战后，孙武继续辅佐阖闾的事业，曾在对越国作战中发挥过作用，因此司马迁称誉他和伍子胥一起为吴国"南服越人"作出了贡献。

十年之后，吴王阖闾在同越国的槜李之战中负伤身死，其子夫差继位，孙武又继续辅佐夫差。吴军在公元前484年的艾陵之战中战胜齐国的军队。到公元前482年黄池会盟之后，吴国终于取代晋国成为霸主。在这些活动中，孙武有可能起过一定的作用，所以司马迁说："北威齐晋，显名诸侯，孙子与有力焉。"

孙武的晚年情况史载不详，很有可能是有鉴于吴王夫差骄横好战，以及好友伍子胥被迫自杀等情况，而急流勇退，飘然高隐。所幸的是，他为我们留下了一部不朽的军事名著——《孙子兵法》。

第二节 《孙子兵法》成书的历史契机

司马迁在《孙子本传》中说，孙武之所以"显名诸侯"，名于当世，是因为他辅佐阖闾"西破强楚，入郢，北威齐晋"。然而，在今天，孙武之所以在军事史上享誉中外，名播千秋，则主要是因为他写了一部《孙子兵法》。

《孙子兵法》虽然只有六千字左右，却是一部论述军事领域内部联系和规律的兵学杰作。具有高屋建瓴的气势及详备富赡的内容，书中充满了对智慧的赞扬，饱含着对昏聩的鞭挞，显示出对穷兵黩武的警告，贯穿着对军事哲理的探索。这是一部从战略高度论述军事问题的不朽之作。

那么，为什么在东方，在中国，在两千五百年前能够产生《孙子兵法》这样一部伟大的军事著作？我们认为，社会文明的演进，战争方式的变化，社会思潮的激荡，地域文化的孕育，家庭环境的熏陶以及个人实践的影响，所有这一切，就是《孙子兵法》诞生的历史契机。

孙武生活的春秋末期，正是我国历史上贵族分封制向君主专制集权制过渡转变的社会大变革时代。当时，新兴的地主阶级在各个领域以各种方式向腐朽没落的贵族领主阶级展开斗争。其中在政治领域内，战争是最重要的斗争方式。他们为了赢得战争，夺取政权，都高度重视对战争经验的总结,急切需要有本阶级的军事学家为自己提供从事战争实践的理论指导。从这层意义上说,孙武撰《孙子兵法》,乃是时代的要求。

尽管诸侯列国都在研究战争,培养军事人才,但是相形之下,哺育孙武成长的故土——齐国,具有得天独厚的有利条件,因而最终成为培育一代兵圣的摇篮。齐国位于今山东省境内,具有悠久的历史。姜太公辅佐周文王立国伊始,即推行正确的治国方针,奠定了齐国长期强盛的基础。而齐国开放、发达的社会环境,使得在此基础上发展起来的齐国文化具有注重实用和兼容博取的两大突出特点。兵学本是实用之学,不尚空谈,源于实践,又服务于实践。因此它在齐国得到迅速的发展。姜太公本人就是一位杰出的军事家,他不仅辅佐周武王剪灭商朝,在战争实践方面功业卓著,而且在军事理论方面也颇有建树。他的《太公兵法》虽早已失传,但据《史记·齐太公世家》记载,它的核心是"多兵权与奇计",因而"后世之言兵及周之阴权,皆宗太公为本谋"。而作为先秦兵学源头之一的古司马兵法的发明与总结,也与姜太公和齐国兵家有直接关系。《李卫公问对》卷上载:"周之始兴,则太公实缮其法……周《司马法》,本太公者也。"由此可见,姜太公是中国历史上军事理论建设的重要奠基者。

姜太公初步确立的齐国兵学传统,到春秋战国时期由于时代条件的变革而得以弘扬和光大。由于各种原因,齐国军队的战斗力在当时诸侯列国中相对弱小。所谓"齐兵素号为怯","齐之技击,不可以遇魏氏之武卒",就是例证。为了改变这种不利的态势,齐国终先秦之世尤其注重对兵学的研究,提倡运用谋略,以己之长击敌之短,借重兵学理论方面的优势以弥补军队战斗力不强的缺憾。在这样的背景之下,著名的军事家在齐国大地上不断涌现,精彩的军事理论著作也纷纷面世。在春秋战国之际,出自齐人之手的兵法著作除《孙子兵法》外,还有《管子》《司马法》《六韬》《孙膑兵法》《子晚子》(今佚)等等。这表明,兵学是齐国整个学术文化体系中极具特色、富有影响的重要组成部分。《李卫公问对》卷上称:"张良所学,太公《六韬》《三略》是也;韩信所学,穰苴、孙武是也。""今世所传兵家者流,又分权谋、形势、阴阳、技巧四种,皆出《司马法》也。"这充分显示出齐国兵学在中国古典兵学发展史上所占据的统治地位。换言之,没有齐国兵学,实际上就不复存在中国古典兵学。这样的兵法之国的特殊环境,对于孙武创作《孙子兵法》,无疑具有重要的推动作用。

孙子所出身的田氏家族是一个具有深厚渊源的军事世家。这一优越条件,对于他撰写《孙子兵法》的意义也不可低估。因为,家族内部专门学问的累代相传,乃是当时学问传授的主要方式,我们通常把这种情况叫作"家学"。比如,赵括熟读其父赵奢的兵书;苏代、苏厉学习其兄苏秦的纵横之术;甘罗继续其祖父甘茂的谋略,都是家学代代相传的史例。孙武在这方面自然也不例外。《孙膑兵法·陈忌问垒》所附残简中提到的"孙氏之道"是"明之吴越,言之于齐",就说明两种《孙子》本系一家之学。所以我们讲,在这样的军事世家中成长起来的孙武,耳濡目染,感化挹注,自然具备了最好的学习条件和创作基础。军事世家对于《孙子兵法》的诞生,其意义正在这里。

孙武能够写出不朽的兵法著作,和他个人积极投身军事实践活动这一经历有关。俗话说,实践出真知。孙武在吴国参与了大量的军政活动,积累了丰富的军事经验,这就为他将感性认识上升到理性认识创造了必要的条件。尤其是他亲身参与指挥破楚入郢之战,从中总结归纳出许多带有普遍意义的军事规律,这对于丰富和完善自己的兵学理论意义十分重大。还需要指出的是,孙武迁居吴国之后,曾同出身楚国贵族、深富韬略的伍子胥过从甚密,切磋学术,这无疑使他间接地增加了对以吴楚为代表的南方军事文化的了解和认识,扩大了自己的视野,从而使《孙子兵法》彻底摆脱"古代王者《司马兵法》"的窠臼,成为反映当时社会新要求,更准确地体现军事斗争自身规律特点的划时代兵学经典。

同时，孙武的可贵之处，不仅在于他个人的天赋，更在于他自己对战争规律的探索孜孜不倦，永不停顿。这既表现为他善于借鉴、吸取前代典籍中所反映的战争经验，也表现为他善于根据新的情况，修改、充实自己的兵学理论。在《孙子兵法》中，对吴楚战争经验的总结，就表现为这方面的痕迹。我们知道，孙武向阖闾呈献十三篇时柏举之战还没有发生，但《孙子兵法》中却有这样一段话："夫战胜攻取，而不修其功者，凶。命曰费留。"这很可能是孙武对于吴军破楚入郢之后，"不修其功"，导致失败这一教训的深刻反省。又《作战篇》中讲道："夫钝兵挫锐、屈力殚货，则诸侯乘其弊而起，虽有智者，不能善其后矣。"这恐怕也是对夫差放松对世仇越国的警惕，举兵北上，争当盟主，而导致越国乘隙进攻，亡国破军历史悲剧的总结。所有这些，都足以说明孙武为了使自己的兵学理论更深刻、更完善，曾经孜孜以求，惨淡经营，这或许也是《孙子兵法》之所以成功的奥秘所在。

《孙子兵法》的诞生，也是先秦兵学自身嬗变的客观结果。我们知道，先秦时期兵学思想的发展，先后呈示了四个依次交替、逻辑嬗递的阶段性特色，《孙子兵法》的成书，是其中第三个阶段登场的主要标志。在它之前，已有两个阶段先后出现。

一是以甲骨卜辞以及《周易》为代表的披着神秘迷信外衣的前理性文化阶段。它借助占卜筮问的方式，开展原始的军事预测活动，并在这一过程中，形成了人们相对直观、肤浅甚至臆断的军事认识。

二是以古司马兵法（含《军志》《军政》《令典》等典籍）为主要载体的创始与初步发达阶段，也即以"军法"为主体的阶段。自西周初年至春秋中期的兵学，其载体形式主要表现为"军法"，还不是纯粹意义上的"兵法"。所谓"军法"与"兵法"的区分，按李零先生的观点，也即"广义的军事艺术"和"狭义的军事艺术"之别。"兵法"主要是指"用兵之法""作战指挥之法",而"军法"则多带有条例与操典的性质,包括军赋制度、军队编制、军事装备、指挥联络方式、阵法与垒法、军中礼仪与奖惩措施等,一般属于官修文书的范畴。由于它是西周礼乐文明在军事领域内的集中体现,所以又可以称之为"军礼"。这一阶段兵学的主要特点是在战争观、治军理论、作战指导原则上,反映和贯彻"军礼"的基本精神,提倡"以礼为固,以仁为胜";主张行"九伐之法","不鼓不成列","不杀黄口,不获二毛","服而舍人";贵"偏战"而贱"诈战","结日定地,各居一面,鸣鼓而战,不相诈"。这就是班固在《汉书·艺文志·兵书略序》中所总结揭示的:"下及汤武受命,以师克乱而济百姓,动之以仁义,行之以礼让,《司马法》是其遗事也。"

春秋战国之际,随着整个战争环境发生根本性的变化,原先反映贵族分封制社会军事礼乐文明的"军法""军礼"传统渐渐趋于式微,而代表新兴势力兵学诉求的"兵法"则蓬勃兴起,成为兵学思想领域中的主导力量。这决定了该阶段兵学的基本特征是兵学思想摆脱"军礼"的束缚,对过去那种"鸣鼓而战"的堂堂之阵战法予以坚决的否定,确立了"兵以诈立,以利动,以分合为变"的基本原则,更准确地体现了军事斗争的自身规律和特点。对此,东汉班固也曾有过洗练而准确的揭示:"自春秋至于战国,出奇设伏,变诈之兵并作。"(《汉书·艺文志·兵书略序》)而孙武撰著《孙子兵法》,正是"兵法"形成并占据主导地位的最显著标志。

但是,"军法"的存在,毕竟为孙武构筑其兵学理论体系提供了可资借鉴和汲取的丰厚思想文化资源。换言之,《孙子兵法》之成书,在很大程度上是对"古代王者《司马兵法》"的具体继承与扬弃,这不仅仅体现为兵学原则的全面归纳和总结,而且也反映为文字语言的广泛袭用转引。《孙子兵法》中所谓"用兵之法""法曰"等内容,实际上就是已佚上古兵学著作的基本条文,既"述"且"作"乃是孙子思想体系的重要特色之一。对此,笔者曾在《从〈文选注〉看〈孙子〉成书的渊源》一文中详加考论,指出孙武在撰著《孙子兵法》过程中,曾大量引用了"古代王者《司马兵法》"的内容(文载中华书局《学林漫录》第15辑)。这种引用,大致可以划分为四大类,一是明注出处,如《军争篇》所云:"《军政》曰:'言不相闻,故为金鼓;视不相见,故为旌旗'"等等。二是以"法曰""用兵之法"方式征引,如《形篇》云:"兵法:一曰度,二曰量,三曰数,四曰称,五曰胜";《军争篇》中的"用兵八法"等等。三是不注明出处的原文照录,如《文选》李善注征引文字所涉及的"兵者诡道,能而示之不能""善守者,藏于九地之下;善攻者,动于九天之上""火攻有五""始如处女"等等。四是大意概括式的征引,如《军争篇》曹操注引《司马法》:"围其三面,阙其一面,所以示生路也。"这在《孙子兵法》中,遂被概括提炼为"围师必阙"四字。情况虽然各式各样,但是,孙子撰写《孙子兵法》有丰富的前人兵学著作可以参考借助乃是不争的事实。从这个意义上说,《孙子兵法》既是孙武本人的天才创造,也是前人兵学智慧的浓缩总结。

孙武撰写《孙子兵法》更为深层的社会历史背景,还应该到战争内在发展趋势和社会思潮演进轨迹中去寻找。换句话说,孙子兵学的诞生乃是战争自身发展的逻辑归宿,社会思潮嬗变的必然结果。

众所周知,兵学思想的形成和发展取决于诸多条件和各种因素,其中最为重要的,毫无疑义便是战争实践本身。这意味着,自上古到春秋末年次数频繁、程度激烈、空间宽广、形式多样的战争实践乃是孙武撰写《孙子兵法》,构筑其兵学体系的动力之一。

春秋中晚期,由于"国""野"畛域的渐渐泯灭,军队数额的剧增,武器装备的改进以及与戎狄族步兵作战的需要,步兵得以重新崛起,步战再次占据主导地位。同时,从春秋开始,水军初步得到发展,水战在南方地区逐渐流行。而商代萌芽的单骑,到春秋晚期也有了一定的进步。这样就更加推动了战争方式的日趋复杂。另外,在当时的战争中,除了堂堂之阵的正面会战外,城邑攻守、要塞争夺、伏击包围、迂回奇袭等战法也开始登上历史舞台,在战争中扮演重要的角色。而就当时的战争指导而言,一些战争指导者也开始将军事斗争与政治、外交斗争加以结合,并重视运用谋略,强调争取盟国,注重巧妙用兵,加强军队建设,提倡用间惑敌,从而使战争不断呈现出新的面貌、新的气象。可见战争发展到孙武所处的春秋晚期,已经完成了从幼稚到比较成熟的历史运动过程。其总趋势就是:战争的规模日趋扩大,战争的样式日趋复杂,战争的程度日趋激烈,战争的次数日趋频繁,战争的意义日趋明确,战争的结局对社会经济、政治、文化的影响日趋深远。

战争历史的悠久长远,战争经验教训的丰富深刻,战争方式的复杂多样,战争意义的鲜明突出,一句话,战争的丰富实践,到春秋晚期业已为兵学家系统构筑军事理论、指导战争实践创造了条件,提供了契机。换言之,时代已经伸开了巨臂,准备接受一位杰出的军事思想家投向它的怀抱了。"沧海横流,方显出英雄本色。"孙武勇敢地响应了时代的呼唤,睿智地承担了光荣的使命。他立足现实,回溯以往,瞻望未来,源于战争,高于战争,终于向历史递交了一份圆满的答卷——《孙子兵法》。

同时,兵学思想作为整个思想文化形态的重要组成部分,它的产生、发展、成熟与完善,与人类社会的思想意识形态总体发展演化,有着深刻的历史与逻辑的一致性。孙武写就《孙子兵法》,战争固然是直接的动力之一,然而古代社会思潮的逻辑发展,同样也是其中不可忽视的因素。从某种意义上说,《孙子兵法》不过是整个人类思维理性进化过程作用于军事文化领域的产物,是古代思想发展长链上的一个重要环节。

中国古代哲学、政治思想发展到孙子所处的春秋晚期,已呈现出新的风貌。具体地说,它正以新颖的思维方式、贴切的理论命题、敏锐的历史触觉,对以往进行总结,对现实进行指导,对未来进行展望。它在整个思想史上的地位和意义,就在于它为战国时期的百家争鸣准备了思想条件,成为中国古代一次伟大的思想解放运动的前奏曲。

春秋时期哲学、政治思潮的时代特色,在我们今天看来,主要反映为:一是以初步否定天命论为中心的唯物主义思潮的勃兴;二是以努力揭示事物运动规律为宗旨的朴素辩证法思想的崛起;三是以重民尚德为主要内容的政治思想的发展;四是以改铸旧礼、弘扬仁义为基本特点的伦理道德观念的演进。而这些时代特色,在孙武撰写其兵学著作时都有或多或少、或明或暗的渗透和影响。这充分表明,假如没有当时社会思潮总体演进,《孙子兵法》就不可能以现在这种样子呈现在世人面前。孙武的成功,完全在于他的兵学体系构建始终与时代思潮同呼吸,共命运。这正是历史的契机在《孙子兵法》上所打下的深深烙印。

第三节 《孙子》的成书年代和作者

关于《孙子》的成书年代和作者问题,学术界曾意见分歧,自宋代以来,争论辩诘已延续了千余年之久。论争的焦点,是其书成于春秋抑或战国? 其书的作者是孙武还是孙膑? 或如叶適所言,为某"山林处士"[1]?持否定意见的学者认为:孙武的事迹不见于《左传》等先秦典籍的记载,《孙子》一书所反映的战争规模、运动作战方式、注重诡诈权变的特点以及专有名词(如主、将军等)的称谓、文体的风格均带有鲜明的战国时代特征。因此,《孙子》十三篇不可能成于春秋末年,而只能是在战国时期甚至更晚。它的作者也难以肯定是孙武,而当为其门人或再传弟子。有的学者则更断言为战国中期的孙膑[2]。

1972 年山东临沂银雀山一号汉墓中出土了一批珍贵的竹简,其中有

---

① 《习学记言序目》卷四十六。

② 参见齐思和《孙子兵法著作时代考》,载《中国史探研》,中华书局 1981 年版;李丕基《孙子十三篇释疑》,《新东方》第 2 卷第 3 期;钱穆:《孙武辨》,载《先秦诸子系年》(增订本),香港大学出版社 1956 年版。

《孙子兵法》和《孙膑兵法》。0233号汉简上书"吴王问孙子曰……",0108号汉简上书"齐威王问用兵,孙子曰……",两种兵法同墓出土,而两则简文的内容又恰与《史记》等史籍关于孙武、孙膑的记载相吻合,这证实了历史上孙武、孙膑各有其人,《孙子》的作者不是孙膑。肯定论者据此认为《孙子》成书年代与作者这一"千年聚讼"已"一朝得释"。然而否定论者却认为银雀山汉墓竹简的出土,并不能完全解决其书的成书年代与作者问题,他们依旧坚持《孙子》一书带有浓厚的战国时代特征的基本观点①。

我们认为,《孙子》一书当基本成型于春秋末年,其作者当为孙武本人。具体理由有以下几点:

第一,孙武撰著《孙子》见于《史记》的明确记载。《史记·孙子吴起列传》云:"孙子武者,齐人也。以兵法见于吴王阖庐。阖庐曰:'子之十三篇,吾尽观之矣。'"这段记载至少透露了两点信息:(一)孙武曾著有兵法,并以此晋见吴王阖庐并获重用。(二)"十三篇"篇数与今传本《孙子》篇数相符。这是孙武著有《孙子》的最原始且有说服力的证据。

《史记·货殖列传》记载:"白圭,周人也。当魏文侯时,李克(悝)务尽地力,而白圭乐观时变……故曰:吾治生产,犹伊尹、吕尚之谋,孙、吴用兵,商鞅行法是也。"白圭是战国前期人,他这里提到的"孙",自是指孙武而非孙膑,这表明历史上孙武确有其人。《汉书·刑法志》云:"吴有孙武,齐有孙膑,魏有吴起,秦有商鞅,皆禽敌立胜,垂著篇籍。"又《吕氏春秋·上德》云:"阖庐之教,孙、吴之兵,不能当矣。"高诱注:"孙、吴,吴起、孙武也。吴王阖庐之将也,《兵法》五千言是也。"这里两则史料均明确指出孙武实有其人,并著有兵法。高诱更肯定《孙子》凡五千言,与今传本字数相近。其他像《韩非子》《尉缭子》《黄帝内经》《战国策》《论衡》

① 参见李零《关于银雀山简本〈孙子〉研究的商榷》,载《文史》第7辑;郑良树《论〈孙子〉的作成时代》,收入郑著《竹简帛书论文集》中。

等典籍亦有类似的记载。这些情况表明,孙武善用兵,撰著兵书乃是战国、秦汉时人们的普遍共识。

又,《银雀山汉墓竹简·孙子佚文·见吴王》及青海《上孙家寨汉简·孙子佚文》均曾提到"十三篇"("十三扁"),且《银雀山汉墓竹简·孙子佚文》之内容与传世本《孙子》内容基本相一致①。这样便从现代考古学的角度进一步证实了孙子其人其书的可信程度。

第二,叶适、全祖望、陈振孙、钱穆、黄云眉诸人以《左传》不载孙武事迹,而断言孙武非《孙子》作者,或进而揣度孙武与孙膑为一人,或以为《孙子》成书于孙膑之手,凡是种种,多属猜测之辞。因为仅凭借《左传》之记载有无而论定孙武与《孙子》的关系,其证据显然是贫乏的。这一点宋濂《诸子辨》中即有反驳。其要云:"春秋时,列国之事赴告者则书于策,不然则否。二百四十二年间,大国若秦、楚,小国若越、燕,其行事不见于经传者有矣,何独武哉?"至于混淆孙武、孙膑为一人,或言孙膑作《孙子》,这一误解已随银雀山汉简出土而澄清,无须赘说。

第三,否定论者常就战争规模、作战方式、文体特征考论《孙子》一书带有浓厚的战国色彩,进而判定其书成于战国年间,孙武非其书作者。我们认为这一观点也是无法成立的。首先,就整个作战方式演变看,春秋乃是一个过渡时期,其前中期与西周以来的"军礼"传统一脉相承;而自晚期起,则发生巨大的变化,反映为军队人数剧增,战争规模扩大,作战方式改变。仅就作战样式言,即是示形动敌、避实击虚、奇正相生等"诡诈"战法开始流行,过去那种"结日定地""鸣鼓而战"、堂堂之阵战法日趋没落。用班固的话,便是"自春秋至于战国,出奇设伏,变诈之兵并

---

① 参见吴九龙《简本与传本孙子兵法比较研究》,载《孙子新探》,解放军出版社1990年版。

作"①。《孙子》与"古代王者《司马兵法》"不同,集中反映这一历史潮流趋向实属正常。其次,在这一时代变革中,南方地区的吴、楚诸国乃得风气之先。当时这些较少受旧"军礼"传统束缚的国家,在战争活动中更多地采用了埋伏、突袭、诱敌等"诡诈"战法,并经常奏效。孙武曾在吴国为将,深受当地军事文化的影响,在其著述中自然要体现南方军事文化(包括战法)的特点。所谓孙氏之道"明之吴越,言之于齐"②指的就是这层含义。所以,不能以战争规模扩大、野战机动性增强等现象来简单地和战国特征画上等号,更不宜由此而否定孙武的著作权。

第四,值得注意的是,《孙子》书中也明显带有春秋前中期战争的基本特色。如其言"合军聚众",就反映了商周以来战争动员的主要特点。其言"穷寇勿迫",其实就是早期战争"不穷不能""战不逐奔"的翻版。而其"不战而屈人之兵"的全胜观念,则更体现了它与早期战争特征中广义一面的联系。众所周知,春秋前中期的战争更多的是以迫使敌方屈服为基本宗旨,因而军事威慑多于会战,真正以主力进行会战决定胜负的战争为数比较有限。换言之,当时大中型国家发生冲突时,多以双方妥协或使敌方屈服为结局,而彻底消灭敌方武装力量,摧毁对方政权的现象比较罕见。于是,会盟、"行成"与"平",乃成为当时军事活动中的重要手段。如公元前770年,屈瑕率楚军大败绞师,结城下之盟而退还;公元前612年,晋攻蔡,入蔡,为城下之盟而退师;公元前571年,晋、宋、卫三国之师攻郑,逼迫郑国求和等,都是这方面的显著事例。对这类传统的追慕和借鉴,遂构成《孙子》兵学的理想境界:"不战而屈人之兵。"其他如言兵种而未提及骑兵,言"仁"而未尝"仁义"并称以及"舍事而言理"

---

① 《汉书·艺文志·兵书略序》。
② 《孙膑兵法·陈忌问垒》所附残简。

的论述风格,均突出体现了春秋的时代精神。种种情况表明,《孙子》全书打上了春秋晚期社会变迁、军事斗争艺术递嬗的深深烙印,它只能成书于春秋期间。

当然,我们也不否认《孙子》书中有后人所增益的成分。如其"五行"观就有较明显的战国色彩;"焚舟破釜"等句颇可怀疑系后人窜入;而《用间篇》最后一段言"昔殷之兴也,伊挚在夏;周之兴也,吕牙在殷"云云,也与全书"舍事而言理"的基本风格相悖。然而所有这一切,均不足以动摇孙武为《孙子》作者,其书成书于春秋晚期这一基本事实。

第四节 《孙子》的著录、流传及版本

一、关于《孙子》的著录与流传

据现存文献资料记载,《孙子》一书最早见于《史记》载述。《史记·孙子吴起列传》云:"世俗所称师旅,皆道孙子十三篇。"可见当时称是书为"十三篇"。此后,历代对其书均有著录。其源流大致如下所述:

西汉时期是《孙子》一书正式见于著录的重要开端,也是其书基本定型和开始流传的关键阶段。当时朝廷对兵书进行了三次大的搜集和校理。第一次是汉初"韩信申兵法""张良、韩信序次兵法,凡百八十二家,删取要用,定著三十五家"①。第二次是在汉武帝时,"军政杨仆,捃摭遗逸,纪奏《兵录》"②。颜师古注云:"捃摭,谓拾取之。"第三次是在汉成帝时,"光禄大夫刘向校经传诸子诗赋,步兵校尉任宏校兵书,太史令尹咸校数术,侍医李柱国校方技。每一书已,向辄条其篇目,撮其指意,录而奏之。"③在这三次兵书整理过程中,一定都包括了最重要的《孙子》一书。尤其是第三次,它对于传世本《孙子》篇名、篇次的排定,内容的厘正,

①② 《汉书·艺文志·兵书略》。
③ 《汉书·艺文志序》。

文字的校定,具有重要的意义。这次校书之事,由刘向总其成。他曾为整理校订后的书作《叙录》,附于其书之中,上奏皇帝。《叙录》的重要内容之一就是著录书名和篇题。根据其这一性质,我们可以推断《叙录》是古代目录书中著录《孙子》的第一部。刘向卒后,其子刘歆继承父业,"总括群书,撮其指要,著为《七略》"①。因此,《七略》也当著录有《孙子》。同时,需指出的是,经过刘向、任宏的校书,《孙子》遂形成定本,并由国家收藏。

《汉书·艺文志》源于刘歆《七略》,其对《孙子》有明确之著录,"《吴孙子兵法》八十二篇图九卷",称"吴孙子"是为了有别于"齐孙子(孙膑)"。至于其篇数缘何由司马迁所言的"十三篇"(包括汉简本的提法)剧增至八十二篇,且附有图卷,原因不外乎二:一是自刘向到班固百余年间,人们对《孙子》不断增益的结果,使其篇数大大膨胀。二是因人们重新编纂篇次所致。我们认为,当以第一种因素可能性为大。故三国年间曹操注《孙子》,即指明宗旨:"世人未之深亮训说,况文烦富,行于世者失其旨要,故撰为略解焉。"②汲汲于恢复《孙子》之原貌。

曹操之《孙子注》,系现存世的《孙子》最早注释本。其注简明切要,具有很高的军事学术价值,问世后即备受人们的称誉推崇。其注为三卷十三篇,正与阮孝绪《七略》著录《孙子》三卷相契合,这说明曹氏乃就太史公所云《孙子》十三篇作注,至于孙子之佚文和他人所增附的内容则阙而不论。这亦从侧面进一步证实"十三篇"才是《孙子》的主体。曹操注《孙子》后,有《六朝钞本旧注孙子断片》,不知何人注本,日人香川默识《西域考古图谱》曾予收录。需要指出的是,在两汉魏晋南北朝期间,人们通常以"兵法"来特指《孙子》这部兵书。其正式命名为《孙子兵法》当属

① 《隋书·经籍志》。
② 《孙子注·序》。

隋唐以后之事。虞世南《北堂书钞》、李善《文选》注均称引《孙子兵法》，即是明证。

《隋书·经籍志三》著录有"《孙子兵法》二卷，吴将孙武撰，魏武帝注，梁三卷"，"《孙子兵法》一卷，魏武、王凌集解"，"《孙武兵经》二卷，张子尚注"，等等。还提到了孟氏、沈友诸人注释解诂。由此可见，《孙子》在唐初已有多种注解本。但从其篇幅看（少则一卷，多则二卷），当未尝逾越"十三篇"的范围，或以曹注整理本为底本使然。

唐代以降，随着社会经济文化的繁荣，印刷技术的进步，《孙子》的流传也进入了一个新的发展阶段。人们对《孙子》的尊崇有增无减，习学《孙子》成为较普遍的社会风尚。注家蜂起，各种单注本、集注本以及合刻本纷纷面世。尤其是在宋代，当时统治者有憾于国势积贫积弱，痛心于边患屡起迭至，出于扭转改变这一颓败局面的目的，便以较大的注意力投入于军事领域，提倡研读兵书，探求富国强兵之道。北宋神宗元丰年间，正式将《六韬》《孙子》《吴子》《三略》《尉缭子》《司马法》《李卫公问对》诸书勒为一编，号曰"武经七书"，颁行于武学，为将校所必读。《孙子》自此而成为国家钦定的武学经典著作。此种情况一直沿袭至明、清而不变，如清代"武试默经"，依然是"不出孙、吴二种"[1]。

与此相应，对《孙子》的著录也成为历代各类公私目录书编写时所关注的重点之一。《旧唐书·经籍志》《新唐书·艺文志》《宋史·艺文志》《明史·艺文志》等"正史"，以及《郡斋读书志》《直斋书录解题》《遂初堂书目》《崇文总目》《秘书省续编到四库阙书目》《四库全书总目》等公私目录书，对《孙子》的各种版本、注家均有详略不同的著录。据不完全统计，唐宋

---

① 朱墉《武经七书汇解·吴子序》。

以来，为《孙子》作注者不下于二百余家，存世的亦在七十家以上。其中著名的注家，在隋唐时期有孟氏、李筌、陈皞、贾林、杜佑、杜牧等；在宋代有张预、梅尧臣、王晳、施子美、何延锡、郑友贤等；在明代有赵本学、刘寅、李贽、黄献臣等；在清代则有邓廷罗、顾福棠、朱埔、黄巩等。可谓名家辈出，蔚为大观。

二、关于《孙子》的主要版本

《孙子》一书版本繁富，流传甚广，但穷本溯源，不外乎三大系统：（一）竹简本；（二）武经本；（三）十一家注本。

竹简本。1972年山东临沂银雀山汉墓竹简《孙子兵法》是迄今为止所发现的《孙子》最早手抄本。据专家研究，汉简本《孙子》陪葬的年代大约在建元元年（前140）到元狩五年（前118）之间。从字体风格来看，其抄写年代当在秦到汉文景时期，较历史上早期著录《孙子》的《史记》要早数十上百年。有的学者据此而论定汉简本与今之传世本相比，更接近于孙武的手定原本①。我们认为，这一说法有一定的道理，汉简本在校勘传世本《孙子》方面确有相当的价值，却不尽全面。因为汉简本虽弥足珍贵，但终究并非完璧。且刘向、任宏诸人校书，乃是综合勘比众多《孙子》古抄本，多方征考，择善而从，而成定本的，其质量当较汉简本为胜。从这个意义上说，汉简本可资参考，然不宜过于迷信。汉简本的最佳整理本，系文物出版社1985年出版的《银雀山汉墓竹简·【壹】·孙子》。

武经本。即指宋刻《武经七书·孙子》。《武经七书》最早著录在尤袤《遂初堂书目》中，称之为"七书"，后因"武举以七书试士，谓之武经"②。

---

① 参见吴九龙《简本与传本孙子兵法比较研究》，载《孙子新探》，解放军出版社1990年版。

② 见《直斋书录解题》卷十二《李卫公问对·题解》。

宋本《武经七书·孙子》，是现存《孙子》的最重要的版本之一，原为湖州人陆心源皕宋楼藏书，后为日本岩崎氏购得，收藏在静嘉堂。今有《续古逸丛书》影印本。自宋代至明末清初，《孙子》一书流传始终以武经本为主导。相对而言，十家注本的影响则比较微弱。与武经本有一定联系的是《魏武帝注孙子》，收录在清代孙星衍《平津馆丛书》卷一《孙吴司马法》内。它为现存的《孙子》最早注本，也是后世各种传写本、刊刻本的祖本。有影宋本传世。有学者认为，它与武经本属同一版本系统，但年代更早，错讹之处也较武经本、十一家注本为少[1]。历史上武经本系统质量上乘、影响广泛的研究著作主要有：金施子美《武经七书讲义·孙子》、明刘寅《武经七书直解·孙子直解》、明赵本学《孙子书校解引类》、明黄献臣《武经开宗·孙子》、清朱墉《武经七书汇解·孙子》等等。

十一家注本。即宋本《十一家注孙子》，上海图书馆藏本，1961 年中华书局影宋本。它也是传世《孙子》书中的最重要版本之一，乃与武经本共同构成《孙子》书传本两大基本系统的源流[2]。其书著录初见于尤袤《遂初堂书目》，《宋史·艺文志·子部》共著录三种《孙子》集注本，均从属于十一家注本系统。其中吉天保《十家孙子会注》当是十一家注本的重刻本。但在相当长一段时间内，十一家注本在社会上并不十分风行。这种状况，一直到清代孙星衍手里才加以改变。当时他以华阴《道藏》本《孙子集注》为底本，对十一家注本作了一番认真细致的校订考辨工作，使之重新焕发青春，声名鹊起，一举打破了自宋以来《孙子》主要以武经本流传的格局。孙校《孙子十家注》也就成了近世流传最广、影响最大、最敷实用的《孙子》读本。

---

① 见李零《银雀山简本〈孙子〉校读举例》，载《中华文史论丛》1981 年第 4 辑。

② 杨炳安、陈彭《孙子书两大传本系统源流考》，《文史》1986 年第 17 辑。

第五节 《孙子兵法》的战争观与治军思想

宋代郑友贤在《十家注孙子遗说并序》中指出:"武之为法也,包四种,笼百家,以奇正相生为变。是以谋者见之谓之谋,巧者见之谓之巧,三军由之而莫能知之。"参之本书,可知郑氏之论洵非虚言。《孙子兵法》内涵丰富,几乎包举了军事学上的各个领域,以下我们从几个方面着重进行阐述。

一、《孙子兵法》的哲学基础

任何思想家都是按照一定的哲学观念来构建自己的学说体系的,一定的哲学观念制约和指导着思想家的基本价值取向,这方面孙武也没有例外。他的丰富的兵学思想之所以具有进步性、合理性,归根结底,是孙武在自己的兵学著作中始终坚持了一条正确的思想认识路线,整部《孙子兵法》完全建立在合理的哲学基础之上。

《孙子兵法》的哲学基础,首先表现为朴素唯物主义理论指导。孙武反对鬼神天意,崇尚事实分析。在《孙子兵法》中,孙武对"天"作了唯物主义的解释,认为"天者,阴阳、寒暑、时制也",肯定天道不过是一种自然的现象,而不再有主宰的性质。这样就和当时影响犹存的视天为人格神的宗教神学观划清了界限。基于这样的认识,孙武明确强调"先知者,不可取于鬼神,不可象于事,不可验于度,必取于人,知敌之情者也",反对用阴阳杂占的方法去认识战争,主张"禁祥去疑"。因此,在观察战争问题上,孙武着眼于"道、天、地、将、法"等"五事""七计",提倡在客观事实基础上作出判断,预测胜负。在孙子那里,战争是被当作一种客观物质运动现象来对待的,注重实际,不尚空谈,乃是其兵学思想的最大特色之一。如《形篇》所说的"地生度,度生量,量生数,数生称,称生胜",就是一种把战争的胜负终极原因归结于物质条件的努力。特别值得指出的是,《孙子兵法》中有许多以征引"五行"观念来论证战争的客观物质性的内容。《势篇》说:"声不过五,五声之变,不可胜听也。色不过五,五色之变,不可胜观也。味不过五,五味之变,不可胜尝也",就是一例。这里的"五行"与《左传》等书的"五行"一样,都是被当作物质世界万事万物的最基本属性来看待的。而且孙武还更进了一步,即已将万事万物的演绎、派生和变化归结为"五行"的本质内涵,并在此基础上,引申出"奇正""虚实"等作战指导范畴①。由此可见,孙武的战争理论,其出发点正是他的唯物主义物质观。

《孙子兵法》的哲学基础,其次表现为朴素辩证法思想特征。孙武能够以普遍联系、相互依存的观点、立场和方法来认识和把握军事问题。在他那里,军事问题首先是被作为一个整体来对待的。他讲"道、天、地、将、法""五事",就是以联系的观点将政治、军事、天时地利条件、法制建设、人才拔擢等各项因素作为完整系统来进行考虑。孙武的兵学基本范畴,如"奇正""虚实""主客""攻守""迂直"等,也无不以相互依存、互为关系的形式而存在,一方不存在,对方也就不存在,如无"虚"也即无"实",无"正"也即无"奇",彼此间都是对立的统一和普遍的联系。不仅相互对立的事物具有联系统一性,就是同一事物内部也存在着不同倾向相互对立、互为渗透的属性,并将它用于战争指导:"是故智者之虑,必杂于利害。杂于利而务可信也,杂于害而患可解也";"故不尽知用兵之害者,则不能尽知用兵之利也"。正是这些辩证联系的观点,使得孙武的理论具有最大的圆融性。

朴素辩证法思想的重要内容之一,是主张把握事物转化上的"节"与"度"。遵循这一思想,孙武在对待战争大事上既高度重视,透彻研究,又非常谨慎,努力追求"不战而屈人之兵"的理想境界。这正是其备战与慎战观念的哲学前提。在具体作战、治军问题上,这种朴素辩证法思想

---

① 拙作《五行问题与孙子兵法》,载《孙子新探》,解放军出版社 1990 年版。

也得到了有力的贯彻。如孙武既强调"军争",认为这是克敌制胜的必要
环节,又主张"军争"必有节制,指出过犹不及。又如,《九变篇》论述将
之"五危":"必死,可杀也;必生,可虏也;忿速,可侮也;廉洁,可辱也;爱
民,可烦也。"其实勇于牺牲,善于保全,同仇敌忾,廉洁自律,爱民善卒
等,本来都是将帅应具备的优良品德,然而如果过了度的话,即发展到了
"必"这一程度,那么其性质也就起了转化,走向反面,而成为"覆军杀将"
悲剧的起因了。另外像治军上既主张"视卒如婴儿""视卒如爱子",又
反对"厚而不能使,爱而不能令,乱而不能治";作战指导上既强调"胜可
知而不可为",又肯定"胜可为"等,也均是本着朴素辩证法思想观念的重
要阐述。

朴素辩证法关于事物发展普遍属性理论对《孙子兵法》也有重大的
启迪和影响。其中较为典型的例子,就是孙武运用发展变化的观点来阐
述"奇正"问题的哲学含义:"故善出奇者,无穷如天地,不竭如江河。终
而复始,日月是也;死而复生,四时是也……战势不过奇正,奇正之变,不
可胜穷也;奇正相生,如循环之无端,孰能穷之。"这里无论是遣词用句,
还是精神实质,都显然与老子等人的论述有其相似的一面。其他像"乱
生于治,怯生于勇,弱生于强""五行无常胜,四时无常位,日有短长,月有
死生"等,也同样体现了这种精神。

当然,《孙子兵法》对古代朴素辩证法思想是既有继承又有发展的。
这主要表现为两点:第一,孙武注意辨别真伪,抓住事物本质。他看到,
在战场上,为了迷惑敌人,真真假假、虚虚实实乃是一种常见的现象。因
此,只有透过现象,抓住本质,不为外在的表面现象所迷惑,才能赢得胜
利。他详细分析列举的三十余种"相敌"之法,就是从纷繁复杂的战争现
象中所揭示的认识本质、抓住关键的经验总结。这标志着孙武真正吃透
了朴素辩证法的精髓。第二,孙武反对消极被动,强调发挥人的主观能
动作用。与老子朴素辩证法一味主张贵柔守雌,反对刚强进取,具有明

显保守性不同,《孙子兵法》中的朴素辩证法思想则充满了积极主动的进取精神,在尊重客观实际的同时,提倡发挥人的主观能动作用。所以主张"择人而任势""形人而我无形""计利而听,乃为之势""敌逸能劳之,饱能饥之,安能动之"。总而言之,是要辩证观察问题,积极创造条件,实现克敌制胜的目的。

《孙子兵法》的哲学基础,最后还表现为民本政治思想精神的洋溢。春秋时期是我国古代民本主义思潮初步兴起的重要阶段,当时的思想家都普遍注意于考虑民众的欲求,尊重民众的愿望,关心民众的生计,争取民众的归附。这在《孙子兵法》中也有集中的反映。孙武的许多精彩命题和论述,都是在民本主义的精神指导和规范下提出并展开的。诸如"道者,令民与上同意也,故可以与之死,可以与之生,而不畏危"(《计篇》);"上下同欲者胜"(《谋攻篇》);"善用兵者,修道而保法,故能为胜败之政"(《形篇》);"令素行者,与众相得也"(《行军篇》);"进不求名,退不避罪,唯人是保"(《地形篇》)等,就是比较显著的标志。很显然,孙武在这里已经将战争的胜负同政治的清明与否直接加以联系和对应了。至于清明的政治,在孙子眼里则等同于关心民生,争取民心,使上下和谐,同心同德,即所谓"令民与上同意""上下同欲""与众相得"云云。而达到这一目标的手段、方式,就是"修道而保法""唯人是保"等等。所有这一切,均打上了民本主义的深深烙印,也是孙武兵学理论具有历史进步性的具体表现。

二、慎战与备战并重的战争观念

春秋时代战争频繁,诸侯列国争霸与兼并一日无已。《孙子兵法》当然要反映这一时代特色,这就决定了孙武在战争问题上鲜明地提出慎战与备战并重的主张,换言之,"安国全军"是孙武战争观的基本主线。

孙武对战争采取十分慎重的态度,《孙子兵法》开宗明义就提出:"兵者,国之大事,死生之地,存亡之道,不可不察也。"既然战争是关系到国家存亡的头等大事,所以孙武多次告诫并提醒统治者,必须慎重对待战争,指出:"亡国不可以复存,死者不可以复生。故明君慎之,良将警之。"对于那种缺乏政治目标和战略价值而轻启战端的愚蠢做法,孙武持坚决反对的态度:"主不可以怒而兴师,将不可以愠而致战。"(《火攻篇》)并要求战场指挥员做到"战道不胜,主曰必战,无战可也"(《地形篇》)。

然而主张慎战并不意味着反对战争。《孙子兵法》提倡慎战的主旨,在于强调进行战争的政治目的应当遵循新兴阶级的功利主义原则,即做到"非利不动,非得不用,非危不战","合于利而动,不合于利而止"这一点;不战则已,战则必胜。这种既重战又慎战的观点,使孙武的战争观念既不同于儒、墨的非战主张,也与稍后法家嗜战立场有所区别。由此可见,孙武的慎战出发点是"安国全军",以最终赢得战争的胜利。

孙武是清醒的现实主义者。他鉴于战争不可避免,战争对社会经济、国家前途的巨大影响,把准备战争和指导战争的问题提到了极其重要的位置,强调做到有备无患:"用兵之法,无恃其不来,恃吾有以待也;无恃其不攻,恃吾有所不可攻也。"(《九变篇》)这就是说,要把立足点放在做好充分准备,不打无准备之仗,以强大的军事实力迫使敌人不敢轻易发动战争的基点上。

基于慎战和备战并重的战争观念,孙武推导出用兵的理想境界,这就是一个"全"字。所谓"全"就是全胜。《孙子兵法》中提到"全"的地方有十余处,最主要的篇章是《谋攻》。孙武认为"百战百胜"非"善之善者",高明的战争指导者应该做到"屈人之兵而非战也""拔人之城而非攻也""毁人之国而非久也",从而实现战略、战役、战斗的全胜,即"必以全争于天下,故兵不顿而利可全",用全胜的计谋争胜于天下,"不战而屈人之兵"。为了达到这一境界,孙武提出了"上兵伐谋,其次伐交"的主张,认为指导战争的上策是挫败敌人的谋略,其次是展示强大的兵威慑服敌人。至于"伐兵""攻城",那就等而下之了。由此可见,孙武的"全胜"思想,实际上仍然是其慎战和备战思想在作战指导上的反映。慎战与备战、重战思想犹如一条红线，贯穿于《孙子兵法》十三篇中。

如果不得已进行战争，孙武主张实行进攻速胜战略。他明确提出，从事战争的目的是为了"掠乡分众，廓地分利"（《军争篇》），即掠取他国的人力物力资源，扩张版图，在争霸兼并战争中立于不败之地。在《九地篇》中，孙武更以明确的语言表明了自己的进攻战略："夫霸王之兵，伐大国，则其众不得聚；威加于敌，则其交不得合。"从历史发展的角度看，孙武这一战争观，是符合新兴势力的要求的，是与社会大变革的潮流相一致的，具有突出的进步意义。

三、"令文齐武"的治军思想

为了适应新兴势力建设军队、从事战争的需要，孙武曾提出过不少治军原则，形成了比较系统的治军思想。归纳起来说，其治军思想主要包括严明赏罚、重视选将、将权贵一、严格训练、统一号令、爱卒善俘诸方面[①]。

能否严明赏罚，是调动将士积极性，提高部队战斗力的重要途径之一。孙武对此予以高度重视。在《计篇》中他将"法"列为"五事"的一项，把"赏罚孰明"作为判断战争胜负的重要因素之一。他说："令之以文，齐之以武，是谓必取。"（《行军篇》）所谓"文"，就是精神教育、物质奖励；所谓"武"，就是军纪军法，强调重刑严罚。他认为治军必须拥有文武两手，做到恩威并施："卒未亲附而罚之则不服，不服则难用也，卒已亲附而罚不行，则不可用也。"（《行军篇》）否则就不能造就一支具有战斗力的部队："厚而不能使，爱而不能令，乱而不能治，譬若骄子，不可用也。"（《地形篇》）

---

① 参见拙作《孙子治军思想述论》，《孙子学刊》1996 年第 1 期。

　　要严明赏罚,关键在于做到有法可依,有律可循,否则严明赏罚便无从谈起。所以孙武非常重视军队的法制建设,把"法令执行"也列为判断战争胜负的标准之一。他认为部队必须有一定的组织编制,明确各级人员的职守:"法者,曲制、官道、主用也。"(《计篇》)他指出"治乱,数也","凡治众如治寡,分数是也"。至于法制建设的重点,孙武认为是统一号令,加强纪律。他说:"斗众如斗寡,形名是也",主张用金鼓旌旗来统一将士的耳目,约束部队的行动,从而达到"勇者不得独进,怯者不得独退"的目的。当然,孙武主张在执法问题上也应该做到因变制宜,以更好地发挥法纪的作用。所谓"施无法之赏,悬无政之令"就是这层意思。这体现了《孙子兵法》既讲求执法严肃性又注重执法灵活性的实事求是态度。

　　军事指挥员的素质优劣,在很大程度上影响到军队建设和战争胜负。孙武对这层道理有较深刻的认识,因此强调将帅在战争中的地位和作用,对将领的选拔提出了具体而严格的要求。他指出将帅是国君的助手,辅佐周密,国家就一定强盛;辅佐有缺陷,国家就一定衰弱。显然,他是把优秀将帅的作用提到"民之司命,国家安危之主"的高度来认识的。为此,他重视将帅队伍的建设,认为一名贤将必须具备"智、信、仁、勇、严"等条件。在处事上,要"进不求名,退不避罪,唯人是保";在才能上,要"知彼知己""知天知地""通于九变";在管理上,要"令素行以教其民""与众相得",使士卒"亲附";在修养上要"静以幽,正以治",提醒将帅要避免犯骄横自大、轻举妄动、勇而无谋、贪生怕死等毛病。

　　为了确保将帅在战争中进行有效、灵活的指挥,孙武主张将权适当地集中和专一,反对国君脱离实际情况干涉、遥控部队的指挥事宜。《谋攻篇》指出,国君危害军事行动的情况有三种:不了解军队不能前进而硬让军队前进,不了解军队不能后退而硬令军队后退,这叫作束缚军队;不了解军队的内部事务,而去干预军队的行政,就会使得将士困惑;不懂得军事上的权宜机变,而去干涉军队的指挥,就会使得将士产生疑虑。他进而认为，出现这类情况，就会导致"乱军引胜"、自取败亡的结果。可见，军事上的成败，其前提之一是"将能而君不御"。正是在这个意义上，《孙子兵法》提倡"君命有所不受"，将它确定为一条重要的治军原则。

《孙子兵法》也比较注重部队的训练问题，主张严格练兵，提高战斗力，把"士卒孰练"作为重要的制胜因素。孙武指出，"教道不明""兵无选锋"，是造成作战失败的重要原因，切不可等闲视之，"将之至任，不可不察"（《地形篇》）。为了训练出一支英勇善战的劲旅，孙武提倡爱护士卒，认为做到"视卒如婴儿""视卒如爱子"，乃是训练好部队的先决条件。孙武这一爱兵主张的动机是明确的，即由此而造成"上下同欲"、上下一致的良好官兵关系，保证部队达到"投之无所往，死且不北""犯三军之众，若使一人"（《九地篇》）这样的最佳临战状态。同时《孙子兵法》还提出对敌军战俘要"卒善而养之"（《作战篇》），从而在削弱敌人的同时，使自己变得更加强大，"胜敌而益强"。这一思想也是值得肯定的。

第六节 《孙子兵法》的制胜之道

一、知彼知己 预见胜负

崇智尚谋，是孙子兵法乃至整个古代兵学的基本特色。这就决定了孙子把战略决策和作战指导的制定和实施，立足于"先胜"的前提之上。他曾斩钉截铁地表示，"胜兵先胜而后求战，败兵先战而后求胜"，可见在他心目中，从事战争必须是如履薄冰，千万马虎不得。必须先有胜利的条件，先有胜利的方案，先有胜利的把握，才可以对敌一战。这就是所谓的"先胜"。因此，他不厌其烦地强调要"料敌制胜，计险厄、远近"，认为这才是巧妙驾驭战争的"上将之道"。

然而，如何达到"先胜"的目的呢？孙子认为，那是大有讲究的。按他的见解，"先胜"不是可以坐而致之的，而必须通过主观上的不懈努力来加以实现。努力的正确方向，则是全面了解和掌握各种情况，预测各种变数,在此基础上正确筹划战略全局,机宜实施战役指导,以赢得战争的胜利。用他自己的话精确洗练地来表述,即"知彼知己,胜乃不殆;知天知地,胜乃不穷"。由此可见,以"知彼知己"为主要方式的"先胜"思想,是孙子制胜之道的出发点和基础。

孙子认为,从事战争的先决条件是要做到"知彼知己",因为只有全面了解各种情况,正确估量敌我态势,才能作出正确的判断,定下正确的决心,制定正确的作战方针。鉴于这样的认识,孙子主张在开战之前对敌我双方的主客观条件——"五事七计"作出全面的了解,并进行仔细周密的考察比较,"校之以计而索其情"。看一看究竟哪一方君主政治清明?哪一方将帅更有才能?哪一方拥有有利的天时地利条件?哪一方法令能够贯彻执行?哪一方武器坚利精良?哪一方士卒训练有素?哪一方赏罚公正严明?以期对战争的胜负趋势作出高明的预测,并据此来制定己方的战略战术方针。孙子一再强调这样做的必要性,认为不如此就意味着失败:"不知彼而知己,一胜一负;不知彼,不知己,每战必殆。"(《谋攻篇》)

孙子进而认为,不但在战前战略决策中要贯彻"知彼知己"的原则,而且在实施作战指导整个过程中,也要始终不渝地将"知彼知己""知天知地"作为自己行动的最高纲领。他首先是通过对未能"知彼知己"而造成不利的后果的论述,从反面印证了全面了解掌握敌情的重要性:"不知战地,不知战日,则左不能救右,右不能救左,前不能救后,后不能救前"(《虚实篇》),"知吾卒之可以击,而不知敌之不可击,胜之半也;知敌之可击,而不知吾卒之不可以击,胜之半也;知敌之可击,知吾卒之可以击,而不知地形之不可以战,胜之半也"(《地形篇》)。接着,他又从正面充分肯定了"知彼知己"对于指导战役胜利的意义:"故知战之地,知战之日,则可千里而会战"(《虚实篇》),"故知兵者,动而不迷,举而不穷"(《地形篇》)。层层递进,环环紧扣,反复论证,鞭辟入里,从战役战术的层次将"知彼知己"、预见胜负的要义阐述无遗。

《军争篇》中有这么一段精彩的文字:"不知诸侯之谋者,不能豫交;不知山林、险阻、沮泽之形者,不能行军;不用乡导者,不能得地利。"可见上至"伐谋"这样的战略层次,下至行军屯兵这样具体的举措,都不能须臾违背"知彼知己""知天知地"的根本原则。那么应该通过何种方式来了解和掌握情况呢?孙子对此也提出了自己系统的看法,从而使"知彼知己"的原则不曾流于空泛。

第一,是重视用间,掌握第一手的敌情材料。孙子大力提倡用间,把这看成是"知彼",也即"知敌之情实"的最重要手段之一,提高到战略的高度上来加以认识,"故惟明君贤将,能以上智为间者,必成大功。此兵之要,三军之所恃而动也"。(《用间篇》)为此,孙子专门撰写了《用间篇》,来集中论述用间的原则和方法。主张乡间("因间")、内间、反间、死间、生间等"五间并起",而以"反间"为主。通过间谍将敌人的方方面面情况侦察得一清二楚,以确保自己战略方针得以顺利实施。

第二,是战场"相敌",掌握敌人的动向。所谓"相敌",其本义是战场交锋之前,仔细观察敌情,并在此基础上判断敌人的行动意图,从而根据正确的判断,来相应决定自己的作战措施。孙子在《行军篇》中列举了三十三种具体的相敌之法。其中包括通过对敌人言论行动的观察以判断敌之作战意图,通过对鸟兽草木和尘埃的观察以判断敌人的行动意向,通过对敌人活动状况的观察来判断敌人的劳逸、虚实、士气以及后勤补给等情况。尽管在今天看来,这些具体的"相敌"方法大部分业已过时,但是在当时的历史条件下,孙子主张"相敌",把它作为战争指导者达到"知彼知己"目的主要手段之一,却是具有其特殊的意义的,反映了孙子对作战指导规律孜孜探求的可贵努力。

第三,是火力侦察,通过试探性进攻,来进一步了解和掌握敌情。在《虚实篇》中,孙子论述了四种具体的试探敌人虚实的方法:"故策之而知得失之计,作之而知动静之理,形之而知死生之地,角之而知有余不足之处。"意思是说,要通过认真的筹算,来分析敌人作战计划的优劣得失;要通过挑动敌人,来了解敌人的活动规律;要通过示形佯动,来试探敌人生死命脉之所在;要通过小规模交锋,来探明敌人兵力的虚实强弱。所有这些,都是在临战状态之下为了获取敌人情报而采用的方法,是孙子对战争经验的总结,并在战争实践中屡试不爽。它们的提出,表明孙子"知彼知己"的指导思想,已在具体的作战行动各个环节上得到了贯彻。

二、先发制人 进攻速胜

"先其所爱","兵贵胜,不贵久",强调先发制人,提倡速战速决,推崇作战行动的突然性、主动性、进攻性、运动性,这可以说是孙子制胜之道的重要特点。

在军事上,"先发制人"是一个非常重要的命题。早在《军志》中便有"先人有夺人之心"的提法,《左传》里也有"宁我薄人,无人薄我"的见解。其实质含义即主动进攻,实施突然袭击,以争取作战上的先机之利。

孙子主张"伐大国",积极主动进击敌人,"威加于敌",以泰山压顶之势,摧毁敌人的抵抗意志,消灭敌人的有生力量,实现"自保而全胜"的战略目的。这表明孙子所奉行的是进攻战略的指导原则。主动性是他所坚持的主要作战纲领。这一特点,决定了孙子推崇在作战行动中先发制人,来克敌制胜。

孙子对"先发制人"问题的论述是相当精辟的。他强调在作战过程中,一切都要抢先一步,使自己处于主动有利的地位。在《虚实篇》中,他曾指出这样做的重要性:"凡先处战地而待敌者佚,后处战地而趋战者劳",意思就是先敌一步,即可以逸待劳,一举击败来犯之敌。鉴于这样的认识,孙子一再主张在展开军事行动时,要做到"后人发,先人至"(《军争篇》),夺取先机之利。

"先发制人"的重要性既然不言而喻,那么剩下的问题,便是如何实施高明指导，来贯彻"先发制人"的目的了。孙子指出，要"先发制人"必须做到两点。一是"先发制人"应该创造和把握正确的时机。具体地说，就是要通过示形惑敌等方法，诱使敌人放松戒备，暴露破绽，然后以迅雷不及掩耳之势，主动进攻，乘虚而入，一举克敌："敌人开阖，必亟入之"，"是故始如处女，敌人开户；后如脱兔，敌不及拒"(《九地篇》)。二是"先发制人"应该在己方处于完全主动的情况下运用，其进攻的方向应当选择在敌人最薄弱且又是要害的环节，从而触一发而牵动全身，以收事半功倍之效，确保"先发制人"的战略意图能够得以顺利实现。具体地说，就是要"先夺其所爱，则听矣"；"先其所爱，微与之期"(《九地篇》)。

"先发制人"的主要目的之一，乃是为了给敌以猝不及防的打击，尽可能迅速地完成战略任务以结束战斗，以较小的代价换取较大的战果。这样的指导思想，落实到具体作战行动中，就势必推导出"速战速决"的主张。应该说，"先发制人"与"速战速决"乃是同一个问题的两个方面。

从《孙子兵法》所反映的情况来看，孙子是坚定不移地提倡速战速决的，主张在最短的时间里，战胜敌人，夺取胜利，反对使战争旷日持久，疲师耗财。他的基本观点是："兵闻拙速，未睹巧之久也。夫兵久而国利者，未之有也。"(《作战篇》)

孙子强调进攻速胜，原因除了这样做符合"先发制人"战法的基本要求外，也是出于对战争的经济重荷以及当时外交战略格局形势等因素的考虑。

从战争与经济关系这一角度观察问题，孙子认为进攻速胜至关重要。《作战篇》指出："凡用兵之法，驰车千驷，革车千乘，带甲十万，千里馈粮，则内外之费，宾客之用，胶漆之材，车甲之奉，日费千金，然后十万之师举矣。"类似的论述也见于《用间》诸篇。它们表明，从事战争所损耗的财力、物力，数量大得惊人，对国计民生来说，不啻是极其沉重的负担，虽可暂时支撑较短的时间，但如果时间一长，各种严重的后果便会纷至沓来,使国家和民众陷于不能自拔的困境。对此,孙子是有清醒认识的。因此他在同篇中态度鲜明地继续论述道,"久则钝兵挫锐,攻城则力屈,久暴师则国用不足",绝不可等闲视之。这样,孙子便从战略经济的高度论证了采取速战速决方针的必要性。

孙子强调进攻速胜,同时也是基于对当时列国战略格局的认识。春秋时期,诸侯林立,竞相争霸称雄,关系错综复杂。在这种情况下,如果某一国长期从事征战,就会给第三国带来可乘之机,最终使自己陷于两线作战的被动局面,出现所谓的"鹬蚌相争,渔翁得利"的情况。用孙子自己的话说,就是"夫钝兵挫锐、屈力殚货,则诸侯乘其弊而起,虽有智者,不能善其后矣"(《作战篇》)。从历史情况看,吴国的衰亡就是明显的例子。吴国的灭亡,原因固然很多,但长期穷兵黩武,北上与齐、晋争雄,造成"钝兵挫锐、屈力殚货",以至为越国所乘隙蹈虚,惨遭败绩,无疑是最主要的因素。可见,为了避免出现"诸侯乘其弊而起"的不利情况,战争指导者在开展军事行动时,也必须坚决贯彻进攻速胜的原则。

正是在这个意义上,孙子反复阐述"兵贵胜,不贵久"的道理,指出:"善用兵者,役不再籍,粮不三载;取用于国,因粮于敌。"(《作战篇》)他之所以反对攻城,其原因主要也是看到一旦采取攻城,那么必将因准备攻城的器械,建筑用于攻城的土山而导致旷日持久,无法速胜。这些情况充分表明,孙子是从战略全局的高度来认识速战速决的军事意义的。

为了圆满实现速战速决这一战略意图。孙子主张在采取军事行动时,一是要做到突然性,使敌人处于猝不及防的被动状态:"兵之情主速,乘人之不及,由不虞之道,攻其所不戒也"(《九地篇》);"进而不可御者,冲其虚也;退而不可追者,速而不可及也"(《虚实篇》)。努力达到那种"后如脱兔,敌不及拒"的最佳效果。二是要做到机动性,即提倡野外机动作战,调动敌人,以期在野战中予以歼灭性的打击:"顺详敌之意,并敌一向,千里杀将"(《九地篇》);"以迂为直,以患为利。故迂其途而诱之以利,后人发,先人至"(《军争篇》)。总之是要"悬权而动",使自己始终保持主动地位,行动自如:"其疾如风,其徐如林,侵掠如火,不动如山,难知如阴,动如雷震。"(《军争篇》)三是要做到隐蔽性,使敌人无从窥知我方的真实作战意图,如同聋子、瞎子一样,从而确保我方速战速决军事行动的突然性能够达到,运动性可以实现:"易其事,革其谋,使人无识;易其居,迁其途,使人不得虑"(《九地篇》);"因形而错胜于众,众不能知;人皆知我所以胜之形,而莫知吾所以制胜之形"(《虚实篇》)。孙子认为,只要在军事行动中真正做到了隐蔽、突然、机动,那么就能够速战速决,出奇制胜。

孙子先发制人、进攻速胜的思想对后世兵家的影响至为巨大,他们大多在继承孙子这一理论的基础上,进一步发挥先发制人的作用,阐明进攻速胜的意义。如《吕氏春秋》的作者,就把迅猛神速,先发制人,看成是"此所以决义兵之胜",而反对进攻行动上的旷日持久,"不可久处"。又如《白豪子兵噩》也强调"时不再来,机不可失,则速攻之,速围之,速逐之,速捣之,靡有不胜"。所有这些,均显示出孙子速胜理论的强大生命力。

当然,从军事科学的层面上看,孙子先发制人、进攻速胜的作战原则也是有一定的片面性的,这主要表现为他将速胜与持久的关系机械地截然对立起来。因为虽然战役战斗上采取速战速决的方针始终必要,不可动摇;然而,在战略上,则必须根据双方力量对比等实际情况,来具体决定是进攻速胜或是防御持久,当速则速,宜久则久,不可拘定。否则,便是形而上学,到头来必定会遭到战争规律的惩罚。

三、兵不厌诈　因敌制胜

兵不厌诈,计出万端,灵活机动,因敌制胜,这是孙子制胜之道的主要手段和方式。它的核心含义,就是灵活用兵,"战胜不复"。

孙子认为在战争中,要掌握战场主动权,实现克敌制胜的目的,就必须在具体作战指挥上坚决贯彻"兵者诡道""兵以诈立"的原则,施行诈谋奇计,人为地造成敌人的错觉,使之产生错误判断,然后再给予出其不意的打击,一举而致克敌之效。

在这里,孙子把兵不厌诈推崇为军事家指挥艺术的精妙极致,指出作战成功的奥秘在于能打,却装作不能打;要打,却装作不想打。明明要向近处,却装作要向远处;实际要向远处,却装作要向近处;敌人贪利,就用小利引诱他们;敌人混乱,就乘机攻取他们;敌人实力雄厚,就注意防备他们;敌人兵势强盛,就暂时避其锋芒;敌人暴躁易怒,就挑逗扰乱他们;敌人卑怯谨慎,就设法使之骄横;敌人休整良好,就设法使之疲劳;敌人内部和睦,就设法加以离间。所有这些,都是兵不厌诈的具体表现形式,孙子认为,通过它们,即可达到"攻其无备,出其不意"的目的,置敌人于"不知其所守","不知其所攻",处处被动挨打的困境。

众所周知,进攻与防御,乃是两种最基本的战斗形式,至于追击、退却、包围、迂回等,不过是它们的变化而已。那么,究竟在什么情况下采用什么战斗形式,就必须根据客观情况来决定。要知道,战争的现象是难于捉摸把握的,所谓的"战机",乃是稍纵即逝的东西。因此,捕捉战机,采取行动,完全依赖于指挥人员的"妙用"。这就是灵活机动。

灵活机动,关键在于正确地使用兵力和灵活地变换战术,"不以法为守,而以法为用,常能缘法而生法,与夫离法而会法"(《何博士备论·霍去病论》)。即既要尊重作战原则,但又不死守作战原则,而是根据天势、地势、敌势、我势,做到"战胜不复,而应形于无穷"。一句话,就是要正确处理作战指导的"常""变"关系问题。

孙子充分认识到用兵打仗贵在灵活机动、随机应变,拘泥常法、一成不变,必然导致覆军杀将、辱身误国,因此他鲜明地提出了"因敌制胜"的重要命题,作为指导战争的根本原则:"水因地而制流,兵因敌而制胜。故兵无常势,水无常形;能因敌变化而取胜者,谓之神。"《虚实篇》一再强调这是所谓的"兵家之胜",是无从事先呆板规定的。

需要指出的是,孙子主张"因敌制胜",并不等于他否定所有"常法",将千百年来无数人用鲜血和生命凝成的作战法则一笔勾销。恰恰相反,他本人十分尊重经得起历史检验的"用兵之法",并在自己的兵学著作中反复加以肯定。如《军争篇》论述用兵"八戒":"高陵勿向,背丘勿逆,佯北勿从,锐卒勿攻,饵兵勿食,归师勿遏,围师必阙,穷寇勿迫",就是明显的一例。孙子所反对的,仅仅是不分地点、时间、场合,不顾敌情、我情而一味死守那些习以为常的作战原则,不知变通,最后导致作战失利的愚蠢做法。

在尊重作战"常法"的前提下,孙子更重视用兵的灵活机宜、不拘一格。用他自己的话讲,就是"践墨随敌,以决战事"(《九地篇》),认为"因敌制胜",是通往胜利彼岸的舟楫,走向光辉顶点的阶梯。指挥员不论在何时何地都不能违背这一原则的精神。

在《孙子兵法》一书中,孙子关于"因敌制胜"作战指导原则的具体论述,是相当丰富且十分精彩的。这里可以列举几个突出的例子来说明问题。

一是对攻守关系的看法。孙子在《形篇》中指出:"不可胜者,守也;可胜者,攻也。守则不足,攻则有余。"这里孙子对攻守之宜问题提出了辩证的看法,认为当在自己力量不足,或者时间和地点都不利,没有战胜敌人的可能的情况下,就要实施防御;反之,当自己力量占有优势,具备了战胜敌人的条件,这时便要展开进攻,而切切不能一厢情愿地从主观愿望出发,想进攻就进攻,不想进攻就防御,以致陷于攻守失据的被动地位。孙子进而强调指出,只有在攻守问题上真正做到因敌变化、随机处宜,才算是掌握了灵活机动指挥艺术的精髓。不论是进攻抑或防守,均可以得心应手,从容自如,无往而不胜:"善守者,藏于九地之下;善攻者,动于九天之上。故能自保而全胜也。"(《形篇》)

二是以"因敌制胜"原则来观照和认识作战的机断指挥问题。《九变篇》集中体现了这层思想。王晳注该篇主旨是"九者,数之极;用兵之法,当极其变耳",张预注说得更为明确具体:"变者,不拘常法,临事适变,从宜而行之之谓也。"这些看法无疑均是正确的。孙子在篇中既提出了一些行军作战的常法,"圮地无舍,衢地交合,绝地无留,围地则谋,死地则战",更强调了根据具体情况灵活变化,机断指挥,不囿于一时一地的得失,立足于全局进行指导:"涂有所不由,军有所不击,城有所不攻,地有所不争,君命有所不受。"并把将帅能否精通各种机变的利弊,看作是是否懂得用兵的标志,指出"治兵不知九变之术,虽知五利,不能得人之用矣"。

三是从"因敌制胜"原则的高度阐述"奇正"的变化问题。"奇正"是孙子所提出的一个重要军事范畴,古人认为它是"用兵之钤键,制胜之枢机"。一般地说,常法为正,变法为奇。在兵力使用上,守备、钳制的为正兵,机动、突击的为奇兵;在作战方式上,正面攻、明攻为正兵,迂回、侧击、暗袭为奇兵;在作战方法上,按一般原则作战为正兵,采取特殊战法为奇兵;在战略上,堂堂正正进兵为正,突然袭击为奇。在孙子那里,对"奇正"的变化运用的论述,乃是以"因敌制胜"原则为出发点的,既肯定"战势不过奇正",强调用兵打仗要做到"以正合,以奇胜";同时,更提倡根据战场情势的变化来灵活变换奇正战法:"奇正相生""奇正之变,不可胜穷也"(《势篇》)。总之,一切从实际出发,当正则正,当奇则奇,因敌变化,应付自如,进入驾驭战争规律的自由王国。

其他像《火攻篇》言"凡火攻,必因五火之变而应之";《九地篇》言"九地之变";《军争篇》言"四治""无邀正正之旗,勿击堂堂之陈"等,都概莫能外地蕴涵着"因敌而制胜"的深刻哲理,闪烁着辩证观察和处理战机的思想火花。

由于孙子"因敌制胜"的作战指导思想,符合战争活动的内在规律,在实战实践中一再获得验证,因此为后世兵家奉为圭臬,备受青睐。他们沿着孙子开辟的道路前进,进而从各方面深化"因敌制胜"的思想,《吴子》提到了"其将愚而信人,可诈而诱"等十一种情况,《阵纪》归纳为"因敌之险以为己固"四种情况,《兵法百言》又概括为"艰于力则借敌之力"等六种类型,均可视之为这方面的具体努力。其中南宋抗金名将岳飞那句名言,"阵而后战,兵法之常,运用之妙,存乎一心",可谓是对孙子"因敌而变化"思想最深刻、最洗练的阐发,堪称孙子千载之后的真正知音。

总之,"兵之变化,固非一道",因敌变化,随机制敌,永远是高明的战争指导者自由驰骋的广阔天地。倘若不懂得这层道理,不遵循这条原则,那么即便是读遍天下兵书,也终究是纸上谈兵,隔靴搔痒,到头来难免夸夸其谈,一事无成。历史上赵括、马谡之流丧师辱身,贻笑天下,就是最显著的例子。

四、致敌就范　把握主动

孙子认为决定战争胜负的症结,在于"胜兵先胜而后求战",而要确保自己在战争中永远立于不败之地,就必须创造条件,始终牢牢地掌握主动权:"先为不可胜,以待敌之可胜。"而掌握主动权的核心,关键则在于做到"致人而不致于人",即调动敌人、钳制敌人而不为敌人所调动、所钳制。这从战略层次上说,就是要做到"夫霸王之兵,伐大国,则其众不得聚;威加于敌,则其交不得合"(《九地篇》),进入"其所措必胜,胜已败者也"(《形篇》)的理想境界;就战术层次而言,掌握主动权,就意味着"能使敌人前后不相及,众寡不相恃,贵贱不相救,上下不相收,卒离而不集,兵合而不齐"(《九地篇》),是"敌佚能劳之,饱能饥之,安能动之"(《虚实篇》)。总之,是让敌人处处被动挨打,无可奈何;让自己攻守皆宜,稳操胜券!

主动权不是现成的东西,而必须是战争指导者运用聪明才智,发挥主观能动性,才能争取到手的。因此孙子在充分肯定夺取主动权的同时,

更以极大的精力来探讨如何争取主动权的问题,发表了许多精辟的见解,概括起来说,大致有下面几个方面:

第一,加强军队实力,造成对敌力量对比上的绝对优势,"胜兵若以镒称铢","胜者之战民也,若决积水于千仞之溪者,形也"(《形篇》)。这里的"形",是"军形",即指军事实力及其外在表现。战争固然是智的角逐,但同样也是力的较量。如果没有强大的军事实力,奇谋妙计再多再好,也是无从争取战争主动权的。孙子对这层道理洞若观火,因此他讲主动权问题,首先立足于增强军事实力这一点上,主张造就"以碫投卵"的主动态势,然后在这基础上争取先机之利。

第二,造势任势,发挥主观能动性,主动灵活地打击敌人。所谓"势",按孙子的本意,指的是军事力量合理的积聚、运用,充分发挥其威力,突出表现为有利的态势和强大的冲击力。孙子认为光有实力还不够,要夺取主动权,重要的环节之一,是要造势任势,所谓"计利以听,乃为之势,以佐其外"(《计篇》),就是这个含义。因此他一再指出:"善战者,求之于势,不责于人,故能择人而任势。"(《势篇》)孙子所说的造势和任势,其实质含义就是要在强大军事实力的基础上,充分发挥将帅的杰出指挥才能,积极创造和运用有利的作战态势,主动灵活、卓有成效地克敌制胜。

在《势篇》中,孙子还曾指出:"善战者,其势险,其节短。势如彍弩,节如发机。"这表明孙子在重视造势任势以夺取主动权的同时,也注意到以"节"制"势"的问题。他认为"势"与"节"二者互为关系,相辅相成。有势无节,不能发其机;有节无势,则不能逞其威。势要险,即应该快速、突然;节要短,即应该近距离发起攻击,"势如彍弩,节如发机"。孙子说:"鸷鸟之疾,至于毁折者,节也。"可见只有节量远近,掌握时机,正中其宜,才能充分发挥"势"的威力,使敌人遇之者毁,触之者折,从而真正把握战场的主动权。

第三,示形动敌,主动创造条件。战场上两军对阵,敌我双方在主观上都毫无例外地要致力于造势任势,以争取主动的地位。能否成功,关键之一,就在于能否广施权变,示形动敌,出奇制胜。

"兵以诈立",在战争中,如果同敌人讲信义,比道德,那么就会成为宋襄公一类的蠢人,丧师辱国,为天下笑。正确的做法应该是真真假假、虚虚实实,以迷惑对手,把握主动,左右战局,夺取胜利。孙子把这种高招,概括为"示形"动敌。

所谓"示形",就是隐真示假,诱使敌人中计上当,被自己牵着鼻子走,最后陷入失败的命运。用孙子自己的话说,就是"善动敌者,形之,敌必从之;予之,敌必取之。以利动之,以卒待之"(《势篇》)。孙子指出,战场上示形动敌、克敌制胜的最上乘境界乃是"形人而我无形";"形兵之极,至于无形;无形,则深间不能窥,智者不能谋"(《虚实篇》)。孙子认为,一旦达到这种境界,那么进行防御,即可"藏于九地之下",坚如磐石;实施进攻,即可"动于九天之上",置敌于死地。一句话,我军处处主动,而敌军则处处被动。

第四,奇正并用,避实击虚。孙子认为,要造成有利的作战态势,掌握战场主动权,在作战指挥上一是要解决战术上的"奇正"变化运用问题,"三军之众,可使必受敌而无败者,奇正是也"(《势篇》)。所谓奇正,首先是兵力的配置和使用,"以正合,以奇胜",也即《尉缭子》所言的"正兵贵先,奇兵贵后"。其次,也是更重要的,是战术的选择和运用,"奇正相生""奇正之变"。

孙子同时指出,要掌握战场主动权,在作战指挥上还要正确贯彻"避实而击虚"的原则。

"虚实"是孙子兵学中的一个重要军事范畴。一般而言,无者为虚,有者为实;空者为虚,坚者为实。表现在具体军情上,大凡怯、饥、乱、劳、寡、不虞、弱为虚;勇、饱、治、逸、众、有备、强为实。孙子从中揭示出一条重要的规律，这就是避实击虚。

孙子"避实击虚"的原则，首先表现在对攻击目标、攻击方向的选择上。基本的指导思想是，避开敌人的强点，攻击敌人虚弱却是性命攸关的关键部位。从根本上调动对手，制服敌人。他说"出其所不趋，趋其所不意。行千里而不劳者，行于无人之地也；攻而必取者，攻其所不守也；守而必固者，守其所不攻也"；又说"进而不可御者，冲其虚也"（《虚实篇》），讲的都是一个意思。总之，只要在作战目标及方向选择上贯彻了"避实而击虚"的方针，那么就可以达到"善攻者，敌不知其所守；善守者，敌不知其所攻"（《虚实篇》）的目的了。

孙子"避实击虚"的原则，其次还表现为对攻击时机的把握。基本的指导思想是，避免同正处于士气高涨、斗志旺盛阶段的敌人作正面交锋，通过各种手段瓦解敌人的士气，消磨敌人的斗志，尔后再予以突然而凌厉的打击，夺取战争的胜利。《军争篇》所提到的"治气"主张，就集中反映了孙子"避实击虚"原则在战机捕捉把握上的运用，"善用兵者，避其锐气，击其惰归"。另外像《九地篇》言"敌人开阖，必亟入之"，也是类似的意思。

综上所述，孙子制胜之道的核心就是致敌就范，掌握主动。孙子认为，只要掌握了主动权，战略方针即可确保落实，战术运用即可得心应手，在这样的情况下，胜利的天平自然而然会朝着自己这一边倾斜了："故我欲战，敌虽高垒深沟，不得不与我战者，攻其所必救也；我不欲战，画地而守之，敌不得与我战者，乖其所之也"（《虚实篇》），从而真正进入驾驭战争的自由王国。

历史在前进，战争在发展，夺取主动权的内容、方法和手段也随之而丰富、完善或改变。然而主动权是军队行动的自由权，行动自由是取胜的关键，这一点永远不会改变。正是在这个意义上，孙子的名言——"致人而不致于人"将作为普遍的真理，而同战争现象相共存。

五、集中兵力　以镒称铢

正确选择主攻方向，集中优势兵力，在全局或局部上造成"以镒称铢"的有利态势，各个歼灭敌人，这是孙子制胜之道的突出环节。

作战双方，谁具有优势的战场地位，谁就能拥有军队行动的主动权，这乃是古今中外战争中的一条重要规律。大体而言，两军对阵，凡兵力薄弱、指挥笨拙的一方，一般情况下，总是比较的被动。所以，古往今来的军事家们很自然地提出了"众寡分合"的著名命题。所谓"众寡"，就是兵力的对比问题；所谓"分合"，就是指兵力的部署使用问题。两者的核心所在，就是要集中兵力，在全局或局部造成优势，分一为二，各个击破敌人。

孙子是历史上第一个重视并系统阐述"众寡分合"作战原则的兵学大师。在《谋攻篇》中，他明确强调"识众寡之用者胜"，把这看成是"知胜有五"的一项重要因素。这里的"众寡"当然是指兵力的多少，而"用"则是指兵力的运用，也即《军争篇》所说的"分合为变"。孙子认为，要确保掌握主动权，夺取战争的胜利，就必须在战场交锋时集中优势兵力，以镒称铢、以碫击卵，给敌人以毁灭性的打击。为此，他在自己的兵法著作中反复阐发了集中兵力问题的重要性，并一再提出具体的集中优势兵力的种种主张："并力""并敌一向""并气积力，运兵计谋，为不可测""我专为一"，从而达到"以众击寡"的目的。

当然，战场的敌我态势是多种多样且瞬息万变的，因此集中兵力的方法也不宜固守一道，而应该是因敌变化、随机制宜。孙子对此是有清醒的认识的，所以他在《谋攻篇》中论述了集中兵力的各种对策，"十则围之，五则攻之，倍则分之，敌则能战之"，主张针对不同的兵力，分别灵活地采取"围""攻""分""战"等战法，确保己方进退自如，攻防皆宜。

兵力的大小与兵力的集中分散，并不是同一回事。在总体上说，兵力对比虽占优势，但在具体作战过程中也可能因兵力部署的分散而丧失优势;反之,兵力在总体上占劣势,但也可能因相对集中而形成局部上的优势。由此可见,集中兵力是有一定条件的,从主观上说,敌我双方都力求集中兵力,谋求战场上的优势。然而能否达到这个目的,则取决于指挥员主观能动性能否得到充分的发挥。换言之,必须通过高明的指挥,使我方兵力集中而使敌人兵力分散,这才是集中兵力的症结关键。

孙子不愧为杰出的兵学理论家,在"众寡之用"问题上,他既肯定集中兵力的意义,提倡"以十击一",又积极探讨如何在战争活动中,通过对"分合为变"等手段的运用,以达到集中兵力、掌握主动的目的。

孙子认为集中兵力的关键,在于最大限度地发挥主观能动作用,善于创造条件,捕捉战机。从战术上说,就是要做到"形人而我无形",使敌人显露真情而我军不露任何痕迹。他进而论述道:这样一来,我军兵力就可以集中而敌人兵力却不得不分散。通过调动敌人,来使我方的兵力集中在一处,而让敌人的兵力分散在十处。于是,集中兵力的意图即得以实现,我们便能以十倍于敌的兵力去进攻敌人了,从而造成我众而敌寡的有利态势。而能做到集中优势兵力攻击劣势之敌,"则吾之所与战者约矣",出现"吾所与战者寡"的局面,使得敌人的"四手"变成"两拳",使得自己的"两拳"变成"四手"。基于这样的认识,孙子乐观地表示了充足的信心,"胜可为也。敌虽众,可使无斗","越人之兵虽多,亦奚益于胜败哉"(《虚实篇》)。

孙子的思维方式是辩证的,在肯定集中兵力重要性的同时,也深刻揭示了分散兵力的危害性。他认为,在兵力部署上如果不分主次方向,单纯企求"无所不备",那就势必形成"无所不寡",不能达到"我专而敌分"的目的,也就失去了主动地位的物质基础。据此,孙子一再提醒战争指导者要避免犯"以一击十""以少合众"这一类分散兵力的错误,因为那样做即是"败之道也",到头来一定会覆军杀将,自取其辱。

孙子集中兵力,以镒称铢的作战指导思想对后世兵家的影响殊为深远。他们一方面进一步肯定集中兵力的军事学术价值,如《淮南子》就曾用形象的比喻来说明这层道理:五个手指轮番敲打,不如握紧拳头狠命一击;一千人逐个进攻,不如一百人同时出击。而《百战奇法》则更明确指出"以众击寡,无有不胜"。另一方面,他们也高度重视运用"分合为变"的手段,来达到集中兵力的目的,"设虚形以分其势",造成"敌势既分,其兵必寡;我专为一,其卒自众"的有利态势。

六、巧用地形　攻守得宜

察知天候地理,巧妙利用地利,根据地理条件制定切合实际的战略战术,确保作战的胜利,乃是孙子制胜之道的重要内容。

战争是在一定的空间范围——在古代主要是在陆地和水面进行的,因此,对于影响军队行动的战场地形,就不能不详细研究;为了在战略布局上取得有利地位,就不能不对兵要地理作周到的考察。前者属于"军事地形学"的范畴,而后者则属于"军事地理学"的范畴。在中国古代,这两者的区分并不严格,人们通常是对它们作通盘的研究和阐述的,孙子在这方面也不例外。

在冷兵器作战时代,掌握和利用地形地理,对于决定战争的胜负关系尤为重大。因此早在孙子之前,人们即开始探讨军事与地理条件的关系,并留下了不少足资启迪的理论雏形。如《易·师·六四》有云:"师,左次,无咎。"意思是军队在作战中只要占领有利的地形,就不会有危险。又如《易·同人》亦云:"伏戎于莽,升其高陵,三岁不兴。"意谓利用地形多草而隐蔽军队,并抢先占领有利的制高点,就能够战胜敌人,并使敌人大伤元气,多年得不到恢复。这些都成了孙子构筑其军事地理思想的重要理论来源。

然而,在孙子之前关于地形运用原则的论述,远远未臻成熟,这表现为,一是片言只语,缺乏深度;二是没有涉及兵要地理问题,缺乏广度。只有到了孙子那里,利用地理条件以克敌制胜,才成为军事理论体系中的重要组成部分,军事地理学才基本具备规模。换言之,孙子乃是中国古代第一位系统探讨地形、地理条件与军事斗争成败相互关系的军事大师。

孙子对地理在战争中的重要地位有明确的认识。他把"天地孰得"列为"五事七计"制胜条件中的一项重要内容。所谓"天",就是"阴阳,寒暑,时制";所谓"地",就是"远近、险易、广狭、死生"。他一再强调高明的指挥员应该"知天知地",认为这是"胜乃可全"的前提条件。他指出地形条件与作战的胜负有着密切的联系,主张把熟悉和利用地利提到战略的高度来加以重视:"夫地形者,兵之助也。料敌制胜,计险厄、远近,上将之道也。"鉴于这样的认识,孙子进而强调行军作战时,要侦察或利用乡导去了解地形、掌握地形,指出"不知山林、险阻、沮泽之形者,不能行军;不用乡导者,不能得地利"(《军争篇》)。

孙子的军事地理学思想主要包括两个方面。一是对兵要地理的论述,他撰写《九地篇》,对这一问题集中进行了探讨,提出了军队在九种不同的战略地理环境中展开行动的基本指导原则。二是对战术地理的论述,主要见于《行军》《地形》诸篇。以下我们就根据这一线索作一番必要的概述。

孙子高度重视对兵要地理的研究。在《九地篇》中,他把战略地理区分为"散地""轻地""争地""交地""衢地""重地""圯地""围地""死地"九大类,对它们的内涵和特点进行了扼要而精辟的概括归纳:"诸侯自战之地,为散地。入人之地而不深者,为轻地。我得则利,彼得亦利者,为争地。我可以往,彼可以来者,为交地。诸侯之地三属,先至而得天下之众者,为衢地。入人之地深,背城邑多者,为重地。行山林、险阻、沮泽,凡难行之道者,为圯地。所由入者隘,所从归者迂,彼寡可以击吾之众者,为围地。疾战则存,不疾战则亡者,为死地。"

针对上述不同的战略地理条件,孙子进而论述了具体的军事行动方案:处于散地就不宜作战,而应统一军队的意志。处于轻地就不宜停留,即使不得已屯驻,也要使营阵紧密相连。遇上争地就不要勉强进攻,而应迅速出兵包抄敌人的侧后。遇上交地就不要断绝联络,同时谨慎进行防守。进入衢地就应该争取与国,巩固与诸侯之间的联盟。深入重地就要掠取粮草,保障军粮的供应。碰到圮地必须迅速通过。陷入围地,就要堵塞缺口,并设谋脱险。处于死地,就要显示殊死奋战的决心,力战求生。

从孙子这些战略地理学说的内涵来看,孙子的重点,是放在纵深奔袭这一点上的,即认为了解兵要地理的目的,是为了更好地展开战略突袭,以坚决果敢的行动,迅速将军队插入敌国的腹心地区,与敌军展开决定性的会战,争取一战而胜,成就霸王之业。用他自己的话说,就是:"凡为客之道,深入则专,主人不克。"(《九地篇》)由此可知,孙子的兵要地理理论,是其进攻战略观念在军事地理学上的具体反映。两者之间存在着一种"体"与"用"的逻辑关系。

孙子的战术地理思想同样相当丰富,精彩迭呈。他指出,在行军作战过程中,首先要将军队处置好,这即是所谓的"处军",而"处军"的重要环节,便是要善于利用有利的地形,避开不利的地形,占据战场上的主动地位。为此他具体细致地列举了在山地、江河、沼泽、平原以及"绝涧、天井"等特殊地形的处军原则。具体地说:

在平原地带,要占领平坦开阔地域,而侧翼则应依托高地,做到前高后低,居高临下,居生击死,同时还要保持粮道的畅通。

在山岭地带,要靠近有水草的山谷,驻扎在居高向阳的地方,同时避免去仰攻业已为敌人所占领的高地。这是总的原则。在《地形篇》中,孙子还通过对"挂形""支形""隘形""险形"等四种地形作战原则的阐述,进一步揭示了山地"处军"作战的要领。

在江河地带,孙子认为作战上必须掌握以下的要领:一是,"绝水必远水"，即横渡江河，必须在远离江河之处驻扎。二是，实施"半济而击"，即敌人渡水来战，不要在江河中予以迎击，而要等他们渡过一半时再发起攻击。三是，"欲战者，无附于水而迎客"，意即如果要同敌人决战，则不要紧挨水边布兵列阵。四是，"视生处高"，意即在江河地带驻扎，也应当居高向阳。五是，"无迎水流"，意即不可面迎上流，以防止敌军顺流而下，决堤放水，投放毒药。

在盐碱沼泽地带，孙子认为"处军"上要做到，一是应该迅速离开，不要停留，以摆脱被动。二是倘若万一不得已同敌人相遇于盐碱沼泽地带，那就一定要靠近水草并背靠树林，努力化被动为主动。

孙子认为，各种特殊地形的地带都是极不利于军队行动的。一旦遇到这类地形，就要善于判断，果断决策，迅速离开，把它们留给敌人，陷敌于被动之中："凡地有绝涧、天井、天牢、天罗、天陷、天隙，必亟去之，勿近也。吾远之，敌近之；吾迎之，敌背之。"（《行军篇》）

在具体分析了江河、平原、山地的地形特点以及不同的军事对策之后，孙子进而概括和揭示了利用地形的一般规律，形成了其战术地形学的基本指导思想："凡军好高而恶下，贵阳而贱阴，养生而处实，军无百疾，是谓必胜。丘陵堤防，必处其阳而右背之。此兵之利，地之助也。"（《行军篇》）可见，无论在平原、山岭地带也好，还是在江河、天险、沼泽地带亦罢，都要居高向阳，梯次配备兵力，保证军需供给，巧妙利用地形，牢牢掌握主动，力争克敌制胜。

应该指出的是，战略地理、战术地形固然重要，为战争指导者所必须充分了解和巧妙利用，但它毕竟是用兵打仗的辅助条件。要在战争中消灭敌人，保存自己，关键还在于拥有强大的实力，并实施高明卓越的作战指挥。同时，孙子所揭示的巧用地利的方法，也仅仅是一般的通则。要真正驾驭它，实有赖指挥员别具匠心，随机应变。韩信背水阵破赵就是这方面的典范。

七、因粮于敌　事半功倍

战争都是在一定的物质基础上进行的,受物质经济条件的制约,因此古代兵家均十分重视战争对经济力量(包括人力、资源、财物等)的依赖关系。他们普遍认为,战争的实施必须以充足的物质保障为基本前提。换言之,军事后勤是进行战争的重要条件,没有充足的后勤保障,军队就会陷入困境,不论进攻,还是防守,一切奇谋妙计都将失去现实的物质基础。基于这样的认识,古代兵家对军队的后勤保障意义、手段均进行了充分的论述,提出了许多著名的原则。在这方面,兵圣孙武同样是一位伟大的理论奠基者。

孙子对军事后勤保障问题的理性认识已达到一定深度,这表现为他对军事后勤的地位、作用,军事后勤与经济、战争胜负的关系作出了较为全面广泛的论述。他的军事后勤思想是其制胜之道的有机组成部分,曾对后世兵家产生过持久且深刻的影响。

孙子对军事后勤的重要性是有深刻的认识的。《军争篇》那段名言就集中体现了这一点。他说:"军无辎重则亡,无粮食则亡,无委积则亡。"这里的"辎重"泛指军用器材装备;"粮食"泛指粮食和草料;"委积"泛指军用战略物资的储备。它们概括了军事后勤保障的主要方面,包含了军队行军作战所必须具备的客观物质条件。很显然,孙子业已将搞好后勤保障提高到关系军队存亡、战争胜负的战略高度来加以认识了。

除了强调军事后勤保障本身重要性外,孙子也注意到健全后勤保障制度对搞好后勤供应的意义。他在《计篇》中所讲的"五事"之一"法"中的"主用",据曹操等人的注释,便是指军需、军用器械、军事费用的供应管理制度。孙子将它单独提出来加以阐述这一做法的本身,即表明他高度重视后勤的战略地位。

在充分肯定军事后勤重要性的基础上,孙子进而提出了实施落实军事后勤保障的基本原则和具体手段。其中"因粮于敌"的主张,就是这方面的根本纲领。这在《作战篇》中，有非常精练、明确的表述："善用兵者，役不再籍，粮不三载；取用于国，因粮于敌，故军食可足也。"

所谓"因粮于敌"，其基本含义乃是军队的粮食给养在敌国进行补充，予以解决。孙子认为这是整个军事后勤保障问题的核心，是确保战争顺利进行，并最终取得胜利的一大关键。

应该说，孙子提出"因粮于敌"这一后勤保障基本原则，乃是抓住了解决问题的关键。因为在古代中国，以农为本的根本条件，决定了粮食问题在军事后勤中一直占有最突出的地位，军事后勤保障的成功与否，实际上在很大程度上取决于粮食供应的情况，所谓"用兵制胜，以粮为先"，就是这层意思。因为对军队来说，有粮才有战斗力，才能保持高昂的士气，粮食供给的意义既然如此重大，那么将帅在考虑军事后勤保障问题时，自然要再三强调"兵马未动，粮草先行"，并采取具体的措施，以确保粮道的畅通无阻，粮秣补给的妥善解决。

孙子提出"因粮于敌"的后勤保障原则绝非偶然，乃是春秋晚期战争实践的客观要求和他本人速战速决进攻战略指导思想的必有之义。

春秋中期以前，战争的规模相对不大，战争的时间相对短暂，战争的机动性相对不强，参战的人数相对较少，这就决定了粮食补给问题在战争中的迫切性相对不显突出。然而，到了春秋晚期，情况有了重大的变化。这一时期，战争规模日趋扩大，战争进程旷日持久，参战人数大大增多，军队行动的机动性日显增强。于是如何确保以粮秣补给为中心的军事后勤保障的落实，也就成了战争中不可或缺的重要环节。从这个意义上说，孙子提出"因粮于敌"原则乃是时代的必然，现实战争的产物。

粮食补给固然重要，可是为什么解决的方式要选择"因粮于敌"这一手段？这在更大程度上，乃是孙子"兵以利动"、进攻速胜战争指导思想在军事后勤问题上的必然反映。

孙子清楚地看到了战争对社会生产力的破坏作用，指出战争势必造成国家财力物力的严重损耗,加重民众的负担,从而导致社会矛盾的激化。而之所以会出现这种局面,主要的原因之一,是粮秣的转运补给至为困难,既费用开销过大,"日费千金",又人力浪费严重:"内外骚动,怠于道路,不得操事者,七十万家。"(《用间篇》)在《作战篇》中孙子对远道运输的危害性曾有过详尽的阐述,大意是:国家之所以因用兵而导致贫困,就是由于远道运输。远道运输,就会使百姓陷于贫困。临近驻军的地区物价必定飞涨,物价飞涨,就会使得百姓之家财富枯竭。财富枯竭就必然急于加重赋役。力量耗尽,财富枯竭,国内便家家空虚。总之,一切祸根皆源于远道运输。孙子认为这实在得不偿失,是违背"兵以利动"这一根本宗旨的,必须坚决加以避免,而避免的途径唯有"因粮于敌",即所谓"智将务食于敌"。在这一认识基础上,孙子进而从经济成本核算的角度,论证了"因粮于敌"的合理性,"食敌一钟,当吾二十钟;惹秆一石,当吾二十石"(《作战篇》),也就是说,计算下来,粮秣补给还是在敌国就地征发来得划算。由此可见,以战养战,"因粮于敌",出发点在于尽可能减轻后勤供给上的负担,以顺利达到进攻速胜的战略目的。

该如何贯彻"因粮于敌"这一原则?对此,孙子也提出了自己的看法。其基本立足点就是抢掠劫夺。在这一问题上,孙子的态度倒是十分坦白的。其具体的措施便是"重地则掠"——深入重地就要掠取粮草;"掠乡分众"——分兵抄掠敌国乡野,分配抢夺到的人畜和财物;"掠于饶野,三军足食"——在敌国富庶的乡野进行劫掠,以保障全军上下的粮秣供给。由此可见,孙子所讲的"因粮于敌",实质所指乃是掠夺敌国的粮仓、敌国的民家,以保证军事行动的顺利进行。这里,孙子并无从敌国征集粮秣、收购粮秣的想法,更没有依靠和争取敌国民众箪食壶浆、自动捐献粮秣的考虑。手段相当单纯,用武力劫掠夺取而已。应该说,这种做法未免失之偏颇。

毫无疑问,孙子"因粮于敌",借助劫掠利用敌对国家物质资源以支持战争的后勤保障思想,曾在历史上产生过相当大的影响。不少军事家都将它视作深入敌区时解决给养难题的一个对策,并在实战中加以运用。同时他们也多少意识到单纯"掠于饶野"做法的局限性,注意丰富和发展孙子"因粮于敌"的思想内涵,主张争取民众,让民众自动赠粮送物,"民咸馈献",或采取有偿征集,"设法购运",以减少"因粮于敌"过程中人为的阻力。这样看待问题、处理事情的态度和做法,显然要比孙子的主张来得较为全面,较为得体。

最后,需要指出的是,因粮于敌的思想,孙子提倡于前,兵家阐发于后,但是其局限性也在所难免。诸如在荒漠草原作战,或遇到敌方坚壁清野,便无粮可因,或可因之粮不多。所以清初的《兵法百言》就曾认为,因粮于敌"间可救一时,非可常恃也"。比较正确的做法,应该是"内必屯田以自足,外必因粮于敌"①,双管齐下,互为补充,各擅胜场,以保成效。

第八节 《孙子兵法》的历史地位与深远影响

《孙子兵法》在历史上具有崇高的地位和深远的影响。它在中国古代军事思想史上的历史地位的确立,有一个比较长的历史过程。战国时期,《孙子兵法》即已在社会上广为流传。《韩非子·五蠹》篇说:"今境内皆言兵,藏孙、吴之书者家有之。" 由此可以想见当时人们学习《孙子兵法》的盛况。而《吴子》《孙膑兵法》《尉缭子》《荀子》《鹖冠子》等典籍对孙武其人其书的记载,也同样反映了这一社会现象。

西汉初年,著名军事家"张良、韩信序次兵法,凡百八十二家,删取要用,定著三十五家"(《汉书·艺文志》)。汉武帝时,命令"军政杨仆,捃摭遗逸,纪奏《兵录》"(《汉书·艺文志》)。此后,汉成帝认为杨仆《兵录》

---

① 《宋史》卷三百七十五《李郴传》。

"犹未能备"，遂又命令步兵校尉任宏校理兵书，"论次兵书为四种"（《汉书·艺文志》）。这里的"四种"实际是指兵书的四个大类：兵权谋家，兵形势家，兵阴阳家，兵技巧家。《孙子兵法》作为"兵权谋家"的代表作之一，在当时最受尊崇，流传最广。所以，司马迁说："世俗所称师旅，皆道《孙子》十三篇。"（《史记·孙子吴起列传》）1972 年在山东临沂银雀山一座西汉古墓中，发现了迄今所能见到的最早的《孙子兵法》竹简；1978 年，在青海大通上孙家寨一座西汉墓中，也发现了《孙子》佚文《军斗令》《合战令》等木简。这就从考古实物资料的角度印证了文献关于《孙子兵法》在秦汉时期广泛流传的记载的可信性。

秦汉以降，《孙子兵法》的地位更是日见崇高。这主要反映为以下两点：

第一，社会上普遍重视和学习《孙子兵法》。早在东汉时期，中央朝廷就作出规定："立秋之日……兵官皆肄孙吴兵法，六十四阵，名曰乘之。"（《后汉书·礼仪志》）北宋神宗元丰年间，统治者鉴于国势衰弱、边患迭至的实际情况，组织人力整理编纂兵书，从我国浩繁的兵书战策中遴选出以《孙子兵法》为首，包括《司马法》《尉缭子》《六韬》《吴子》《三略》和《李卫公问对》等七部兵书，号为"武经七书"，颁行于武学，用它来培养将才。南宋高宗时，亦指定《武经七书》为考核选拔将领的主要考试内容。从此《孙子兵法》被正式确定为官方军事理论的经典。这一情况一直沿袭至明清而不变。例如清代"武试默经"，依然是"不出孙、吴二种"（《武经七书汇解·吴子序》）。

第二，《孙子兵法》注家蜂起，各呈异彩，大量印行，广为流传。三国时期的曹操是恢复"十三篇"本来面目并为其作注的第一人，其注也是所有《孙子兵法》注中最有价值的一家。唐宋时期为《孙子兵法》作注进入了新的阶段，出现了多种单注本、集注本以及合注本。据不完全统计，历代为《孙子兵法》作注者近二百家，注本流传的也有七十余家。其中较著名的注家,在唐代有孟氏、李筌、陈皞、贾林、杜佑、杜牧等;在宋代有张预、梅尧臣、王晢、何延锡、郑友贤、施子美等;在明代有赵本学、李贽、刘寅、王世贞、茅元仪、黄献臣等;在清代则有邓廷罗、顾福棠、黄巩、朱墉等。这么多的军事家、学问家为《孙子兵法》作注,充分说明了它在中国古代军事思想史上的重要地位。

明代兵书《投笔肤谈》认为:"《七书》之中,惟《孙子》纯粹,书仅十三篇,而用兵之法悉备。"《孙子兵法》堪称古代军事理论的集大成者,构筑了古典军事理论的框架,使后世许多兵学家难以逾越。后世的军事理论建树,多是在《孙子兵法》基本精神与原则的指导下进行的。《孙子兵法》对后世军事理论的影响,主要有下列几点:

袭用和征引《孙子兵法》文字和句意,作为自己兵学理论依据的现象非常普遍。兵学家在军事著作中征引《孙子兵法》文句的,可以举出《吴子》《孙膑兵法》《尉缭子》《鹖冠子》《战国策》《吕氏春秋》《淮南子》《潜夫论》等等。至于唐代的《李卫公问对》,宋代的《百战奇法》,明代的《登坛必究》《投笔肤谈》等,那更是或全书或某篇地以发挥《孙子兵法》的原理来树立自己的学术观点。以《吴子》为例,其暗用、明引、袭抄《孙子兵法》文字和思想者,就有十多处。可以这么说,中国古代兵书,不但精神上是《孙子兵法》的孳乳,而且在外貌上也打上了《孙子兵法》的烙印。

对《孙子兵法》所提出的基本兵学范畴的继承和发展。《孙子兵法》在军事理论建树上的特点之一,是基本形成了一整套独特的反映军事理论认识对象的范畴,诸如虚实、奇正、主客、形势、攻守、迂直等。后世兵学家在构筑自己的兵学体系的过程中,无不借用这些基本兵学范畴来阐述自己的兵学思想。同时,他们也根据新的历史条件,借鉴历史上的战争经验,通过缜密的独立思考,丰富和发展孙子所规定的兵学范畴。"奇正"的缘起和充实,即是明证。奇正,作为范畴最早出于《老子》,但真正把它用于军事领域并作系统阐发的,则是《孙子兵法》,即"凡战者,以正合,以奇胜","战势不过奇正,奇正之变,不可胜穷也"。奇正的含义,显然是指兵力的使用(用正兵当敌,用奇兵取胜)和战术的变换(奇正相生,奇正相变)。孙子确立的"奇正"这一范畴,后世兵家无不奉为圭臬,广为沿用和阐述。如《孙膑兵法》说:"形以应形,正也;无形而制形,奇也。"《尉缭子》说:"正兵贵先,奇兵贵后。"曹操《孙子注》说:"正者当敌,奇兵从旁击不备也。"前者是孙子"奇正"第二层意思的表述,后两说则是孙子"奇正"第一层意思的阐释。而到了《李卫公问对》那里,"奇正"范畴则有了新的发展。它对"奇正"的论述更完备,分析更透彻,提出了一个重要论断:"善用兵者,无不正,无不奇,使敌莫测。故正亦胜,奇亦胜。"这比《孙子兵法》的"奇正"理论显然更全面、更深刻,但它依旧是祖述和发展《孙子兵法》的逻辑结果。

对后世兵书编修风格与体裁的广泛影响。《孙子兵法》阐述兵理极具特色,突出的特点是舍事而言理,词约而义丰,具有高度的哲理色彩和抽象性。后世兵书祖述《孙子》,很自然形成了以哲理谈兵的历史传统。如《孙膑兵法》《吴子》《尉缭子》《六韬》《三略》《李卫公问对》《阵纪》《兵经百篇》《草庐经略》《投笔肤谈》等著名兵书都以哲理性强而著称。一些大型综合性兵书如《武经总要》《武备志》等也收录了很丰富的兵学理论内容。即使那些阵法、兵器等技术型兵书,也大多以理论为纲,进行编纂,从而形成了中国兵书"舍事言理"或"以理系事"的创作风格。至于编修形式上,后世兵书亦多有模仿《孙子兵法》者,如《投笔肤谈》即"仿《孙子》之遗旨,出一隙之管窥,谬成十三篇"。

《孙子兵法》对后世军事的深远影响也表现在战争实践之中。中国古代历史上创造的众多以弱胜强、以少克多的战例,有不少是人们活用和暗用《孙子兵法》的结果。像战国时期的齐魏桂陵、马陵之战,显然是孙膑借鉴运用孙武"避实击虚""用而示之不用"诸原则的杰作;像秦汉之际韩信背水布阵攻灭赵国,即系灵活运用孙武"置之死地而后生"思想的手笔；像三国时期邓艾偷渡阴平灭蜀汉之举，可视为对孙子"攻其无备，出其不意"，"以迂为直，以患为利"理论淋漓尽致的发挥；像努尔哈赤对明军的萨尔浒之战，则无疑是孙子集中兵力"并敌一向"用兵艺术的实战诠释。唐代杜牧在其《孙子注序》中说："孙武所著十三篇，自武死后凡千岁，将兵者有成者，有败者，勘其事迹，皆与武所著书一一相抵当，犹印圈模刻，一不差跌。"这话虽不免有些绝对化，但古往今来为将者莫不视《孙子兵法》为"兵经"，重视其实战功效，这确是事实。战争无论胜负，我们大多可以从《孙子兵法》中找到个中原因。

正因为《孙子兵法》一书具有巨大的军事学术价值和崇高的历史地位，后世兵家对它的肯定和赞誉史不绝书。这类盛誉就其性质而言可以划分为两个基本大类。第一类是对《孙子兵法》全书作基本概括的评价，从总体上把握它的学术价值和深远意义。古人在这方面的言辞实在不胜枚举，这里我们只能挂一漏万地作些介绍，用以再现古人心目中的"孙子"观。

早在三国时期，曹操曾说："吾观兵书战策多矣，孙武所著深矣。"（《孙子注序》）与曹操同时代的蜀汉丞相诸葛亮也说："战非孙武之谋，无以出其计远。"（《便宜十六策》）唐太宗李世民对《孙子兵法》更是推崇备至，据《李卫公问对》记载，他曾由衷赞叹："深乎，孙氏之言！""观诸兵书，无出孙武。"宋代人对《孙子兵法》予以高度评价的，更不在少数，如王安石指出："但用孙武一二言，即可成功名"（见《涧泉日记》引）；苏洵认为："今其书论奇权密机，出入神鬼，自古以兵著书者罕所及……词约而意尽，天下之兵说皆归其中。"（《嘉祐集·权书下·孙武论》）陈直中也说："自六经之道散而诸子作，盖各有所长，而知兵者未有过孙子者。"（《孙子发微》）明代抗倭名将戚继光则这样赞美《孙子兵法》："乃知孙武之法，纲领精微莫加焉。第于下手详细节目，则无一及焉。犹禅家所谓上乘之教也。"（《纪效新书·自序》）明王世贞对《孙子》的评价是：

《孙子》十三篇,其精切事理,吾以为太公(姜太公)不能过也。"(《读书后·书司马穰苴·孙武传后》)而明代李贽甚至把他不能广泛传授《孙子》视为终身遗憾,说:"吾独恨其不能以《七书》与《六经》合而为一,以教天下万世也。"(《孙子参同·自序》)

从上面所征引的古人评论来看,人们对《孙子兵法》在军事史上的重要地位是有深刻认识的,普遍将其书视为历史上的兵学鼻祖而充分肯定和推崇,这是客观的看法,也是经受过历史实践检验的结论。

后世兵家对《孙子兵法》的第二类盛誉,表现为在把握其书总体情况的基础上,对孙子某些基本原则和观点的评述和肯定。诸葛亮说:"孙武所以能制胜于天下者,用法明也。"(《三国志·马良传》注引《襄阳记》)这里就是突出赞扬孙子的治军思想。李世民指出:"孙武十三篇,无出虚实。"李靖认为:"千章万句,不出乎'致人而不致于人'而已。"(《李卫公问对》)这里所特别强调的是《孙子兵法》的制胜之道,把"避实击虚",掌握主动权看成是用兵艺术的精髓所在。戴望溪评《孙子》,有云:"孙武之书十三篇,众家之说备矣。奇正、虚实、强弱、众寡、饥饱、劳逸、彼己、主客之情状,与夫山泽、水陆之阵,战守攻围之法,无不尽也。微妙深密,千变万化而不可穷。"(《将鉴论断·孙武》)其对孙子其人其书的肯定,着眼点也在孙子的主要兵学范畴和作战指导上。梅国祯认为:"孙子之言曰:'奇正之变,不可胜穷也。'又曰:'微乎微乎,至于无形;神乎神乎,至于无声。'合而言之,思过半矣。"(《孙子参同·序》)这里梅氏把"奇正之变"和"因敌制胜"看成为《孙子》的要旨妙道。他指出,只要真正理解和掌握这些原则,那就等于完全认识了《孙子》的兵学理论,便可在复杂的战争中无往而不胜。

以上所引,主要是后人对《孙子兵法》某些原则的看法和评价。与第一类评价高屋建瓴,立足于总体把握《孙子》地位与影响的侧重点不同,它们乃是从更具体、更深层的方面对《孙子》主要价值的挖掘和总结,是关于《孙子》内在哲理的更细致的探索，充分反映了人们对《孙子》认识的深度和广度。应该承认的是，这些评价者的目光十分犀利，他们基本上领悟了《孙子》全书的主旨，从而揭示了其主要价值。因为，他们所涉及的命题，在今天看来，恰恰是《孙子兵法》中能够超越时空的精华部分。

明代茅元仪在《武备志·兵诀评》中指出："前孙子者，孙子不遗；后孙子者，不能遗孙子。"这段话很好地概括了《孙子兵法》在历史上的地位和意义。作为中国古代兵学宝库的一笔珍贵遗产，《孙子兵法》是不朽的。

进入近、现代以来，《孙子兵法》的地位和影响并没有因社会历史条件的变化而有所下降。恰恰相反，它受到了更大的尊崇，影响更加扩大，应用更加普遍。

中国近代民主革命家孙中山就非常崇敬古代兵家的思想，将《孙子兵法》尊为军事智谋的理论源泉，指出"就中国历史来考究，二千多年前的兵书有十三篇，那十三篇便是解释当时的战理。由于那十三篇兵书，便成立中国的军事哲学"（《孙中山选集》第 672 页），从而充分肯定了《孙子》一书的历史地位。

毛泽东十分注重总结、继承前人的有益经验，并能结合新的形势和条件加以创造性地发展。在研究和运用《孙子兵法》方面，同样体现了这位革命家、思想家的特点。他高度重视《孙子兵法》，指出："中国古代大军事学家孙武子书上'知彼知己，百战不殆'这句话，是包括学习和使用两个阶段而说的；包括从认识客观实际中的发展规律，并按照这些规律去决定自己行动克服当前敌人而说的；我们不要看轻这句话。"（《中国革命战争的战略问题》）他又说："孙子的规律，'知彼知己，百战不殆'，仍是科学的真理。"（《论持久战》）观察他的军事著作和指导中国革命战争的具体实践，我们可以知道毛泽东本人对《孙子兵法》的掌握和运用已完全达到了炉火纯青、出神入化的境界，这标志着中国军事思想水平达到了前所未有的高度。

其他无产阶级军事家,如刘伯承、叶剑英等人,对《孙子兵法》也有非常精深的研究和十分透彻的理解。如刘伯承就发表过这样精辟的见解:"《孙子兵法》这部兵法,是研究指导战争最普遍规律的著作……正兵和奇兵,是辩证的统一,是为将者必须掌握的重要法则。奇中有正,正中有奇,奇正相生,变化无穷。"他们把《孙子》中具有生命力的原则创造性地应用于革命战争实践,为中国人民的解放事业作出了重大的贡献。

真正优秀的文化遗产是属于全人类的,《孙子兵法》就是这一类的遗产。它的影响也早已越出国界,而成为世界人民的共同精神财富。早在公元8世纪唐玄宗时,日本遣唐学生吉备真备就将《孙子兵法》携带到日本,并亲自进行讲解。到德川家纲时期(公元17世纪),日本有了《孙子兵法》的日译本,从而有力推动了《孙子兵法》的普及和研究。《孙子兵法》的西传,最早是在公元1772年,当时法国神父约瑟夫·阿米欧在巴黎翻译出版了法文版《中国军事艺术》丛书,其中就收有《孙子兵法》。公元1905年,英人卡托普的《孙子》英译本在东京出版。公元1910年,英国汉学家贾尔斯的《孙子兵法——世界最古之兵书》英译本在伦敦出版。同年,布鲁诺·纳瓦拉的《中国的武经》德译本在柏林出版。自此之后,《孙子兵法》的各种文本如雨后春笋纷纷涌现。据不完全统计,目前《孙子兵法》在世界上被译成外文的,有英、日、俄、法、德、意大利、捷克、西班牙、荷兰、希腊、罗马尼亚、阿拉伯、泰、缅甸、越南、朝鲜、希伯来、马来等二十多种文本。这表明《孙子兵法》得到广泛流传,受到普遍推崇。这是孙武的光荣,也是中华民族的骄傲。

《孙子兵法》在国外也受到人们异口同声的赞美。日本学者尾川敬二称孙武为"兵圣","东方兵学的鼻祖,武经的冠冕"(《孙子论讲·自序》);福本椿水称孙子是"兵家之神"(《孙子训注·自序》);北村佳逸称孙子是"兵学家、哲学家,且是东方第一流的大文豪"(《孙子解说·自序》)。

美国战略学家约翰·柯林斯说:"孙子是古代第一个形成战略思想的伟大人物。"英国战略学家利德尔·哈特说:"《孙子兵法》是世界上最早的兵法著作,但其内容之全面与理解之深刻,迄今还无人超过。"(《战略论》)俄国人郭泰纳夫也说:"孙子确实可以算是世界第一流的军事学家。"(《中国军人魂》)

与此同时,各国军事家也纷纷将《孙子兵法》的基本原理用于指导战争实践。如日俄战争期间,日本海军大将东乡平八郎在对马海战中遵循孙子"以逸待劳"的作战方针,"先处战地而待敌",一举歼灭远道赶来的俄军舰队。又如在20世纪70年代初期爆发的印巴战争中,印军成功地运用孙子"以迂为直"的战术,实施深远的战略迂回,分割、包围巴军,各个击破,占领达卡,赢得了战争的胜利。

《孙子兵法》反映了战争指导的一般规律,因此在今天仍具有军事学术上的重要借鉴价值。毋庸讳言,现代条件下的作战,参战军兵种众多,作战系统复杂,战场范围广阔,情况变化急剧,军队机动性大大增强,武器装备日趋先进。可是,这些新因素的出现,并不能改变军事斗争的本质属性。正确全面的战略运筹和灵活机动的作战指挥,仍然是决定战争胜负的重要环节。就在这样的情况下,《孙子兵法》的思想和现代作战现实之间完成了圆满的契合,沟通了时代的鸿沟,获得了新的生机。

这里,我们可以拿海湾战争作为典型例子,来领略《孙子兵法》所揭示的军事规律在现代战争条件下的强大生命力。

海湾战争以美国为首的多国部队获胜而告终。多国部队的胜利,原因固然很多,但有一个因素尤不容忽视,这就是它的战略运筹和作战指导与《孙子》所揭示的基本原则有相通和吻合之处。尤其是在"沙漠军刀"地面军事行动中,可以清楚看到孙子"诡道"战法的现代投影。当时,多国部队的统帅针对伊军重点固守正面战场的态势,大胆拟订了正面牵制、侧后迂回、纵深突袭、大创聚歼的作战方针。他们以部分兵力对科威特正面战场实施战略佯攻,诱使伊军产生错觉,无谓地增强在正面的布防,从而牵制了伊军的力量,转移了伊军的视线,为联军进行机动作战创造了条件。一俟时机成熟,西线的多国部队主力精锐即以迅雷不及掩耳之势越过沙伊边界,突入伊拉克纵深地区,对伊拉克的共和国卫队实施分割包围,痛加聚歼,完成了既定的战略任务。伊军猝不及防,全线崩溃。

多国部队在实施"沙漠军刀"行动过程中,淋漓尽致地表现了快速机动、声东击西、避实击虚的作战指导,而所有这一切则与《孙子兵法》"能而示之不能,用而示之不用""攻其无备,出其不意"等作战原则不谋而合,如出一辙。由此可见,《孙子》的战略运筹理论和"致人而不致于人"作战原则,依然生机盎然,精神不老,完全值得我们在从事现代军事理论建设时加以借鉴。

正因如此,世界各国在总结战争经验、发展现代军事理论时,都十分重视《孙子兵法》的借鉴意义。许多国家都把《孙子兵法》列为军校的必修课程;许多军事家都按照《孙子兵法》所揭示的原理,来考察自己战争实践和军事理论的得失。可以毫不夸张地说,从不少现代西方的国家战略和军事战略上,我们能够看到《孙子》基本思想的影子。如,受孙子"不战而屈人之兵"全胜思想的启发,制定了以"伐谋""伐交"为中心内容的"孙子核战略"。又如,美国军方在制定著名的"空地一体战"理论过程中,从知彼知己、突然性、速战速决、机动作战、兵力使用和攻坚作战等六个方面,对《孙子》的有关军事原则作了有益的借鉴。就我军而言,《孙子兵法》的不少原则更能对我军的现代化、正规化建设事业提供理论参照和历史启迪。比如,其"兵非益多"的精兵思想,就可给我军加强质量建军的工作予以宝贵有益的启示。

《孙子兵法》虽是一部兵学著作,但它的影响却并不仅仅囿于军事领域。在哲学思想发展史上,《孙子兵法》包含有丰富的朴素唯物论和辩证法思想,成为中国古代辩证法的源头之一,并且以其特有的理性精神影响着古代辩证法的发展。《孙子兵法》中许多矛盾概念如奇正、虚实、动静、主客等，丰富了古代的哲学范畴，为历代哲学家所重视。同时，《孙子兵法》"舍事言理"的思维模式，也与诸子（《老子》例外）说理广征博引典故和史实有异，体现了很高的形而上逻辑思辨特色。

《孙子兵法》对古代商业经营活动也是有一定影响的。《史记·货殖列传》记载："白圭乐观时变，故人弃我取，人取我与……故曰：'吾治生产，犹伊尹、吕尚之谋，孙、吴用兵，商鞅行法是也。'"所谓"人弃我取，人取我与"，实际上就是《孙子兵法》"致人而不致于人""避实而击虚"原则的商业衍化。只是由于历史上统治者推行"崇本抑末"政策，《孙子兵法》在商战中的运用当时才没有普及开来。

在中医学领域，《孙子兵法》的影响同样可以见到。清初名医徐大椿在其所著《医学源流论·用药如用兵论》中说："兵之设也以除暴，不得已而后兴；药之设也以攻疾，亦不得已而后用，其道同也。"他列举了很多实例，说明医疗上如何运用孙武"知彼知己"和"兵因敌而制胜"等原则，并最后总结说："孙武子十三篇，治病之法尽之矣。"

《孙子兵法》文采斐然，对后世文学语言艺术的影响亦极为深远。刘勰赞誉它"辞如珠玉"（《文心雕龙·程器》）。宋代郑厚在《艺圃折衷》中认为"孙子十三篇，不惟武人之根本，文士亦当尽心焉。其词约而缛，易而深，畅而可用。《论语》《易》《大传》之流，孟、荀、扬著书皆不及也"。这种文学成就对后人行文的影响，同样为人们所重视。宋代严羽指出："少陵诗法如孙武。"（《沧浪诗话》）清代林纾在《春觉斋论文·也字用法》中亦通过对"也"字用法的剖析，阐述了"十三篇"句法用词对后世文章章法的影响："《始古录》谓欧阳修《醉翁亭记》用'也'字，东坡《酒经》用'也'字，王荆公《度支郎中萧公墓铭》亦皆用'也'字，不知谁相师法，然皆出《孙武子》十三篇中。"

在现代社会生活中，《孙子兵法》的哲理启示与文化借鉴意义更为显著。因为它所揭示的实事求是、关照全局、预测发展、掌握情况、权衡利害、辩证分析、主动积极、扬长避短等基本原理和思想方法,始终是我们在从事各项工作时所必须遵循的认识路线和指导原则。特别是在外交、经济、体育这些竞争激烈、变化迅捷的社会领域,尤其需要当事者寻找主客观结合的契机,从实际出发,发挥主观能动性,在复杂多变的环境中应变自如,游刃有余,稳操胜券,有所建树。在这种情况下,《孙子兵法》总揽全局、综合比较、求实超前的战略运筹理论和辩证能动、因利制权的作战指导思想就可以被引入这些社会领域,对其实践活动产生影响,给人们以思想方法上的极大启迪。正是在这样的意义上,近年来《孙子兵法》在企业管理、商业经营、体育竞技等领域大显身手,掀起一阵阵"孙子热"。这可以看作是《孙子兵法》在当今社会生活中宝贵价值的又一种具体体现,预示着《孙子兵法》的生命力永远旺盛,生生不息!

目录

计　篇

导读

　　本篇是《孙子兵法》的首篇，在全书中具有提纲挈领的意义。它主要论述战争指导者在战前正确筹划战争全局以及实施高明作战指挥的问题。孙子从"兵者，国之大事，死生之地，存亡之道"这一基本认识出发，着重强调通过对敌我双方现有客观条件——五事七计的考察比较，以期对战争的胜负趋势作出正确的估计，并据此制定己方的战略决策。同时孙子主张在把握敌我双方政治、经济、军事以及天时、地利条件基础上，充分发挥战争指导者的主观能动性，这就是在作战中遵循和贯彻以"利"为宗旨的"诡道十二法"原则。主张积极"造势"以确保己方在战争中立于不败之地，克敌制胜，实现自己的战略目标。而"造势"的核心，便是那条为后世军事家推崇备至的作战原则——"攻其无备，出其不意"。由此可见，本篇在一定程度上可以视作孙子兵学思想的概述。

　　本篇篇题，《武经七书》作"始计第一"，"始"字殆系后人所附增。计：预计、计算的意思，《说文解字》释"计"云："计，会也，算也。"这里系指战前的战略谋划。《十一家注孙子》曹操注："计者，选将、量敌、度地、料卒、远近、险易，计于庙堂也。"这是对本篇主旨最早而又十分准确的概括。

原文

孙子曰：兵[1]者，国之大事[2]，死生之地，存亡之道[3]，不可不察[4]也。

译文

孙子说：战争是国家的大事，它关系到民众的生死，国家的存亡，不可不认真考察，仔细研究。

注释

1 兵：本义指兵械，《说文》："兵，械也。"后引申为兵士、军队、战争等，此处作战争解。

2 国之大事：意即国家的重大事务。《左传·成公十三年》："国之大事，在祀与戎。"正与《孙子》此语相合。孙子所处的春秋晚期，争霸战争与兼并战争正日趋激烈频繁，故合乎逻辑地产生这样的思想认识。汉简本此句"事"下有"也"字。

3 死生之地，存亡之道：意谓战争直接关系到民众的安危，国家的存亡。杜牧注："国之存亡，人之死生，皆由于兵。"

4 不可不察：察，考察、研究。《论语·卫灵公》："众恶之，必察焉；众好之，必察焉。"不可不察，意指不可不仔细考察，谨慎对待。

原文

故经之以五事[1]，校之以计而索其情[2]：一曰道[3]，二曰天，三曰地，四曰将，五曰法。道者，令民与上同意也[4]，故可以与之死，可以与之生，而不畏危[5]。天

译文

因此，要通过对敌我五个方面的分析，通过对双方七种情况的比较，来探求战争胜负的情势。（这五个方面）一是政治，二是天时，三是地利，四是将才，五是法制。所谓政治，就是要让民众认同拥护君主的意愿，使得他们能够为君主而生，为君主而死，而不畏惧危险。所谓天时，就是指昼夜晴晦、寒冷

者,阴阳、寒暑、时制⁶也。地者,远近、险易、广狭、死生⁷也。将者,智、信、仁、勇、严⁸也。法者,曲制、官道、主用⁹也。凡此五者,将莫不闻,知之者胜,不知者不胜¹⁰。故校之以计而索其情,曰:主孰有道¹¹?将孰有能¹²?天地孰得¹³?法令孰行?兵众孰强¹⁴?士卒孰练¹⁵?赏罚孰明?吾以此知胜负矣¹⁶。

酷热、四季节候的变化。所谓地利,就是指征途的远近、地势的险峻或平坦、作战区域的广阔或狭窄、地形对于攻守的益处或弊害。所谓将才,就是说将帅要具备足智多谋、赏罚有信、爱抚士卒、勇敢果断、严于律己等品质。所谓法制,就是指军队组织体制的建设,各级将吏的管理,军需物资的掌管。以上五个方面,身为将帅者不能不了解。充分了解这些情况,就能打胜仗。不了解这些情况,就不能打胜仗。所以必须通过对双方七种情况的比较,来求得对战争情势的认识:哪一方君主政治清明?哪一方将帅更有才能?哪一方拥有天时地利?哪一方能够贯彻法令?哪一方武器装备精良?哪一方士卒训练有素?哪一方赏罚公正严明?我们根据这一切,就可以判断谁负谁胜。

注释

1 经之以五事:经,度量、衡量的意思。《诗经·大雅·灵台》:"经始灵台,经之营之。"毛苌传:"经,度之也。"此句意谓要从五个方面分析、预测战争胜负的可能性。汉简本"五"下无"事"字,且"经"字作"轻"。

2 校之以计而索其情:校,衡量、比较。《广雅·释诂》:"校,度也。"计,指下文所言"主孰有道"等"七计"。索,考索、探索。《墨子·尚贤中》:"索天下之隐事遗利,以上事天。"情,情势、实情,也可以理解为规律。全句的意思为:要通过对双方各种条件的比较分析,来探索战争胜负的情况与规律。张预注:"校计彼我之优劣,探索胜负之情状。"即孙子之本旨。汉简本"校"借作"效","而"作"以","情"借作"请"。

3 道：本义为道路，后引申为事理、规律、方法等等。此处的含义是指社会政治条件。

4 令民与上同意也：令，使、教的意思。民，普通民众。上，君主、统治者。意，意愿、意志。《管子·君臣下》："明君在上，便辟(嬖)不能食其意。"同意，同心同德。令民与上同意，言使普通民众认同、拥护君主的意愿。武经本无句末"也"字，汉简本"也"上有"者"字。

5 可以与之死，可以与之生，而不畏危：意谓民众乐于为君主出生入死而毫不畏惧危险。不畏危，不害怕、恐惧危险。汉简本"不畏危"作"弗诡也"。"弗诡"，意即无疑贰之心。有人释"弗诡"为"不敢违抗"，于义亦通。又，汉简本无二"以"字。

6 阴阳、寒暑、时制：阴阳，指昼夜、晴晦等天时气象的变化。寒暑，指寒冷、炎热等气温差异。时制，指四时季节的更替。

7 远近、险易、广狭、死生：远近，指作战区域的距离远近。张预注："知远近，则能为迂直之计。"险易，指地势的险厄或平坦。广狭，指战场面积的广阔或狭窄。死生，指地形条件是否利于攻守进退。死即死地，进退两难的地域；生即生地，易攻能守之地。《孙膑兵法·八陈》："险易必知生地、死地，居生击死。"汉简本此句作"地者，高下、广狭、远近、险易、死生也"。多"高下"两字。

8 智、信、仁、勇、严：智，足智多谋。信，赏罚有信。仁，爱抚士卒。勇，勇敢果断。严，严于律己。凡此五德，孙子认为是作为优秀将帅所必须具备的基本素质。梅尧臣注："智能发谋，信能赏罚，仁能附众，勇能果断，严能立威。"

9 曲制、官道、主用：曲制，有关军队的组织编制、通讯联络等具体制度。曹操注："曲制者，部曲、幡帜、金鼓之制也。"官道，指各级将吏的管理制度。张预注："官谓分偏裨之任，道谓利粮饷之路。"主用，指各类军需物资的后勤保障制度。主，掌理、主管。《孟子·万章上》："使之主事,而事治。"用,物资费用。

10 将莫不闻,知之者胜,不知者不胜:闻,知道、了解。知,深切了解之意。
全句的意思如曹操注所言:"同闻五者,将知其变极,即胜也。"

11 主孰有道:指哪一方国君为政清明拥有广大民众的支持。孰,疑问代
词,谁,这里指哪一方。道,有道、政治清明,上下和谐,同心协力。

12 将孰有能:哪一方的将领更有才能。

13 天地孰得:哪一方拥有天时、地利。张预注:"观两军所举,谁得天时、
地利。"

14 兵众孰强:哪一方兵械铦利,士卒众多,军队强大。兵,此处指的是
兵械。

15 士卒孰练:哪一方的军队训练有素。张预注:"离合聚散之法,坐作进
退之令,谁素闲习。"练,娴熟。《战国策·楚一》:"练士厉兵,在大王
之所用之。"

16 吾以此知胜负矣:我根据这些情况来分析,即可预知胜负的归属了。

[原文]

　　将听吾计[1],用之必
胜[2],留之。将不听吾计,
用之必败,去之[3]。

[译文]

　　若能听从我的计谋,指挥作战
就一定会取胜,我就留下。假如不能
听从我的计谋,指挥作战就必败无
疑,我就告辞离去。

[注释]

1 将听吾计:将,一说作助动词,读作"江"(jiāng),表示假设,意为假如、
如果。《左传·昭公二十七年》:"令尹将必来辱,为惠已甚。"如此,
则本句意为:如果能听从、采纳我的计谋。十家注多作此解。又一说,
将这里当作名词解,即将(音匠 jiàng)领。两说比较,当以前说为善。
听,依从,遵从的意思。

2 用之必胜:之,语助词,无义。用之必胜,即用兵打仗必胜。

3 去之:去,离开。

原文

计利以听[1],乃为之势[2],以佐其外[3]。势者,因利而制权[4]也。

译文

筹划的方略已被采纳,还要设法造成一种态势,用来辅佐战略计划的实现。所谓态势,即是依凭有利于己的条件,采取灵活机动的应变措施,掌握战场的主动权。

注释

1 计利以听:计利,计算、分析敌对双方的有利或不利条件。以,通"已"。《礼记·檀弓》郑玄注:"以与已字本同。"已然,业已。听,听从、采纳。

2 乃为之势:意思是造成一种积极有利的军事态势。乃,于是、就的意思。为,创造、造就。之,虚词。势,态势。

3 以佐其外:作为辅佐以争取胜利。力量为本,智谋为辅。佐,辅佐、辅助。外,曹操注:"常法之外也。"

4 因利而制权:意即根据利害得失情况而灵活采取恰当的对策。张预注:"所谓势者,须因事之利,制为权谋以胜敌耳。"因,根据、依凭。《孟子·离娄上》:"为高必因丘陵。"制,从、随从。《淮南子·氾论训》:"圣人作法,而万物制焉。"高诱注:"制,犹从也。"这里是决定、采取之意。权,权变、灵活处置之意。

原文

兵[1]者,诡道也[2]。故能而示之不能[3],用而示之不用[4],近而示

译文

用兵打仗是一种诡诈奇谲的行为,因此必须做到:能打,却装作不能打;要打,却装作不想打。明明要向近处,却装

之远,远而示之近[5],利而诱之[6],乱而取之[7],实而备之[8],强而避之[9],怒而挠之[10],卑而骄之[11],佚而劳之[12],亲而离之[13]。攻其无备,出其不意。此兵家之胜[14],不可先传也[15]。

作要向远处;实际要向远处,却装作要向近处;敌人贪利,就用小利引诱他们;敌人混乱,就乘机攻取他们;敌人力量充实,就注意防备他们;敌人兵卒强锐,就暂时避其锋芒;敌人暴躁易怒,就设法挑逗挠乱他们;敌人卑怯谨慎,就设法使他们骄横;敌人休整良好,就设法使他们疲劳;敌人内部和睦,就设法离间分化他们。要在敌人没有防备处发动进攻,在敌人意料不到时采取行动。所有这些,正是军事家指挥艺术的奥妙精髓,是不可预先传授说明的。

注释

1 兵:用兵打仗。

2 诡道也:诡诈、谲变的行为或方式。曹操注:"兵无常形,以诡诈为道。"诡,欺诈、诡诈。《管子·法禁》:"行辟而坚,言诡而辩。"道,行为、方式、原则。

3 能而示之不能:能,有能力、能够。示,显示,假装。言能战却装作不能战的样子。此句至"亲而离之"等十二条作战原则,即著名的"诡道十二法"。

4 用而示之不用:实际要打,却装作不想打。用,用兵。

5 近而示之远,远而示之近:实际要进攻近处,却装作要进攻远处;实际要进攻远处,却显示要进攻近处,致使敌方无从防备。

6 利而诱之:利,此处作动词用,贪利的意思。诱,引诱,诱使。意为敌人贪利,则用小利加以引诱,伺机打击之。

7 乱而取之:乱,混乱。取,乘机进攻,夺取胜利。意谓对处于混乱状态的敌人,要抓住时机进攻他们。梅尧臣注:"彼乱,则乘而取之。"

8 实而备之：备，防范、防备。言敌人若是实力雄厚，则需严加防备。

9 强而避之：面对强大之敌，则当避其锋芒，不可硬拼。

10 怒而挠之：怒，易怒暴躁的意思。挠，挑逗、挠乱。意谓敌人易怒，就设法挑逗激怒他们。另一说：敌人来势凶猛，当设法扼制其气焰。

11 卑而骄之：卑，小、怯。《左传·僖公二十二年》："公卑邾，不设备而御之。"杜预注："卑，小也。"言敌人卑怯谨慎，应设法使其变得骄傲自大，然后伺机破之。另一说：敌人卑视我方，则将计就计，使之更骄傲麻痹。又一说：我方当主动卑辞示弱，给敌人造成错觉，令其骄傲。后两说皆不如前说义长。

12 佚而劳之：佚，同"逸"，安逸、自在。劳，疲劳，用作使动。敌方安逸，就设法使他们疲劳。

13 亲而离之：亲，亲近、亲密。离，离间。《广雅·释诂一》："离，分也。"此句言如果敌人内部团结，则设法离间分化他们。

14 兵家之胜：兵家，军事家。胜，奥妙、胜券。此句意为：（上述"诡道十二法"）乃军事家用兵如神、克敌制胜的奥妙之所在。

15 不可先传也：先，预先、事先。传，传授、规定。言不可事先传授，而必须根据具体情况灵活应用。所谓"不以法为守，而以法为用"。

〔原文〕	〔译文〕
夫未战而庙算[1]胜者，得算多也[2]；未战而庙算不胜者，得算少也。多算胜，少算不胜，而况于无算乎[3]！吾以此观之，胜负见矣[4]。	凡在开战之前就预计能够取胜的，是因为筹划周密，胜利条件充分；凡在开战之前就预计不能取胜的，是因为筹划不周，胜利条件缺乏。筹划周密、条件充分的就能取胜，筹划不周、条件缺乏的就无法取胜，更何况不作筹划、毫无条件呢？我们依据这些因素来观察分析，那么胜负的结果也就显而易见了。

[注释]

1 庙算:古代兴师作战之前,通常要在庙堂里商议谋划,分析战争的利害得失,制定作战方略。这一作战准备程序,就叫作"庙算"。庙,古代祭祀祖先与商议国事的场所。

2 得算多也:意为取得胜利的条件充分、众多。算,即"筹",古代计数用的筹码。此处引申为胜利的条件。

3 多算胜,少算不胜,而况于无算乎:言胜利条件具备多者可以获胜,反之,则无法取胜,更何况未曾具备任何取胜条件?而况,何况,更不必说。于,至于。

4 胜负见矣:胜负结果显而易见。见,同"现",显现。《战国策·燕策》:"图穷而匕首见。"

[通论]

本篇主要论述了研究和谋划战争全局问题的重要性,以及战争指导者如何把握和分析战争双方的主客观条件,正确判断和预测战争胜负趋势,并在此基础上发挥主观能动性,创造条件、夺取胜利等一系列问题。

"国之大事,在祀与戎",在我国漫长的历史长河里,军事活动一直占据社会生活中的重要位置。军事上的成败得失,直接关系着社稷的安危,民众的存亡,因此历来为人们所高度重视和认真对待。作为古代兵学文化的最杰出代表,《孙子》在这一点上也不例外,它开宗明义就提出了"兵者,国之大事"这一重要命题,并从这一认识出发,着重强调了要通过对敌我双方现有客观条件——"五事""七计"的考察比较,以期对战争的胜负趋势作出正确的估计。具体地说,就是看哪一方君主政治清明,哪一方将帅指挥高明,哪一方具备更好的天时地利,哪一方法令贯彻彻底,哪一方武器装备优良,哪一方兵卒训练有素,哪一方赏罚公正严明,从而做到"胜兵先胜而后求战","先立于不败之地,而不失敌之败也"。总之,孙子认为,只有"校之以计而索其情","多算胜,少算不胜",方能制定出己方恰当的战略决策,为克敌制胜提供充分的客观基础。

《计篇》所反映的孙子从实际出发、谋划战争全局的思想,无疑是唯物的,也是高明的。它同商周以来那种以卜筮方法预测战争胜负态势的迷信行为划清了界限,标志着人们在认识和把握战争问题上的质的飞跃。因此既为后人在理论上加以继承和发展,又被众多军事将领奉为圭臬,用以指导战争实践活动。可以毫不夸张地说,历史上许多重大战争的胜负成败,其原因都与能否遵循《计篇》这一基本原则密切相关。

战争固然是力量的竞争,同时也是智慧的角逐,孙子的高明之处,在于他不但高度重视对敌我双方各种客观条件的认识和把握,而且也强调在此基础上充分发挥战争指导者的主观能动性,积极创造条件,从而将胜利的蓝图变成现实。这种既立足于战略谋划,又强调把战略谋划付诸实践,既强调物质条件的作用,又不忽视将帅主观能动作用的做法,表明其战略思想既是唯物的,又是朴素辩证的。这点乃是《计篇》第二层主要含义。

《计篇》主张积极"造势"以掌握战争的主动权。所谓"势",是指有利的作战态势,而有利态势的拥有,关键在于战争指导者依凭有利于己的客观条件,灵活机变,巧妙用兵,确保自己牢牢立于不败之地。为此,《计篇》提出了一系列具体的作战"造势"原则,这就是著名的"诡道十二法",其核心,即那条为后世军事家推崇备至的作战纲领——"攻其无备,出其不意"。

孙子认为,用兵打仗是一种诡诈的行为,一切均以"利益"之大小或有无为出发点,以能否取胜为前提。因此,对敌人丝毫不能讲仁义,讲礼让,而必须通过各种手段将其置于死地。要做到这一点,就应该善于运用"示形动敌"的方法,调动敌人,迫其就范,痛加打击,夺取胜利。具体的措施即:"能而示之不能,用而示之不用,近而示之远,远而示之近,利而诱之,乱而取之,实而备之,强而避之,怒而挠之,卑而骄之,佚而劳之,亲而离之"等等。孙子把这种"诡道"方法推崇为"兵家之胜",即视为克敌制胜的奥妙精髓之所在。

《计篇》这一"诡道"制胜思想的提出,是中国兵学思想发展史上的一个划时代进步,是对用兵问题上"以礼为固,以仁为胜"陈腐观念的极大冲击。它适应时代的需要,符合战争活动的本质属性,因此值得充分肯定。

以"因利而制权"为宗旨的"诡道十二法"思想,对后世军事实践活动的指导意义非常巨大。直至今天,这一思想的合理内核依然闪烁着真理的光芒,对指导现代战争仍不无重要的借鉴价值。如在海湾战争中,多国部队迂回突袭伊军纵深,顺利实施"沙漠军刀"作战计划,其做法也与"远而示之近"的原则相吻合。

总之,《计篇》在一定程度上可以视作孙子军事思想的高度概括。它的基本思想由两个部分所组成,一是战争的筹划理论,二是战争的实施方法。前者是"体",后者是"体"之"用","体"与"用"两者有机结合,相得益彰,互为关系,相辅相成,从而奠定了孙子兵学体系的坚实基础。

战例

秦晋淝水之战

淝水之战,爆发于公元383年,是偏安江左的东晋王朝同北方氐族贵族建立的前秦政权之间进行的一次战略性大决战。战争的结果,是弱小的东晋军队利用前秦最高统治者符坚战略决策上的失误和前秦军队战术部署上的不当而大获全胜。这是中国历史上一次以弱胜强的著名战例,也从许多方面印证了《孙子兵法·计篇》基本精神的合理性和正确性。

公元316年,在内乱外患的双重打击下,西晋王朝灭亡了。随之而来的,是出现南北大分裂的历史局面。在南方,公元317年,晋琅邪王司马睿在建康(今江苏南京)称帝,建立东晋王朝。东晋占有现在汉水、淮河以南大部地区。在北方,匈奴、鲜卑、羯、氐、羌等少数民族首领也纷纷先后称王称帝。整个北方地区陷入了割据混战的状态。当时,占据陕西关中一带的氐族统治者以长安为都城,建立了前秦政权。公元355年,前秦统治者符健病死。两年后,符健的侄子符坚谋杀继位者符生,自立为前秦天王。符坚即位后,重用汉族知识分子王猛治理朝政,推行了一系列改革政治、发展经济和文化的积极措施,在吏治整顿、人才擢用、学校建设、农桑种植、水利兴修、族际关系调和诸方面均收到显著的成效,从而在一定程度上使前秦"兵强国富",实力大增。

在这基础上,前秦政权积极向外扩张势力,先后灭掉前燕、代、前凉等割据小国,统一了北方地区。黄河流域的统一,使符坚本人的雄心越发增大。他开始积极向南扩展,在公元373年,攻占了东晋的梁(今陕西南部、四川北部的部分地区)、益(今四川的大部分地区)两州,这样,长江、汉水上游就纳入了前秦的版图。接着又先后占领襄阳、彭城两座重镇,并且一度包围三阿(今江苏高邮附近),进袭堂邑(今江苏六合),于是秦晋矛盾日趋尖锐,终于导致淝水大战爆发。

符坚因多次击败晋军,被胜利冲昏头脑,急于攻占南方,统一南北。东晋太元七年(382)四月,符坚任命其弟为征南大将军。八月,又任命裴元略为巴西、梓潼二郡太守,积极经营舟师,希望用舟师从巴蜀顺流东下会攻建康。到了十月,符坚认为攻晋的战略准备业已就绪,准备亲自率领九十余万大军南下灭晋。

当时,前秦统治集团内部对灭晋的决策意见多有分歧,于是符坚把群臣召集到太极殿,计议灭晋事宜。在这次殿前决策会议上,符坚本人趾高气扬,声言现在四方已经平定,只剩下东南一隅的东晋,秦有大军九十七万,他要亲自出征,以一举荡平江南。群臣中少部分人附和符坚的意见,秘书监朱彤奉迎说:陛下亲征,晋如不投降就只有灭亡,这是灭晋千载难逢的机会。冠军将军慕容垂(鲜卑族)等人心怀异志,也在会后积极赞同符坚的意见。

　　但是前秦的多数大臣对此却持有保留或反对的看法。尚书左仆射权翼认为，东晋虽然微弱，但"君臣辑睦，内外同心"，这时不是进攻的最好时机。太子左卫率石越也认为，晋拥有长江天险，又得到百姓的支持，进攻不易取胜。他们都希望苻坚能暂时按兵不动，发展生产，等待东晋方面出现间隙时，再进行攻伐。但是苻坚却骄狂地说："以我百万大军，把马鞭扔在长江中，也完全可以阻断长江水流，东晋方面还有什么天险可以凭恃的呢？"决心一意孤行。

　　苻坚眼看自己的意见得不到群臣的广泛支持，便结束朝议，退而与其弟阳平公苻融决断大计。但苻融也不同意出兵，认为攻晋有三大困难：人心不顺；东晋内部团结；秦连年征战，军队疲惫，百姓厌战，希望苻坚放弃攻晋的计划。同时苻融也清醒地看到前秦表面强盛的背后，是民族矛盾、阶级矛盾的激烈尖锐，他向苻坚指出：今鲜卑、羌、羯等族的人，对氐有灭国之深仇，现在他们遍布京郊地区，大军南下之后，一旦变乱发生于心腹地区，那时就后悔莫及了。为了打动苻坚，苻融还把苻坚所最信任的已故丞相王猛反对攻晋的临终嘱咐抬了出来。可是，这仍然说服不了苻坚，他固执地认为，以强击弱，犹"疾风之扫秋叶"，垂危的东晋可以一举消灭。

　　为了劝阻苻坚南下伐晋，前秦的众多大臣作了最后的努力。他们根据苻坚信佛的特点，通过道安和尚进行劝说。道安规劝苻坚不要攻晋，如一定坚持攻晋，您苻坚也不必亲自出征，而应坐镇洛阳，居中调度，进攻和诱降双管齐下，以争取最后胜利。苻坚的爱妃张夫人和太子宏、幼子诜也都一再相劝，但是苻坚依然置若罔闻，锐意灭晋。

　　太元八年(383)七月，苻坚下令平民每十丁出兵一人，富豪人家二十岁以下的从军子弟，凡强健勇敢的，都任命为禁卫军军官。并宣称："我们胜利了，可以用俘虏来的司马昌明(晋孝武帝的字)做尚书左仆射，谢安做吏部尚书，桓冲做侍中；看情况，得胜还师指日可待，可先替他们建好官邸。"志骄意满之态，溢于言表。

　　八月，苻坚亲率步兵六十万、骑兵二十七万、羽林郎(禁卫军)三万，共九十万大军南下。东晋王朝在强敌压境、面临生死存亡的紧急关头，决意奋起抵御。他们一方面缓解内部矛盾，另一方面积极部署兵力，制定正确的战略战术方针，以抗击前秦军队的进犯。

晋孝武帝司马曜任命桓冲为江州（今湖北东部和江西西部）刺史，控制长江中游，阻止秦军由襄阳南下。任命谢石为征讨大都督，谢玄为前锋都督，率领经七年训练，有较强战斗力的"北府兵"八万沿淮河西上，遏制秦军主力的进攻。又派遣胡彬率领水军五千增援战略要地寿阳（今安徽寿县），摆开了与前秦大军决战的态势。

同年十月十八日，符融率领前锋攻占寿阳，活捉了晋平虏将军徐元喜等人。与此同时，慕容垂部攻占了郧城（今湖北安陆市境）。晋军胡彬所部在半道上得悉寿阳陷落的消息，便退守硖石（今安徽凤台县西南）。符融又率军攻打硖石。符融部将梁成率兵五万进抵洛涧（今安徽怀远县境内），并在洛口设置木栅，阻断淮河交通，遏制从东面增援的晋军。胡彬因守硖石，粮草用尽，难以支撑，写信请求谢石驰援，但此信却被秦军截获。符融及时向符坚报告了晋军兵力单薄、粮草缺乏的情况，建议迅速进兵，以防晋军逃遁。符坚得报，把大部队留在坎城，亲率骑兵八千驰抵寿阳，立即派遣原东晋襄阳守将朱序到晋军中劝降。朱序到晋军后，不但没有劝降，反而向谢石等人透露了秦军的情况，并建议谢石等人不要延误战机，坐待秦百万大军全部到达后束手就擒，而要乘着秦军各路人马尚未集中的机会，主动出击。他认为只要打败秦军的前锋，挫伤其士气，秦军的进攻就不难瓦解了。谢石起初对秦军的嚣张气焰心存惧意，打算以固守不战来消磨秦军的锐气。听了朱序的情况介绍和建议后，便及时改变作战方针，决定转守为攻，争取主动。

十一月，晋军前锋都督谢玄派猛将刘牢之率领精兵五千迅速奔赴洛涧。秦将梁成在洛涧边上列阵迎击。刘牢之分兵一部迂回到秦军阵后，断其归路；自己率兵强渡洛水，猛攻梁成的军队。秦军惊慌失措抵挡不住，主将梁成战死，步骑五万大军土崩瓦解，争渡淮水逃命，一万五千多人丧生。晋军活捉了秦扬州刺史王显等人，缴获了秦军的大批辎重、粮草。洛涧遭遇战的胜利，极大地鼓舞了晋军的士气。谢石麾下诸军水陆并进，展开了全线反攻。苻坚站在寿阳城上，看到晋军部阵严整、攻势猛烈，以为晋军人数极多，居然把淝水东面八公山上的草和树木都当成了晋兵，开始有了一丝惧意。

秦军洛涧之战失利后，沿着淝水西岸布阵，企图阻止晋军的反攻。谢玄派遣使者用激将法对苻融说："将军率领军队深入晋地，却沿着淝水布阵，这是想打持久战，不是速战速决的方法。如果您能让秦兵稍稍后撤，空出一块地方，使晋军能够渡过淝水，两军一决胜负，这不是很好吗？"秦军诸将都表示："我们人多，他们人少，不如堵住渡口，使他们无法上岸，这样可以确保安全。"但是苻坚却说："只引兵略微后退，使他们一半渡河，一半未渡，再用精锐骑兵冲杀，可以取得胜利。"于是苻融答应了谢玄的要求，指挥秦军后撤。秦军本来就士气低落，内部不稳，阵势混乱，指挥不灵，这一撤更使阵势大乱。东晋军队乘势抢渡淝水，展开猛烈的攻击。朱序则在秦军阵后大喊："秦军败了，秦军败了！"秦军后续部队一听，争相逃命。苻融眼见大势不妙，骑马飞驰巡视阵地，想整顿稳定退却的士兵，结果马倒在地，被晋军追兵杀死。秦军全线溃败，完全丧失了战斗力，晋军在谢玄等将领的统率下乘胜追击，一直到达青冈（在寿阳附近）。秦军人马相踏而死的，漫山遍野，充塞大河。逃散的和被歼灭的十有七八。苻坚本人也中箭负伤，单枪匹马逃回洛阳。

淝水之战的结果，使东晋王朝的统治得到了稳定，有效地遏制了北方少数民族贵族南下侵扰，为江南地区社会经济的恢复和发展创造了有利条件。对前秦王朝与苻坚本人来说，则是促进了北方暂时统一局面的解体。慕容垂、姚苌等他族贵族重新崛起，他们肢解了前秦统治，苻坚本人也很快遭到了身死国灭的悲惨下场。

用《计篇》的中心思想来对照，苻坚的失败和东晋的胜利不是偶然的。苻坚昧于"五事""七计"，主观武断，一意孤行，从而招致丧师灭国的大辱。明明是臣下不与自己"同意",反对进攻东晋,却偏偏要执意南伐;明明是内部不稳,士气低落,兵众不"强",部将有"他志",却偏偏要锐意轻进;明明是不知南方的气候、地理条件,水军力量又薄弱,军队缺乏系统训练,却偏偏要舍长就短,随意开战;那么除了失败,他还能得到什么呢?而在具体作战指导上的失误,则更加重加速了他的失败。反观东晋方面,则上下"同意"——上至皇帝、下至百姓,都主张抗击秦军的进犯;将帅有能——谢安指挥若定,谢石、谢玄等人应变自如,刘牢之骁勇善战;士卒精练——北府兵以一当十;天时、地利掌握得宜——水军实力强大,气候条件适应,地理形势熟悉。所有这些,合在一起,就为自己在淝水之战中赢得胜利奠定了基础。而具体战斗过程中的战术运用正确,则有力地保证了使这一胜利的可能转化为现实。

作战篇

导读

本篇的中心思想是阐述如何结合实际情况进行战争的准备工作。孙子认为,战争对人力、物力和财力存在着巨大的依赖关系。这种内在依赖关系,在春秋时期生产力比较低下,战争规模、战争方式比较原始的特定历史条件下,不可避免地决定了战争中"速"的极其重要和"久"的莫大危害。鉴于这样的认识,孙子鲜明地主张:凡是在从事战争准备的过程中,必须明确树立"兵贵胜,不贵久"的速战速决指导思想,一再强调"兵闻拙速,未睹巧之久也"。为了确保速决速战作战指导思想的实现,妥善解决战争需要与后勤补给困难之间的矛盾,孙子提出了"因粮于敌"的重要原则,主张在敌国就地解决粮饷补给。同时孙子还主张通过厚赏士卒、混合编组等手段来壮大发展自己的实力,达到"胜敌而益强"的目的。

作战,始战,即做战争准备。这里不是通常意义上的战阵交锋。作,始、开始的意思,同"乍"。《荀子·致士》:"故土之与人也,道之与法也者,国家之本作也。"张预注:"计算乃定,然后完车马,利器械,运粮草,约费用,以作战备。"最符孙子本篇之主旨。

【原文】

孙子曰:凡用兵之法[1],驰车千驷[2],革车千乘[3],带甲[4]十万,千里馈粮[5],则内外之费[6],宾客之用[7],胶漆之材[8],车甲之奉[9],日费千金[10],然后十万之师举[11]矣。

【译文】

孙子说:凡是兴师打仗,一般规律是,需要动用战车千辆,辎重车千辆,军队十万,同时还要越境千里运送军粮。如此,则前方后方的经费,款待列国使节、游士的费用,胶漆一类作战器材的供应,车辆兵甲的维修开支,每天都要耗资巨万,然后十万之师才能出动。

【注释】

1 法:规律、法则。

2 驰车千驷:战车千辆。驰,奔、驱的意思。驰车,快速轻捷的战车,古代亦称"轻车""攻车"。曹操注:"驰车,轻车也,驾驷马。"驷,原称驾一辆车的四匹马,后通指四匹马拉的战车,此处作量词用。

3 革车千乘:专门用于运载粮草和军需物资的辎重车千辆。革车,一般认为就是重车、守车、辎车。杜牧注:"革车,辎车、重车也。载器械、财货、衣装也。"一说革车为重型作战车辆,不确。乘,辆,也是古代一辆四匹马拉的车子。《说文》:"车轺驾乎马上曰乘,马必四,故四马为一乘。"这里也作量词用。

4 带甲:戴盔披甲。此处指全副武装的士卒。《国语·吴语》:"为带甲三万,以势攻,鸡鸣乃定。"

5 千里馈粮:意为跋涉千里辗转运送粮草。馈,此处作运送、供应解。汉简本"馈"字上有"而"字。

6 则内外之费:内外,这里指前方、后方。王皙注:"内谓国中,外谓军所也。"此句意为前方后方的开支花费。武经本"内"字前无"则"字。汉简本"内外"作"外内"。

7 宾客之用:指招待诸侯国来宾、使节的费用。宾客,诸侯使节以及游士。杜牧注:"军有诸侯交聘之礼,故曰宾客。"

8 胶漆之材:通指制作和维修弓矢等军用器械的物资材料。

9 车甲之奉:泛指武器装备的保养补充开销。车甲,车辆、盔甲之属。奉,同"俸",费用、开销的意思。

10 日费千金:每天都要花费大量财力。千金,巨额钱财。李筌注:"举千金者,言多费也。"

11 举:出动。张预注:"约其所费,日用千金,然后能兴十万之师。"

[原文]

其用战也胜¹,久则钝兵挫锐²,攻城则力屈³,久暴师则国用不足⁴。夫钝兵挫锐、屈力殚货⁵,则诸侯乘其弊而起⁶,虽有智者,不能善其后矣⁷。故兵闻拙速,未睹巧之久也⁸。夫兵久而国利者,未之有也⁹。故不尽知用兵之害者,则不能尽知用兵之利也¹⁰。

[译文]

用兵打仗,贵在速胜,旷日持久就会导致军队疲惫,锐气受挫。攻打城池,会使得战斗力耗竭;军队长期在外作战,会使国家财力严重不足。如果军队疲惫、锐气挫伤、实力耗尽、国家经济枯竭,那么诸侯列国便会乘此危机前来进攻,到那时即使有足智多谋的人,也无法挽回危局了。所以,在军事上,只听说过指挥虽拙但求速胜的情况,而没有见过为追求指挥工巧而热衷于持久作战的现象。战事久拖不决而对国家有利的情形,从来不曾发生过。所以不完全了解用兵弊害的人,也就无法真正理解用兵打仗所能带来的益处。

[注释]

1 其用战也胜:意谓在战争耗费巨大的情况下用兵打仗,就要求做到速决速胜。胜,取胜,这里作速胜解。

2 久则钝兵挫锐:言用兵旷日持久就会造成军队疲惫,锐气挫伤。张预注:"久而后能胜,则兵疲气沮矣。"钝,疲惫、困乏的意思。汉简本作"顿"。挫,挫伤。锐,锐气。

3 力屈:指力量耗尽。屈,竭、竭尽、穷尽。《荀子·王制》:"使国家足用,而财物不屈。"

4 久暴师则国用不足:长久陈师于外就会给国家经济造成困难。暴,露,"曝"的本字。《穀梁传·隐公五年》范宁注:"暴师经年。暴,露也。"国用,国家的开支。《礼记·王制》:"冢宰制国用。"

5 屈力殚货:指力量耗尽经济枯竭。殚,枯竭。《文选·东京赋》:"征税尽,人力殚。"薛综注:"殚,尽也。"货,财货,此处指经济。

6 诸侯乘其弊而起:其他诸侯国便会利用这种危机前来进攻。张预注:"邻国因其罢弊,起兵以袭之。"其说甚是。弊,疲困,此处作危机解。

7 虽有智者,不能善其后矣:意谓即便有智慧超群之人,也将无法挽回既成之败局。贾林注:"人离财竭,虽伊、吕复生,亦不能救此亡败也。"后,后事,此处指败局。"虽有智者"汉简本作"虽知者"。

8 兵闻拙速,未睹巧之久也:拙,笨拙、不巧。《老子·四十五章》:"大直若屈,大巧若拙,大辩若讷。"速,迅速取胜。巧,工巧、巧妙。久,长期、持久。此句张预注云:"但能取胜,则宁拙速而无巧久。"又李贽《孙子参同》卷二注云:"宁速毋久,宁拙毋巧,但能速胜,虽拙可也。"

9 夫兵久而国利者,未之有也:长期用兵而有利国家的情况,从来不曾有过。杜佑注:"兵者凶器,久则生变。"

10 不尽知用兵之害者,则不能尽知用兵之利也:不尽知,不完全了解。害,害处、危害。利,利益、好处。意谓必须充分认识用兵的危险性。"不尽知",汉简本作"不尽于知"。

[原文]

善用兵者,役不再籍[1],粮不三载[2];取用于国[3],因粮于敌[4],故军食可足也。

[译文]

善于用兵打仗的人,兵员不一再征集,粮草不多次运送。武器装备由国内提供,粮食给养在敌国补充,这样,军队的粮草供给就可充足了。

[注释]

1 役不再籍:役,兵役。籍,本义为名册,此处用作动词,即登记、征集。再,二次。《左传·僖公五年》:"一之为甚,其可再乎!"

2 粮不三载:三,多次。载,运输、运送。

3 取用于国:曹操注:"兵甲战具,取用国中。"

4 因粮于敌:粮草给养依靠在敌国就地解决。因,依靠、凭借,《左传·僖公三十年》:"因人之力而敝之,不仁。"按,"取用于国""因粮于敌"是孙子军事后勤思想中的核心内容。

[原文]

国之贫于师者远输[1],远输则百姓贫[2]。近于师者贵卖[3],贵卖则百姓财竭,财竭则急于丘役[4]。力屈、财殚,中原内虚于家[5]。百姓之费,十去[6]其七;公家之费[7],破车罢马[8],甲胄矢弩[9],戟楯蔽橹[10],

[译文]

国家之所以因用兵而导致贫困的,就是由于远道运输。远道运输,就会使百姓世族贫困。临近驻军的地区物价必定飞涨,物价飞涨,就会使得百姓之家财富枯竭。公室财富枯竭就必然急于加重赋役。力量耗尽、财富枯竭,国内便家家空虚。百姓世族的财产将会耗去十分之七,而国家的财产,也会由于车辆的损坏,马匹的疲惫,盔甲、箭弩、戟盾、大橹的制作和补充以及辎重丘牛大车[11]，十去其六。 ‖ 车辆的征调，而消耗掉十分之六。

注释

1 国之贫于师者远输：之，虚词，无实义。师，指军队。远输，远道运输。此句意为国家之所以因用兵而导致贫困，是由于军粮的远道运输。

2 远输则百姓贫：远道运送就会造成百姓世族的贫匮。百姓，金文多作"百生"，指当时的世家大族。

3 近于师者贵卖：近，临近。贵卖，指物价飞涨。意为临近军队驻扎点地区的物价就飞涨。武经本、汉简本无"于"字。

4 丘役：军赋。古代按丘为单位征集军赋。丘，古代的地方行政区划单位。《周礼·地官·小词徒》："四井为邑，四邑为丘。"

5 中原内虚于家：中原，此处指国中。此句意为，国内百姓之家因远道运输而变得贫困、空虚。

6 去：耗去、损失。

7 公家之费：公家，国家。费，费用、开销。

8 罢马：罢，同"疲"。指疲惫不堪的马匹。

9 甲胄矢弩：甲，护身的铠甲。胄，头盔。矢，箭、箭镞。弩，弩机，一种依靠机械力量发射箭镞的弓，在当时为杀伤力颇大的新式武器。矢弩，武经本作"弓矢"。

10 戟楯蔽橹：戟，古代戈、矛功能合一的兵器。楯，同"盾"，盾牌，用于作战时防身。蔽橹，用于攻城的大盾牌。甲胄矢弩、戟楯蔽橹，是对当时攻防兵器与装备的泛指。蔽橹，武经本作"矛橹"。

11 丘牛大车：丘牛，从丘役中征集来的牛。大车，指载运辎重的牛车。曹操注："丘牛，谓丘邑之牛；大车，乃长毂车也。"

〖原文〗

故智将务食于敌[1]。食敌一钟[2],当吾二十钟;萁秆一石[3],当吾二十石。

〖译文〗

所以,明智的将帅总是务求在敌国解决粮草的补给问题。消耗敌国的一钟粮食,等同于从本国运送二十钟。耗费敌国的一石草料,相当于从本国运送二十石。

〖注释〗

1 智将务食于敌:智将,明智的将领。务,务求、力图。意为明智的将帅总是务求解决粮草于敌国。

2 钟:古代的容量单位,每钟六十四斗。曹操注:"六斛四斗(斗)为钟。"

3 萁秆一石:萁秆,泛指马、牛等牲畜的饲料。萁,同"其",豆秸。曹操注:"萁,豆秸也;秆,禾藁也。"石,古代的重量单位,每石一百二十斤。《汉书·律历志上》:"三十斤为钧,四钧为石。"

〖原文〗

故杀敌者,怒也[1];取敌之利者,货也[2]。故车战,得车十乘已上[3],赏其先得者,而更其旌旗[4],车杂而乘之[5],卒善而养之[6],是谓胜敌而益强[7]。

〖译文〗

要使军队英勇杀敌,就应激发部队同仇敌忾的士气;要想夺取敌人的军需物资,就必须借助于物质奖励。所以,在车战中,凡是缴获战车十辆以上的,就奖赏最先夺得战车的人。同时,要更换战车上的旗帜,混合编入自己的战车行列。对敌俘要予以优待和任用。这也就是所谓战胜敌人,而使自己更加强大。

〖注释〗

1 杀敌者,怒也:言军队英勇杀敌,关键在于激励部队的士气。张预注:

"激吾士卒,使上下同怒,则敌可杀。"用精神激励调动将士积极性。

2 取敌之利者,货也:货,财货,此处指用财货进行奖赏。句意为若要让军队夺敌资财,就必须先依靠财货奖赏。用物质奖励调动将士积极性。

3 已上:"已"同"以"。

4 更其旌旗:更,变更、更换。句意为在缴获的敌方车辆上更换上我军的旗帜。张预注:"变敌之色,令与己同。"

5 车杂而乘之:杂,掺杂、混合。《国语·郑语》:"先王以土与金木水火杂,以成百物。"韦昭注:"杂,合也。"乘,驾、使用。意为将缴获的敌方战车和我方车辆掺杂在一起,用于作战。

6 卒善而养之:卒,俘虏、降卒。言优待被俘的敌军士卒,使之为己所用。张预注:"所获之卒,必以恩信抚养之,俾为我用。""善"字汉简本作"共"。"共",有掺杂,混合之义。意为将敌俘混合编入乙方军队。

7 是谓胜敌而益强:在战胜敌人的同时使自己变得更加强大。杜牧注:"因敌之资,益己之强。"益,增加。

[原文]

故兵贵胜,不贵¹久。

故知兵之将²,生民之司命³,国家安危之主⁴也。

[译文]

因此,用兵打仗贵在速战速决,而不宜旷日持久。

所以懂得用兵之道的将帅,是民众生死的掌握者,是国家安危存亡的主宰。

[注释]

1 贵:重、推重的意思。《礼记·中庸》:"去谗远色,贱货而贵德。"

2 知兵之将:指深刻懂得用兵之法的优秀将帅。知,认识、了解的意思。

3 生民之司命:意为普通民众命运的掌握者。生民,泛指一般民众。《孟子·公孙丑上》:"率其子弟,攻其父母,自有生民以来,未有能济者也。"司命,星宿名,主死亡。《宋史·天文志》:"司命二星在虚北……主死亡。"此处是喻指命运的主宰。武经本无"生"字。

4 国家安危之主:国家安危存亡的主宰者。王晳注:"将贤则民保其生,而国家安矣。"主,主宰之意。

通论

本篇的中心思想是阐述战争指导者如何结合春秋晚期战争活动的实际情况和基本特点,有针对性地进行战争的准备工作,集中反映了孙子"速战速决"的战争指导理论。这里的"作战",并不是通常意义上的战阵交锋,而是特指做战争准备。张预注:"计算乃定,然后完车马,利器械,运粮草,约费用,以作战备。"最符孙子本篇之主旨。

作为参悟战争禅机的军事家,孙子充分认识到战争对人力、物力和财力存在着巨大的依赖关系。这种深刻的依赖关系,要求战争指导者在从事战争准备活动的过程中,明确树立起"兵贵胜,不贵久"的速战速决指导思想,一切战争准备工作都必须紧紧围绕这一中心来开展。为了充分证明自己这一理论的合理性,孙子从反面提出了三方面的具体有力的依据:第一,战争旷日持久会造成国家财力的极大消耗,"日费千金",方可兴"十万之师";一旦战争爆发,而又久拖不决,则会"力屈财殚,中原内虚于家。百姓之费,十去其七;公家之费,破车罢马,甲胄矢弩,戟楯蔽橹,丘牛大车,十去其六"。这样巨大的消耗,是国家难以长久负担的。第二,战争久拖不决会进一步加重人民的负担。道理很简单,陷足于战争泥潭的国家机器,在财力枯竭的情况下,为了支持战争,势必向民众加征赋税徭役,把战争灾难进一步转嫁到民众头上,从而造成人民的不满,激化社会矛盾。第三,容易陷入多面作战的不利处境。如果长期征战不已,暴师于外,国内空虚,实力锐减,那么在当时诸侯林立、敌我关系变化无常的情况下,则难免会出现"诸侯乘其弊而起"的局面,即所谓"螳螂捕蝉,黄雀在后",而这种危险的局面一旦形成,则是任何人也无法挽救的。

　　从这样的逻辑分析出发,孙子得出结论,用兵打仗,贵在速胜。强调"兵闻拙速,未睹巧之久也"。指出高明的战争指导者在从事战争准备时,要把立足点放在兵员不再次征集,粮食不多次运送的基础之上。认为只有在了解用兵弊害的前提下,才能真正理解用兵的益处,唯有如此,才算是谙悉用兵之道,成为民众生死的掌握者和国家安危存亡的主宰。

　　为了确保速战速决作战指导思想的实现,就需要解决战争消耗巨大与后勤补给困难之间的矛盾。为此,孙子提出了"取用于国""因粮于敌"的军事后勤保障原则。众所周知,后勤保障是军队战斗力的重要组成部分,是重要的战略因素,它直接关系到战争的胜负,孙子对此是有深刻的认识的。所谓"取用于国",就是主张武器装备由国内提供。这是因为,(一)士兵对战场上使用的兵器必须事先熟悉其性能,长短轻重适用,能掌握其特点,这样使用起来才能得心应手,杀敌制胜。(二)武器装备直接为敌国的兵库所收藏和控制,不能像粮秣那样可以随时就地征发。受这两个基本因素的制约,所以武器装备最佳的保障途径乃是"取用于国"。所谓"因粮于敌",就是指在敌国境内就地解决粮饷补给的后勤保障原则。孙子认为,军粮问题生死攸关,然而假如采取"千里馈粮"的方式来解决补给问题,实在是弊大于利,既造成民穷国困,又导致物价飞涨,从而引起"内外骚动",埋下社会动乱的种子。所以,"千里馈粮"乃是不得已的选择,正确的做法应该是"因粮于敌"。它和"千里馈粮"相比,具有明显的效益,具体地说是整整相差二十倍,即"食敌一钟,当吾二十钟,芑秆一石,当吾二十石"。所以坚决实施"掠乡分众""掠于饶野"的结果,是缩短了补给线,减小了损耗。换言之,便是既节省了本国的粮草和运输费用,又削弱了敌方的战争潜力和补给能力,同时还获得了粮草及时补给之利。因此,从速战速决的要求出发,"因粮于敌"是一条不可动摇的重要原则。

　　孙子"速战速决"的战争指导思想,以及与之相关的后勤保障原则,既是对当时战争实践的理论总结,又被以后的战争史所充分证明,因此备受古往今来军事家的重视,成为一定条件下克敌制胜的重要法宝,在战争舞台上大放异彩。历史上处于战略进攻的一方,为了确保战争的胜利,总是在努力做好战争准备的前提下,力求以速战速决的方式,对敌实施迅捷而猛烈的打击,一举摧毁敌人的抵抗,消灭敌人的有生力量,实现自己的战略意图。如隋军攻陈,采取进攻速胜战略,在短短二十天时间里歼灭陈军主力,攻陷建康,灭亡陈朝,完成全国统一大业;清军入关后,对李自成农民军和南明几个政权实施迅雷不及掩耳的战略进攻,势如破竹,连战连克,迅速占领全国主要战略要点,在血泊中建立起新的封建王朝。在西方世界,速战速决的原则,也被许多军事家奉为圭臬,成为拿破仑、克劳塞维茨、约米尼、毛奇、施里芬、福煦等人所十分热衷的军事理论命题,并在战争实践中予以充分的运用。这一生动的历史现象,表明孙子在《作战篇》中所揭示的进攻速胜战争指导原则经受住了血与火的洗礼,经受住了时间和空间的考验,具有强大的生命力。

至于"因粮于敌"的军事后勤保障原则,其基本精神也为战争实践所检验和证明是合理的。如黄巢、李自成等农民起义军在其发展壮大阶段之所以能灵活机动实施战略进攻,所向披靡,连战皆捷,就在于实行无后方作战,保持着强大的机动性和战斗力。而其能够做到这一点,在很大程度上就是取决于因粮于敌、以战养战这一战略性措施。而蒙古铁骑在成吉思汗指挥下,连续征战多年,驰骋欧亚,横扫万里,战无不胜,攻无不克,其中的原因固然很多,但在后勤上"因粮于敌""胜敌而益强"当是不可忽视的主要因素。由此可见,孙子"因粮于敌"、以战养战的军事后勤思想作为其速战速决战略指导理论的有力保证,有着深刻的指导意义,为历代军事家所继承和发展。

当然,无论是孙子速战速决的战争指导思想,还是其"因粮于敌"的后勤保障原则,都存在着一定的局限性。具体地说,就是观察、分析问题上的片面性倾向。就进攻速胜问题而言,孙子强调进攻速胜固然有合理的一面,也符合当时的历史实际,但遗憾的是他没有能辩证认识速决与持久的关系,忽略了防御持久在战争中应有的地位。就"因粮于敌"问题而言,他同样未能意识到它与"千里馈粮"的后方供应之间辩证统一、互为弥补的关系,而忽略两者的有机结合,对此我们应有清醒的认识。

[战例]

秦赵邯郸之战

秦赵邯郸之战,实际上是秦赵长平之战的继续。当时赵国主力部队悉被秦军歼灭于长平,赵国形势危急。邯郸之战关系到赵国的生死存亡,秦赵双方均全力以赴,力争取胜。但由于赵国吸取了长平惨败的教训,采取积极的防御措施,坚守危城,袭扰疲敌,争取外援,终于迫使秦军顿兵坚城之下,师老兵疲,诸侯乘其弊而起,遭致失败。秦军旷日持久而遭败绩的史实,正好从反面印证了孙子"兵贵胜,不贵久"作战指导原则的正确性。

秦赵长平之战,先后相持三年,秦军虽然战胜,但士卒死者过半,国内是"国虚民饥",粮卒皆缺;国外是"天下不乐为秦民之日久矣",处境孤立。因此,秦王最初接受了范睢的建议,否定了白起乘胜攻取赵国国都邯郸的主张,准备休养生息,俟时机成熟,再重新策划统一六国的行动,这不失为一种较稳妥的战略。

秦国撤军,是以签订和约,赵国割让六城给秦为先决条件的。但是秦国撤兵之后,赵王却听从采纳了虞卿的建议,不遵守长平战后割让赵国六个城邑给秦国的条约。这无疑大大地激怒了秦国。赵孝成王深知秦国不会善罢甘休,于是立足于抵抗,积极从事各方面的准备。

赵孝成王充分吸取了长平之战失败的教训,对外重视联合诸侯"合纵"对抗强秦,对内重视激发臣民同仇敌忾之气,加强战备,发展生产,恢复经济。在外交方面,当时赵国及时进行了几项有效的工作,一是派遣虞卿东见齐王,商议合纵攻秦的计划;二是利用魏国使者来赵谋议合纵的机会，同魏签订合纵的盟约；三是以灵丘（今山西灵丘）作为楚相春申君黄歇的封地，结好楚国。此外又对韩、燕两国极力拉拢。所有这些，使得广泛的反秦统一战线建立了起来。在内政方面，努力耕种以增加蓄积，抚养孤幼以增长人口，整顿兵甲以加强战斗力，修补城池以巩固守备。赵国的君臣还能放下架子，以礼相待那些敢死犯难的士卒，让自己的妻妾为士卒缝补衣服，做到了"戮力同忧"。赵国统治者还利用秦军长平坑杀赵军降卒的惨祸激励臣民的同仇敌忾之气，造就了全国上下决心与秦国拼死作战的有利心态。

秦昭王果然因赵国没有如约割地献秦和赵与东方各国"合纵"、继续与秦为敌而愤怒不已，遂于公元前258年派遣五大夫王陵率兵攻赵，秦军很快就进抵赵国国都邯郸。接着又增派援军，围攻邯郸。赵国军民对秦军的残暴所为记忆犹新，愤恨非常，所以坚持抵抗，给秦军以重大的杀伤。鉴于敌强己弱的客观态势，赵军在军事上采取了坚守疲敌、避免决战、等待援军的正确方略，挫败了秦军速决速胜的企图。同时在坚守防御的过程中，有时也主动出击，派遣精锐部队不时地伺机袭扰秦军，消灭了秦军的有生力量。秦军的杰出统帅白起正确地判断了形势和双方的主客观条件，预计秦军无法攻下赵都邯郸，所以拒绝出任攻赵的秦军主将，这样一来，秦国的军事实力更是捉襟见肘了。秦军久攻不下邯郸，不得已而一再增兵换将，由王龁代替王陵，继续对邯郸发起新的攻势。但在伤亡惨重的情况下，攻打了八九个月，依然是无所作为。

赵国在固守邯郸的同时，还在外交上积极从事合纵活动。魏国首先答应出兵增援救赵，楚王也派遣春申君率军北上救赵。

秦昭王闻悉赵与魏、楚"合纵"抗秦的消息后，十分不安，于是便派使者去威胁魏王说："我军攻打赵国很快就要得手，哪个诸侯敢去救援，待我们打下赵国后，必定将首先予以军事上的打击。"魏王惧怕秦国日后报复，就命令主将晋鄙将十万大军屯驻在邺（今河北临漳），观望不前。

平原君见魏军停止前进，就不断地派专人赴魏公子信陵君处，请求他设法改变这样的局面。信陵君多次劝说魏王，魏王还是不肯下令进军。信陵君不得已用侯生的计谋，求助于魏王的爱妾如姬，终于窃得魏王的虎符，杀死了不肯交出指挥权的老将晋鄙，夺得魏十万援军的指挥大权，挑选精兵八万人，直赴邯郸。

公元前 257 年，秦王除派军队屯驻汾城（今山西临汾）以作声援外，又增派范雎荐举的将领郑安平率军增援，合力围攻邯郸。这时候，魏、楚的援军也赶到了，他们在邯郸城下屡败秦军。与此同时，邯郸城内的赵军在平原君的组织下，组成精锐部队主动出击进行战术配合。秦军内外作战，腹背受敌，终于力不能支，在次年一月间战败于邯郸城下。王齕率残部撤回汾城。郑安平军为魏、楚援军所包围，他突围不成，最后率领二万余众向赵国投降。邯郸之战到此以赵胜秦败而告结束。

孙子在《作战篇》中指出："其用战也胜，久则钝兵挫锐，攻城则力屈。""夫钝兵挫锐、屈力殚货，则诸侯乘其弊而起，虽有智者，不能善其后矣。"在邯郸之战中，秦昭王只看到赵国在长平之战中遭到重创，而自己的力量大有增长这一面，却忽略了赵国在长平之战后吸取失败的教训，对内对外政策调整，奋发图强的实际情况，更未看到各国因秦势力不断发展而产生的仇秦、联合抗秦的趋势，拒绝名将白起的正确建议，一意孤行，在外交上陷入孤立，在政治上陷入被动，在军事上违背"兵贵胜，不贵久"的基本原则，长期顿兵于坚城之下，又不懂得"车杂而乘之，卒善而养之，是谓胜敌而益强"的对待俘虏的道理，终于弄得旷日持久，师老兵疲，"诸侯乘其弊而起"，使秦国遭受少有的重挫。这一历史启示，迄今依然是发人深省的。

谋攻篇

导读

本篇主要论述如何运用谋略以夺取军事胜利的"全胜"战略问题。"上兵伐谋""不战而屈人之兵"是孙子所汲汲追求的用兵艺术的最高境界,也是全篇的核心思想。孙子认为"百战百胜"并非用兵的最佳手段,高明的战争指导者应该做到"屈人之兵而非战也""拔人之城而非攻也""毁人之国而非久也",从而实现战略上的"全胜"。同时,孙子认识到"不战而屈人之兵"这一原则的实现并非易事,所以他也立足于通过战场交锋来争取胜利。为此,他提出了一系列正确的战术运用方针:"十围""五攻""战""敌分""少逃""不若避"。在本篇中,孙子还指出不谙军事的君主干预军事活动的危害性,强调了"知胜"的五个基本条件,并在篇末揭示了"知彼知己,百战不殆"的著名军事规律,这一规律直至今天仍具有重大的启迪意义。

谋攻,谋划进攻之道。一说,应理解为以谋略胜敌。王皙注:"谋攻敌之利害,当全策以取之,不锐于伐兵攻城也。"这正确地揭示了孙子本篇的主要旨趣。

原文

孙子曰:凡用兵之法,

译文

孙子说:一般的战争指导法则

全国为上，破国次之 [1]；全军为上，破军次之 [2]；全旅为上，破旅次之 [3]；全卒为上，破卒次之 [4]；全伍为上，破伍 [5] 次之。是故百战百胜，非善之善者也 [6]；不战而屈人之兵，善之善者也 [7]。

是，使敌人举国屈服为上策，而击破敌国就略逊一筹；使敌人全"军"完整地降服为上策，而击破敌人的"军"就略逊一筹；使敌人全"旅"完整地降服为上策，而打垮敌人的"旅"就略逊一筹；使敌人的"卒"完整地降服为上策，而击败敌人的"卒"就略逊一筹；使敌人的"伍"完整地降服为上策，而打败敌人的"伍"就略逊一筹。因此，百战百胜，还不算是高明中最高明的；不经交战而使敌人屈服，这才算是高明中最高明的。

注释

1 全国为上，破国次之：以实力为后盾，迫使敌方城邑完整地降服为上策，而通过战争交锋，攻破敌方的城邑则稍差一些。曹操注："兴师深入长驱，距其城郭，绝其内外，敌举国来服为上。以兵击破，败而得之，其次也。"全，完整、全部。国，在春秋时指的是国都或大城邑，《国语·周语中》："国有班事，县有序民"，韦昭注："国，城邑也。"破，攻破、击破的意思。

2 全军为上，破军次之：意为能使敌人的"军"完整地降服是上策，击破敌人的"军"则略逊一筹。以下"全旅""破旅"，"全卒""破卒"，"全伍""破伍"等句，也是这一观点的不同表述。军，泛指军队，也是军队的一个编制单位。此处当是后义。《周礼·地官·小司徒》："五旅为师，五师为军。"郑玄注："军，万二千五百人。"但春秋战国时各国军队编制不尽相同，故文献中"军"的编制人数也各有差异。

3 全旅为上，破旅次之：旅，古代军队编制单位。通常以五百人为一旅。

《左传·哀公元年》:"有田一成,有众一旅。"杜预注:"五百人为旅。"

4 全卒为上,破卒次之:卒,军队编制单位。《左传》杜预注:"百人为卒。"
但春秋齐国之"卒"则为二百人,《管子·小匡》:"四里为连,故二百
人为卒。"

5 伍:古代军队最基本的编制单位,《周礼·地官·小司徒》:"五人为伍。"

6 是故百战百胜,非善之善者也:善,好、高明之意。此句张预注曰:"战
而能胜,必多杀伤,故曰非善。"

7 不战而屈人之兵,善之善者也:屈,屈服、降服,用作使动。张预注:"明
赏罚,信号令,完器械,练士卒,暴其所长,使敌从风而靡,则为大善。"
这是对孙子"不战而屈人之兵"主张之实现条件及效果的妥切阐述。

原文	译文
故上兵伐谋[1],其次伐交[2],其次伐兵[3],其下攻城。攻城之法[4],为不得已[5]。修橹轒辒[6],具器械[7],三月而后成[8],距闉[9],又三月而后已[10]。将不胜其忿而蚁附之[11],杀士三分之一而城不拔者[12],此攻[13]之灾也。	所以,用兵的上策是用谋略战胜敌人,其次是用兵威慑服敌人,再次是通过野战击败敌人的军队,下策就是攻打敌人的城池。选择攻城的做法是出于迫不得已。制造攻城用的大盾和四轮大车,准备攻城的器械,要费时数个月才能完成;而构筑用于攻城的土山,又要花费几个月时间才能竣工。将帅控制不住自己忿怒的情绪,驱使士卒像蚂蚁一样去爬梯攻城,结果士卒损失了三分之一,而城池却仍旧未能攻克。这就是攻城带来的灾难。

注释

1 上兵伐谋:上兵,上乘的用兵之法。张预注:"兵之上也。"伐,较量、进

攻、攻打。谋,谋略。伐谋,以谋略攻敌赢得胜利。此句意为:用兵的最高境界是用谋略胜敌。

2 其次伐交:交,交合,两军对峙示威。曹操注:"将合也。"伐交,在两军阵势已列,战衅将开之际,向敌显示己方的严整军容、强大实力,震慑对手,吓阻敌人,从而使敌丧失斗志和信心,被迫退兵或无奈投降,即所谓"以威胜"(梅尧臣注)。

3 伐兵:通过军队间交锋一决胜负。兵,此处指进行野战。

4 法:途径、手段的意思。

5 为不得已:言实出无奈而为之。汉简本无此四字。

6 修橹轒辒:制造大盾和攻城的四轮大车。修,制作、建造,曹操注:"治也。"橹,曹操注:"大楯也",即藤革等材料制成的大盾牌。轒辒,攻城用的四轮大车,用大木制成,外蒙生牛皮,可以容纳兵士十余人。杜牧注:"排大木为之,上蒙以生牛皮,下可容十人,往来运土填堑,木石所不能伤。"

7 具器械:准备攻城用的各种器械。具,准备,《左传·隐公元年》:"缮甲兵,具卒乘。"器械,曹操注:"机关攻守之总名,飞楼云梯之属。"

8 三月而后成:此句汉简本作"三月而止"。

9 距闉:为攻城做准备而堆积的高出城墙的土山。距,依杨炳安《孙子会笺》说,"距"与"拒"相通,皆有"备""治"之义,故可理解为准备。闉,小土山。武经本作"堙",义同。

10 又三月而后已:已,完成、竣工之意。此句汉简本作"有三月然后已"。

11 将不胜其忿而蚁附之:胜,克制、制服。《国语·晋语》:"尊明胜患,智也。"忿,愤懑、恼怒。蚁附之,指驱使士兵像蚂蚁一般爬梯攻城。

12 杀士三分之一而城不拔者:士,士卒。杀士三分之一,言使三分之一的士卒被杀。拔,攻占城邑或军事据点。

13 攻:此处特指攻城。

原文

故善用兵者,屈人之兵而非战¹也,拔人之城而非攻也²,毁人之国而非久也³,必以全争于天下⁴,故兵不顿而利可全⁵,此谋攻之法也。⁶

译文

所以,善于用兵的人,使敌人屈服而不是靠硬打,攻占敌人的城池而不是靠强攻,毁灭敌人的国家而不是靠久战。一定要用全胜的战略争胜于天下,这样,自己的军队不致疲惫受挫,而胜利却能够圆满赢得,这就是以谋略胜敌的原则。

注释

1 屈人之兵而非战:言不采用直接交战的办法而迫使敌人屈服。张预注:"或破其计,或败其交,或绝其粮,或断其路,则可不战而服之。"汉简本"屈"作"诎",义同。

2 拔人之城而非攻也:意为夺取敌人的城池而不靠硬攻的办法。

3 毁人之国而非久也:非久,不旷日持久。指灭亡敌人之国而毋需旷日持久。曹操注:"毁灭人国,不久露师也。"汉简本"毁人"作"破人"。

4 必以全争于天下:全,即上言"全国""全军""全旅""全卒""全伍"之"全"。此句意为一定要根据全胜的战略争胜于天下。

5 故兵不顿而利可全:顿,同"钝",指疲惫、受挫折。利,利益。全,保全、万全。

6 此谋攻之法也:这就是以谋略胜敌的最高原则。法,原则、宗旨。

原文

故用兵之法,十则围之¹,五则攻之²,倍则分之³,敌则能战

译文

因此,用兵的原则是,拥有十倍于敌的兵力就包围敌人,拥有五倍于敌的兵力就进攻敌人,拥有两倍于敌的兵力就设法分割敌人,兵力与敌相等就要努力

之⁴,少则能逃之⁵,不若则能避之⁶。故小敌之坚,大敌之擒也⁷。

抗击敌人,兵力少于敌人就要设法摆脱敌人,实力弱于敌人就要避免决战。所以,弱小的军队如果一味坚守硬拼,就势必沦为强大敌人的俘虏。

注释

1 十则围之:兵力十倍于敌就包围敌人。曹操注:"以十敌一,则围之。"

2 五则攻之:兵力五倍于敌就主动向他们发起进攻。

3 倍则分之:倍,加倍。分,分散。有两倍于敌的兵力,就设法分散敌人,造成局部上的更大优势。

4 敌则能战之:敌,《尔雅·释诂》:"匹也",指兵力相等,势均力敌。《战国策·秦五》:"四国之兵敌。"高诱注:"强弱等也。"能,乃、则的意思。此处与则合用,以加重语气。此句言如果敌我力量相当,则当敢于抗击、刘峙。

5 少则能逃之:少,兵力少。逃,退却、躲避。四库抄本《孙吴司马法》"逃"作"守"字。是就军以数量而言。

6 不若则能避之:不若,不如,指力量不如敌人。是就军以质量而言。

7 小敌之坚,大敌之擒也:小敌,弱小的军队。之,若、如,《左传·宣公十二年》:"楚之无恶,除备而盟。"坚,坚定、强硬,此处指固守硬拼。大敌,强大的敌军。擒,捉拿,此处指俘虏。

原文

　　夫将者,国之辅也¹,辅周则国必强²,辅隙则国必弱³。

译文

　　将帅好比是国家的辅木,他对国家如能像辅车相依,国家就一定强盛;如果相依有隙,国家就一定衰弱。

1 国之辅也:国,指国君。辅,原意为辅木,《左传·僖公五年》:"辅车相依。"孔颖达疏:"盖辅车一处分为二名耳,辅为外表,车为内骨,故云相依也。"这里引申为辅助、辅佐。

2 辅周则国必强:言辅助周密、相依无间国家就强盛。周,周密。

3 辅隙则国必弱:辅助有缺陷则国家必弱。隙,缝隙,此处指有缺陷、不周全。

原文

故君之所以患于军者三[1]:不知军之不可以进而谓之进[2],不知军之不可以退而谓之退,是谓縻军[3]。不知三军之事,而同三军之政者[4],则军士惑矣[5]。不知三军之权,而同三军之任[6],则军士疑矣。三军既惑且疑,则诸侯之难至矣,是谓乱军引胜[7]。

译文

国君危害军事行动的情况有三种:不了解军队不能前进而硬使军队前进,不了解军队不能后退而硬令军队后退,这叫作束缚军队;不了解军队的内部事务,而去干预军队的行政,将士就会感到迷惑;不懂得军事上的权宜机变,而去干涉军队的指挥,将士就会产生疑虑。军队既迷惑又心存疑虑,那么诸侯列国乘机进犯的灾难也就随之降临了。这就是所谓自乱其军,自取覆亡。

注释

1 君之所以患于军者三:患,危害、贻害。汉简本"患"下无"于"字。

2 谓之进:谓,告诉。此处是命令的意思。《诗·小雅·出车》:"自天子所,谓我来矣。"郑玄笺曰:"以王命召己,将使为将帅也。"可资参证。谓之进,犹言"使(命令)之进"。

3 是谓縻军:这叫作束缚军队。縻,束缚、羁縻。

4 不知三军之事,而同三军之政者:梅尧臣注曰:"不知治军之务而参其政。"三军,泛指军队。周时一些大的诸侯国设三军,有的为上、中、下三军,有的为左、中、右三军。同,共。此处是参与、干预、干涉的意思。政,政务,这里专指军队的行政事务。

5 军士惑矣:军士,指军队的吏卒。惑,迷惑、困惑。

6 不知三军之权,而同三军之任:此句意谓不知军队行动的权变灵活性质,而直接干预军队的指挥。权,权变、机动。任,指挥、统率。

7 是谓乱军引胜:梅尧臣注曰:"自乱其军,自去其胜。"最合文意。乱军,扰乱军队。引,去、却、失的意思。《礼记·玉藻》"引而去",郑玄注:"引,却也。""却"同"却"。引胜,即却胜。一说"引"为引导、导致之意,引胜即导致敌人胜利。于说虽可通,但孙子此处实就己方军情发议,故应以前说为善。

[原文]

故知胜有五:知可以战与不可以战者胜[1];识众寡之用者胜[2];上下同欲者胜[3];以虞待不虞者胜[4];将能而君不御者胜[5]。此五者,知胜之道也[6]。

[译文]

预知胜利的情况有五种:知道可以打或不可以打的,能够胜利;懂得根据兵力多少而采取不同战法的,能够胜利;全军上下意愿相一致的,能够胜利;以有备之己对付无备之敌的,能够胜利;将帅有才能而国君不加掣肘的,能够胜利。凡此五条,乃是预知胜利的方法。

[注释]

1 知可以战与不可以战者胜:汉简本作"知可而战与不可而战者胜"。武经本作"知可以与战与不可以与战者胜"。

2 识众寡之用者胜：能善于根据双方兵力对比情况而采取正确战法，就
　能取胜。众寡，指兵力多少。识，汉简本作"知"。

3 上下同欲者胜：上下同心协力的能够获胜。同欲，利益相同，意愿一
　致，指齐心协力。

4 以虞待不虞者胜：自己有准备对付没有准备之敌则能得胜。虞，有准
　备，有戒备。

5 将能而君不御者胜：将帅有才能而国君不加掣肘的能够获胜。杜佑注：
　"将既精能，晓练兵势。君能专任，事不从中御。"能，贤能、有才能。御，
　原意为驾驭，这里指牵制、制约。

6 知胜之道也：认识、把握胜利的规律。道，规律、方法。

原文	译文
故曰：知彼知己者，百战不殆[1]；不知彼而知己，一胜一负[2]；不知彼，不知己，每战必殆[3]。	所以说：既了解敌人，又了解自己，百战都不会存在任何危险；虽不了解敌人，但是了解自己，那么，有时能胜利，有时会失败；既不了解敌人，又不了解自己，那么每次用兵都会有危险。

注释

1 知彼知己者，百战不殆：孟氏注曰："审知彼己强弱之势，虽百战，实无
　危殆。"殆，危险。此句汉简本作"故兵知彼知己"。武经本无"者"字。

2 一胜一负：杜佑注："胜负各半。"指无必胜之把握。

3 每战必殆：武经本作"每战必败"。

通论

　　本篇题为"谋攻"，意思就是在战争准备就绪前提下，谋划进攻之道。
篇中集中论述了以"全胜"为最高理想的伐谋思想，并深入探讨了有关这

一战略思想实现的方法和条件。"上兵伐谋""不战而屈人之兵"是孙子所追求的军事艺术的最高境界，也是全篇的中心思想。本篇在《孙子》全书中的地位和价值不亚于《计篇》《虚实篇》等重要篇章，对从事现代军事斗争以及其他社会活动亦不无积极的启示意义。

（一）"全胜"战略的两个层次。

战争是流血的政治，它固然是社会进步、文明嬗递过程中一个不可逾越的阶梯，但是，它对物质、文化的毁耗，对生命的吞噬等种种严重后果也同样显而易见。所以，历史上真正伟大的军事家，出于对人类命运的终极关怀，都致力于在确保战略目标实现的前提下，寻找最大限度减少战争伤亡和损失的道路，兵圣孙武就是这方面最杰出的代表。他所找到的道路即所谓的"全胜"理论，提出的方案便是"必以全争于天下"，做到"兵不顿而利可全"。

从全篇文字来看，"全胜"思想包含两个主要层次，一是追求"不战而屈人之兵"的理想境界，二是在不得已而用兵作战的情况下，尽可能减少损失，实现破中之全。前者是高层次的"全胜"，而后者则是相对低层次的"全胜"，然而两者互为关系，相互弥补，相得益彰。

先说第一层次。孙子认为，"百战百胜"并非用兵上的最佳选择，"非善之善者也"。高明的战争指导者应该努力做到"不战而屈人之兵"，即以强大的军事实力为后盾，通过高明的谋略指导，摧毁敌人的抵抗意志，不经过直接交战而使敌人完全屈服，用全胜的计谋争胜于天下，从而"屈人之兵而非战也"，"拔人之城而非攻也"，"毁人之国而非久也"，实现战略上的"全胜"。这是孙子孜孜以求的军事艺术的最上乘境界，也是《孙子兵法》立足于战争，又超越于战争的魅力之所在。

孙子"不战而屈人之兵"思想，不仅是理论上的重大建树，而且也得到了实践上的有力印证。如先秦两汉时期墨子救宋不以兵革，烛之武夜见秦穆公说退秦师，韩信遣使奉书平定燕地，就是这方面的具体史证。

然而与大量存在的"困兽犹斗""负隅顽抗"现象相比，"不战而屈人之兵"的情况毕竟十分罕见。所以孙子也注重从实际出发,立足于高明的作战指导,通过战场交锋来争取胜利。当然这种胜利的出发点也建立在以最小的代价赢得最大的胜利认识基础之上,即所谓"以破求全"。这乃是孙子"全胜"思想的第二个层次,与前一个层次相比,它更具有可操作性。如果说,实现高层次的"全胜"的主要方法是"伐谋"和"伐交",那么实现这一层次的"全胜"的主要手段则是"伐兵",在一定情况下也不排斥"攻城"。当然,这种"伐兵"或"攻城",不是笨拙、死打硬拼的行为,而是依靠智谋奇计为指导的努力,它同样立足于对战争效果的积极追求。为此,孙子提出了一系列正确的战术运用方针:"十则围之,五则攻之,倍则分之,敌则能战之,少则能逃之,不若则能避之。"即根据集中优势兵力歼敌的原则,针对敌我兵力对比不同而采取灵活正确的战术方针,攻守得宜,迫使敌军完整地屈服。这样,孙子就使他的"全胜"战略思想得以系统化和具体化,既有了崇高的理想追求目标:"不战而屈人之兵",又具备了付诸军事斗争实践的可操作性,两者相辅相成,共同服务于"必以全争于天下"这一基本宗旨。

(二)关于将帅机断指挥与"全胜"战略实现的内在关系。

孙子认为要想顺利实现"全胜"的目的,重要条件之一,在于将帅的素质和能力。俗话说,千军易得,一将难求。其德行情操的优劣,韬略智慧的长短,指挥艺术的高下,直接关系到军队的安危,战争的胜负。因为假如统军之将颟顸无能,"伐谋""伐交"固然无从谈起,"伐兵""攻城"也将一事无成。所以孙子对将帅的作用和地位予以充分的肯定,把它看作是保证"全胜"战略目标实现的重要条件。指出将帅对于国家的关系,就好比辅木对于车毂一样。强调如果将帅在指挥千军万马时,能切实从国家的利益出发,力求以谋制敌,真正做到"兵不顿而利可全",就一定能使军队保全、国家强盛。

将帅在实现"全胜"战略过程中的地位既然如此重要,那么协调处理好将帅与国君的关系,使之辅车相依、紧密合作也就成了一个不可忽视的问题。孙子认为,在将帅和君主这一对矛盾关系中,占矛盾主导方面的是君主一方,所以要协调处理好君将关系,首先需要解决的是将从中御的问题。他指出君主过多地牵制将帅的行动必然会导致败军祸国的严重恶果,这种恶果具体表现为三个方面:第一,"不知军之不可以进而谓之进,不知军之不可以退而谓之退,是谓縻军";第二,"不知三军之事,而同三军之政者,则军士惑矣";第三,"不知三军之权,而同三军之任,则军士疑矣"。要力争"全胜",就必须克服这些弊端,而克服的途径,在于君主能真正赋予将帅指挥战争的实权,使将帅能充分发挥自己的才干,以追求"全胜"的理想结果。应该说,孙子这一立足于"全胜"战略的重要思想是非常高明的,对后人也有启迪。

（三）"知彼知己"的"全胜"战略认识论基础。

在本篇中,孙子提出了"知彼知己,百战不殆"的重要观点。他认为要驾驭战争,争取"全胜"的理想结果,就必须全面了解和正确把握敌我双方的情况,预知胜负,制定正确的战略战术方针,确保自己牢牢立于不败之地,而不放过任何战胜敌人的机会。

然而要把"知彼知己"这一原则落到实处,真正发挥它的作用,还需要通过具体的努力,施之以有效的手段。这一方法,在《计篇》中是著名的"五事七计",而在本篇中则是"知胜有五"。它正是战争指导上争取"全胜"的五个条件。既包含了对客观军事力量进行综合分析的基本方面,也体现了对主观作战指导能力的高度强调,全面具体又深刻精邃,反映出孙子在预知胜负问题上的卓越识见。其中,"知可以战与不可以战"是前提;"识众寡之用"是用兵的枢机;"上下同欲"是政治保障;"以虞待不虞"是有备无患;"将能而君不御"是将权贵一。五者互为条件、互为作用,构成了预知胜负、实现"全胜"的完整整体。真可谓是独具匠心,无愧"百世兵家之师"的美誉。

[战例]

晋楚城濮之战

公元前 632 年发生的城濮之战,是春秋时期晋楚两国在今河南城濮一带进行的一次战略会战,对当时争霸战争的发展趋势具有重大而深远的影响。在这场会战中,楚军的实力要比晋军强大,但是由于晋军制定了正确的战略战术方针,取得了"伐谋""伐交"方面的优势,"知彼知己",扬长避短,从而最终击败了楚军,称霸中原。

春秋时期,大国争霸中原,最先崛起的是东方的齐国。齐桓公死后,齐国内乱,霸业中衰。位于长江中游地区的楚国乘机向黄河流域扩展势力,它的势力范围一直发展到长江、淮河、黄河、汉水之间,控制了鲁、宋、郑、蔡、许、曹、卫等众多中小国家,拥有人口数百万,兵车数千乘。

正当楚国向黄河流域发展的时候,在今天山西、河北西南、河南北部一带的晋国也兴盛起来。公元前 636 年,流亡在外多年的晋公子重耳在秦国的帮助下,回国即位,是为晋文公。晋文公执政后,进行了一系列的内政建设和争取盟国的外交活动,逐步具备了争夺中原霸权的强大实力。

晋国势力的迅速发展,引起了楚国的不安。楚国急于想要阻止晋国的进一步向南发展,而晋国要想争夺中原霸权,向黄河中流挺进,也非得跟楚国较量不可。于是,晋楚两国之间的矛盾也就日益尖锐起来。

公元前 634 年,鲁国因和莒、卫两国结盟,几次遭到齐国的进攻,便向楚国请求援助。而原来屈服于楚国的宋国,看到晋文公即位后晋国实力日增,也就转而投靠晋国。楚国为了保持在中原的优势地位,便出兵攻打齐、宋,并想借此来扼制晋国势力的南下;而晋国也正好利用这一机会,以救宋为名,出兵中原。这样,晋楚两国的军事交锋就不可避免地发生了。

公元前 633 年冬，楚成王率领楚、郑、陈、蔡等多国军队进攻叛已投晋的宋国，围困宋都商丘；宋人危急中向晋国求助。晋国大夫先轸力劝晋文公出兵，认为这正是"取威定霸"的最好机遇。但是，当时晋、宋之间隔着曹、卫两国，劳师远征，多有不便，况且楚军实力强大，正面交锋也恐难以取胜。晋国狐偃针对这一情况，建议晋文公先攻曹、卫两国，调动楚军北上，以解宋围。晋文公采纳了狐偃这一建议，并随即进行了战前准备，把原来的两个军扩充为上中下三个军，任命了一批比较优秀的贵族官吏出任军队的将领。

战争准备就绪后，晋文公于公元前 632 年一月，陈兵晋、卫边境，向卫国借道攻打曹国。卫国方面拒绝了晋文公的要求，于是晋国军队从现在河南汲县南黄河渡口渡河，进攻卫国，先后攻占五鹿及卫都楚丘，占领了整个卫地。楚军方面却因晋军进军迅速，救卫不及。晋军接着又向曹国发起了攻击，三月间，攻克了曹国都城陶丘(今山东定陶)，俘虏了曹国国君曹共公。

晋军攻占了曹、卫两国，但楚军却依然用全力围攻宋都商丘，宋国又派门尹般向晋告急求救。这使得晋文公颇费踌躇：如不出兵驰援，宋国力不能支，一定会降楚绝晋；出兵驰援，则己方兵力单薄，没有必胜的把握。为此晋文公召集大臣们进行商议。先轸仔细分析了楚与齐、秦两国的矛盾，建议让宋国表面上同晋国疏远，然后由宋国出面，送一份厚礼给齐、秦两国，由他们去请求楚国撤兵，而晋国则把曹共公扣押起来，把曹、卫的土地赠送给宋国一部分。楚国同曹、卫本来是结盟的，看到曹、卫土地为宋所占，必定会拒绝齐、秦的劝解。这样，楚国就将触怒齐、秦，他们就会站在晋国一边，出兵与楚国作战。晋文公对此计颇为赞赏，马上施行。楚国果然上当中计，拒绝了齐、秦的调停。而齐、秦见楚国不给面子，也大为恼怒，便出兵助晋。齐、秦都是当时的大国，他们反楚立场的确定，使晋、楚双方的力量对比发生了重大的变化。

楚成王看到齐、秦与晋国联合，形势不利于己，就把楚军撤退到楚国的申地(今河南南阳),并命令戍守穀邑的大夫申叔迅速撤离齐国,要令尹子玉将楚军主力撤出宋国。他告诫子玉,凡事要量力而行,适可而止,知难而退。但是子玉却骄傲自负,听不进楚成王的劝告,仍要求楚王允许他与晋军决战,并请求楚王增调兵力。楚成王勉强同意了他的决战请求,但不肯给他增加决战兵力,只派了西广、东宫和若敖之六卒等少量兵力去增援他。

子玉为了寻求决战的借口,派使者宛春故意向晋军提出了一个"休战"的条件:晋军撤出曹、卫,让曹、卫复国,楚军则解除对宋都的围困,撤离宋国。晋文公采纳了中军元帅先轸的对策:一面将计就计,以曹、卫同楚国绝交为前提条件,私下答应让曹、卫复国;这样一来,就瓦解了楚国的盟国。另一项措施是,扣留楚国的使者宛春,以激怒子玉来寻战。子玉眼见使者被扣,曹、卫叛己,果然恼羞成怒,倚仗着楚国的优势兵力,贸然带兵长驱直入,扑向晋军,寻求决战。

晋文公见楚军向曹都陶丘逼近,为了避开楚军的锋芒,选择有利的决战时机,命令部队"退避三舍"(九十里),撤到预定的战场——卫国的城濮。城濮距离晋国比较近,后勤补给方便,又便于齐、秦、宋各盟国军队会合,集中兵力。所以晋军"退避三舍",实际上是晋文公以谋略胜敌的重要一着棋,它起到了麻痹楚军、争取舆论同情、诱敌深入、激发晋军士气等多重作用,为晋军后发制人、夺取决战胜利奠定了基础。

晋军在城濮驻扎下来后,齐、秦、宋各国的军队也陆续抵达和晋军会合。晋文公检阅了军队,认为可以同楚军一战。楚军方面,统帅子玉把楚军和陈、蔡两国军队分成中军和左、右两翼军。中军是楚军的主力部队,由子玉自己直接指挥;右翼军由陈、蔡军队组成,战斗力薄弱,由楚将子上指挥;左翼军也是楚军,由子西指挥。

周襄王二十年(前632)四月四日,子玉骄傲地宣称消灭晋军的日子来到了。晋楚两军决战开始,晋军针对楚军中军强大、左右翼薄弱的部署特点,和楚军统帅子玉骄傲轻敌、不谙虚实的弱点,发起了有针对性的攻击。晋下军佐将胥臣把驾车的马蒙上虎皮,出其不意地首先向楚军中战斗力最差的右军——陈、蔡军进攻。陈、蔡军遭到这一突然而奇异的进攻,惊慌失措,弃阵逃跑,楚右翼就这样迅速崩溃了。

晋军同时也把进攻的矛头指向楚左军。晋军上军主将狐毛,故意在车上竖起两面大旗,引车后撤,装扮出退却的模样。同时,下军主将栾枝也在阵后用车拖曳树枝,飞扬起地面的尘土,假装后面的晋军也在撤退,以诱楚军。子玉不知是计,下令追击。晋中军元帅先轸、佐将郤溱见楚军已被诱至,便指挥中军横击楚军,晋上军主将狐毛、佐将狐偃也回军夹击楚左军。楚左军退路被切断,陷入重围,基本就歼。子玉看到左右两翼军都已失败,急忙下令收兵,才保住中军,退出战场。城濮之战就此以晋胜楚败而告结束。

城濮之战初期,晋军兵力劣于对手,又渡过黄河在外线作战,处于不利的地位。但是晋文公能采纳大臣们的正确建议,从邻近晋国的曹、卫两国突破下手,先胜弱敌,取得了以后作战的前进基地,随后又用谋略争取齐、秦两大国站到自己一边,争取了战争的主动权。城濮决战之时,敢于先退一步,避开楚军的锋芒,以争取政治和军事上的主动,诱敌深入,伺机决战;与齐、秦、宋各国军队会合,集中了优势兵力;并根据敌人的作战部署,灵活地选择主攻方向,先攻敌之薄弱环节,各个击破,从而获得了这场大决战的胜利。反观楚国方面,则是君臣不睦,主帅狂妄轻敌,既不知争取与国,又不能多谋善断。加上作战判断上的失误,终于导致战争的失败,将原有的兵力和形势优势丧失殆尽。由此可见,晋军的胜利,在于其谋略上胜敌一筹;而楚军的失败,不在于实力,主要是由于其谋划不如人。孙子说"知彼知己,百战不殆","不知彼,不知己,每战必殆",城濮之战的得失足资启迪。

形 篇

导读

本篇集中论述了如何依据敌我双方军事实力的强弱,灵活运用攻守两种不同形式,以达到在战争中保全自己、消灭敌人的目的。孙子清醒地认识到敌我力量对比对于战争胜负的决定性意义,主张在军队作战中努力确保自己立于不败之地,强调要寻求敌人的可乘之机,以压倒性的优势,予敌以致命的打击。这就是带有普遍意义的"先为不可胜,以待敌之可胜"的作战指导原则。为了在战争中确立自己的优势地位,孙子提出了一系列正确的对策:(一)"修道而保法",从政治上加以保证。(二)认真对敌我双方的实力进行综合对比,在此基础上预测战争的胜负。(三)根据战场态势的变化,采取相宜的攻守策略。孙子认为,在"胜兵先胜而后求战"方针的指导下,就可以"决积水于千仞之溪",实现"自保而全胜"的战略意图。

本篇篇题,汉简本作《刑》。"刑"即"形"之古字。《武经》本作"军形",非是,盖后人因曹操注"军之形也"而误增"军"字。形,原义为器。《周易·系辞上》:"形乃谓之器。"王弼、韩康伯注:"成形曰器",孔颖达等《正义》曰:"体质成器,是谓器物,故曰形乃谓之器,言其著也。"可见"形"乃指事物之实质,在本篇中指军事实力及其外在表现。

原文

孙子曰：昔之善战者[1]，先为不可胜[2]，以待敌之可胜[3]。不可胜在己，可胜在敌[4]。故善战者[5]，能为不可胜，不能使敌之可胜[6]。故曰：胜可知而不可为[7]。

译文

孙子说：从前善于用兵打仗的人，总是先做到不被敌战胜，然后再捕捉时机战胜敌人。不被敌人战胜的主动权操在自己手中，而能否战胜敌人则取决于敌人是否有隙可乘。所以，善于打仗的人，能够创造不被敌人战胜的条件，却不可能做到使敌人一定被我所战胜。所以说，胜利可以预知，但却不可强求。

注释

1 昔之善战者：汉简本"昔"下无"之"字。

2 先为不可胜：为，造成、创造。不可胜，指我方不致被敌人战胜，即做大、做强自己，牢牢"立于不败之地"的意思。

3 以待敌之可胜：待，等待、寻找、捕捉的意思。敌之可胜，指敌人可能被我战胜的时机。

4 不可胜在己，可胜在敌：指创造不被敌人战胜的条件，在于自己主观的努力，而敌方是否能被战胜，则取决于敌方自己的失误，而非我方主观所能决定。

5 故善战者：汉简本无"战"字。

6 能为不可胜，不能使敌之可胜：能够创造自己不为敌所战胜的条件，而不能强令敌人一定具有可能被我战胜的时机。梅尧臣注："在己故能为，在敌故无必。"汉简本"敌"下无"之"字。

7 胜可知而不可为：知，预知、预见。为，强求。意为胜利可以预见，但敌人有无可乘之隙，战而胜之，则不能由我方来决定。张预注："己有备则胜可知，敌有备则不可为。""胜可知"，汉简本作"胜可智也"。

【原文】

不可胜者,守也;可胜者,攻也[1]。守则不足,攻则有余[2]。善守者,藏于九地之下[3];善攻者,动于九天之上[4]。故能自保而全胜[5]也。

【译文】

我方不可能战胜敌人时,就应采取防御;而有可能战胜敌人时,就应采取进攻。实行防御,是由于兵力不足;实施进攻,是因为兵力有余。善于防御的人,隐蔽自己的兵力如同深藏于地下,(令敌无法察觉;)善于进攻的人,展开自己的兵力就像自九霄而降,(令敌猝不及防。)所以,既能够保全自己,而又能夺取完全的胜利。

【注释】

1 不可胜者,守也;可胜者,攻也:意为使敌人不能胜我,在于我方防守得宜;而战胜敌人,则取决于我方进攻得当。

2 守则不足,攻则有余:采取防守,是由于己方兵力处于劣势;采取进攻,是由于己方兵力占有优势。曹操注:"吾所以守者,力不足也;所以攻者,力有余也。"汉简本此句作"守则有余,攻则不足"。若此,则句意为在同等的兵力情况下,用于防御则兵力有余,用于进攻则感到兵力不足。亦通。

3 善守者,藏于九地之下:九,虚数,泛指多数。汪中《述学·释三九》:"古人措辞……约之以九以见其极多。"九地,用于形容极深的地下。此句言善于防守的人,能够隐蔽军队活动,如藏物于极深之地下,令敌方莫测虚实。故梅尧臣注曰:"九地,言深不可知。"此句另一种解释为:善于防守者,能巧妙利用各种地形以为坚固防守。曹操注:"因山川丘陵之固者,藏于九地之下。"但似不如前说为善。

4 善攻者,动于九天之上:九天,形容极高的天上。李白《望庐山瀑布》之二:"飞流直下三千尺,疑是银河落九天。"此句意谓善于进攻的人,进攻时能做到行动神速、突然,如自九霄而降,令敌猝不及防。梅尧臣注云："九天，言高不可测。"又一说云：善攻者，善于利用天时天候主动地选择进攻时间。曹操注："因天时之便者，动于九天之上。"汉简本此句无"善攻者"三字，疑脱。

5 自保而全胜：保全自己而战胜敌人。张预注："守则固，是自保也；攻则取，是全胜也。"

【原文】

　　见胜不过众人之所知[1]，非善之善者也；战胜而天下曰善，非善之善者也。故举秋毫不为多力[2]，见日月不为明目，闻雷霆不为聪耳[3]。古之所谓善战者，胜于易胜者也[4]。故善战者之胜也，无智名，无勇功[5]。故其战胜不忒[6]。不忒者，其所措必胜[7]，胜已败者也[8]。故善战者，立于不败之地，而不失敌之败也。是故胜兵先胜而后求战[9]，败兵先战而后求胜[10]。善用兵者，修道而保法[11]，故

【译文】

　　预见胜利而并不超越普通人的见识，这不算是高明中最高明的。通过激战而赢得胜利，即使是全天下人都说好，也不算是高明中最高明的。这就如同能举起秋毫算不得力大，能看见日月称不上眼明，能听到雷霆算不上耳聪一样。古时候所说的善于打仗的人，总是战胜那容易战胜的敌人。因此，善于用兵的人打了胜仗，既不显露出智慧的名声，也不表现为勇武的战功。因为他们的作战必胜无疑。其之所以必胜无疑，是由于他们的作战措施建立在必胜的基础之上，是战胜那些业已处在失败地位的敌人。所以善于用兵打仗的人，总是确保自己立于不败之地，同时从不放过任何击败敌人的机会。所以，胜利的军队总是先创造取胜的条件，而后才寻求同敌决战；而失败的军队，却往往先冒险同敌人交战，而后企求侥幸取胜。善于指导战争的人，总是能够修明政治，确保法

能为胜败之政¹²。 制,因而能掌握战争胜负的决定权。

注释

1 见胜不过众人之所知:见,预见。不过,不超过。众人,普通人。知,
 认识。

2 举秋毫不为多力:秋毫,鸟兽之毛至秋更生,细而末锐,称为"秋毫"。
 通常比喻极轻微的东西。多力,力量大。

3 闻雷霆不为聪耳:能听到雷霆之声算不上耳朵灵敏。聪,听觉灵敏。

4 胜于易胜者也:易胜者,容易战胜的敌手,指已经暴露弱点之敌。汉
 简本"胜"下无"于"字。

5 故善战者之胜也,无智名,无勇功:言真正能打仗的人取得胜利,并不
 显露智谋的名声,并不呈现为勇武殊世的赫赫战功,而于平淡中表现
 出来。即老子所谓"大音希声,大象无形"。故杜牧注云:"胜于未萌,
 天下不知,故无智名;曾不血刃,敌国已服,故无勇功也。"此句汉简
 本作:"故善者之战,无奇胜,无智名,无勇功。"

6 故其战胜不忒:忒,音"特",失误、差错。不忒,无差错,意为确有把握。
 《周易·豫》:"四时不忒",郑玄注:"忒,差也。"汉简本此句作"故其
 胜不贷"。

7 其所措必胜:措,筹措、措施、措置。《礼记·中庸》:"故时措之宜也。"
 郑玄注:"时措,言得其时而用也。"此处指的是作战措施。武经本无
 "必"字。

8 胜已败者也:战胜业已处在失败地位的敌人。

9 胜兵先胜而后求战:胜兵,胜利的军队。先胜,先创造不可被敌战胜
 的条件。句意为能取胜的军队,总是先创造取胜的条件,然后才同敌
 人决战。《尉缭子·攻权》云:"兵不必胜,不可以言战;攻不必拔,不
 可以言攻。"与孙子的意思相合。汉简本"后"下无"求"字。

10 败兵先战而后求胜:指失败的军队总是轻易开战,然后企求侥幸取胜。

11 修道而保法:道,政治、政治条件。法,法度、法制。意为修明政治,确保各项法制得到贯彻落实。张预注:"先修饰道义以和其众,后保守法令以戢其下,使民爱而畏之。"

12 故能为胜败之政:政,同"正",主、主宰的意思。《老子·四十五章》"清静为天下正",即言清静为天下主。为胜败之政,即成为胜败问题上的主宰。汉简本"败"下无"之"字。

原文

兵法[1]:一曰度[2],二曰量[3],三曰数[4],四曰称[5],五曰胜。地生度[6],度生量[7],量生数[8],数生称[9],称生胜[10]。故胜兵若以镒称铢[11],败兵若以铢称镒。胜者之战民也[12],若决积水于千仞之溪者[13],形[14]也。

译文

兵法的基本原则有五条:一是"度",二是"量",三是"数",四是"称",五是"胜"。敌我所处地域的不同,产生双方土地面积大小不同的"度";敌我土地面积大小——"度"的不同,产生双方物质资源丰瘠不同的"量";敌我物质资源丰瘠——"量"的不同,产生双方兵员多寡不同的"数";敌我兵员多寡——"数"的不同,产生双方军事实力强弱不同的"称";敌我军事实力强弱——"称"的不同,最终决定战争的胜负归属。所以,胜利的军队对比失败的军队,有如以"镒"比"铢"那样,占有绝对的优势。而失败的军队同胜利的军队相比,则就像用"铢"比"镒"那样,处于绝对的劣势。胜券在握的统帅指挥军队与敌作战,就如同在万丈悬崖决开山涧的积水一样,所向披靡,这就是军事实力的"形"。

注释

1 兵法:汉简本作"法"。

2 一曰度:度,指度量土地面积。贾林注:"度,土地也。"

3 二曰量:量,容量、数量,指计量物质资源。

4 三曰数:数,数量、数目,指计算兵员的多寡。

5 四曰称:称,衡量轻重。王晳注:"权衡也。"指敌对双方实力状况的衡量对比。

6 地生度:生,产生。言双方所处地域的不同,产生土地幅员大小不同的"度"。

7 度生量:指幅员大小的不同,产生物质资源多少的"量"的差异。

8 量生数:指物质资源多少的不同,产生兵员多寡的"数"的差异。

9 数生称:指兵力多寡的不同,产生军事实力对比强弱的不同。

10 称生胜:指双方军事实力对比的不同,产生、决定了战争胜负的不同。

11 故胜兵若以镒称铢:镒、铢,皆古代的重量单位。镒,李筌注:"二十两为镒。"张预注同。铢,张预注:"二十四铢为两。"以镒称铢,指两者相称,轻重悬殊。此处比喻力量相差悬殊,胜兵对败兵拥有实力上的绝对优势。张预注:"有制之兵对无制之兵,轻重不侔也。"汉简本无"故"字,"若"作"如","镒"作"洫","铢"作"朱"。

12 胜者之战民也:战民,指统率指挥士卒作战。民,作"人"解,这里借指士卒、军队。战民,与下篇《势篇》"任势者,其战人也,如转木石"之"战人"含义同。春秋时,兵农合一,民众平时生产,战时征集从戎。汉简本"胜"字前有"称"字。武经本无"民"字,樱田本同。

13 若决积水于千仞之溪者:仞,古代的长度单位,七尺(一说八尺,见《说文》《孟子》赵岐注)为仞。千仞,形容极高。溪,山涧。汉简本"若"作"如","仞"作"那","溪"作"堭"。

14 形:喻指军事实力。《势篇》云:"强弱,形也。"

[通论]

　　《形篇》的主旨是阐述军事实力与战争胜负的关系问题。所谓"形"在这里是指军事实力及其外在表现。本篇全面系统地论述了军事实力在战争中的地位和作用,以及军事实力运用的原则和实力建设的方法、途径诸问题。具体地说,"先为不可胜","胜兵先胜而后求战"是实力为本的原则;"守则不足,攻则有余",即"强攻弱守"是对实力的战略运用;"修道而保法"是发展军事实力的基本原则,而"善战者之胜也,无智名,无勇功""胜于易胜"则是实现实力政策所要达到的上乘境界。孙子认为,战争指导者必须依据敌我双方物质条件的优劣,军事实力的强弱,灵活采取攻守两种不同形式,"以镒称铢","决积水于千仞之溪",以达到在战争中保全自己、消灭敌人的目的。

军事实力是军队综合战斗力的具体表现,也是战争的物质基础。在军事斗争中,奇谋妙计固然占有举足轻重的位置,但从根本上讲,强大的军事实力才是真正决定战争胜败天平上的砝码。因为不仅"伐兵""攻城"离不开一定的军事实力的巧妙运用,就是"伐谋""伐交"也必须要以雄厚的军事实力为后盾。综观古今中外的战争历史,无一不是力量强大的一方战胜力量弱小的一方,即使本来是弱小的一方,要最后战胜力量强大的一方,也是由于通过各种途径,逐渐完成优劣强弱态势的转换,使自己的力量最后从总体上超过了最初力量强大的一方而实现的,这是战争活动的客观规律。孙子对这一问题有着清醒的认识,并用专门的篇章加以深入详尽的探讨,这反映了其兵学思想注重实际、尊重客观的科学理性精神。

既然敌我力量对比对战争胜负结果具有关键性的意义,孙子便提出了在军队作战中要努力确保自己先立于不败之地,"先为不可胜""不可胜在己",做到"胜兵先胜而后求战",在此基础上,则要积极寻求和利用敌人的可乘之机,即所谓"以待敌之可胜""不失敌之败也",一旦时机成熟,便果断采取行动,乘隙蹈虚,以压倒的优势,予敌人以致命的打击,"故胜兵若以镒称铢","胜者之战民也,若决积水于千仞之溪者,形也"。认为唯有如此,才是真正"能为胜败之政",成为战争胜负的主宰。应该说,这一作战指导思想是带有普遍指导意义的。

认识军事实力在战争中的重要地位和作用,并不等于顺理成章拥有了强大的军事实力,更不意味着能淋漓尽致运用和发挥自己的实力,在战场交锋中所向披靡,战无不克。用孙子的话说,便是"不能使敌之可胜","胜可知而不可为"。孙子之所以高明,见识远胜于其他军事家,乃在于他在宏观上认识战争中军事实力的地位作用的基础上,又系统地论述了运用军事实力的原则和建设实力的方法、途径等问题,从而使自己以实力制胜的理论体系完备,逻辑严谨,具有充分的说服力和深刻的启示性。

如何在战争中确立自己的优势地位,孙子高屋建瓴地提出了一系列正确的对策。要言之,大致包括以下几个方面。

第一,"修道而保法",从政治上加以具体保证。所谓"道",就是清明的政治,调动普通士卒和广大民众的积极性,即《计篇》中所提到的"令民与上同意也",从而造就举国一体、上下一致的理想政治局面。所谓"法",就是严格的法制、正确的法纪。具体地说,即赏罚公正严明,军队上下有序,士卒训练有素。可见,"修道而保法"的核心,就是修明政治,确保和健全法制,为夺取战争主动权创造必要的前提条件。

第二,对敌我双方的实力进行认真的综合对比分析,在此基础上预见胜负,指导战争。预知胜负,是高明军事家指导战争的必有之义。孙子十分重视这一问题,在《计篇》中即开宗明义加以深刻的阐述。本篇的主旨是探讨军事实力地位作用以及运用原则,因此同样要把衡量军事实力列为重要的环节。孙子在这里提出了综合对比衡量双方军事实力的具体标准,这就是"度""量""数""称""胜"。即从双方的所处地域位置、地幅面积大小、物质资源丰瘠、兵员多寡等客观情况,来比较分析双方军事实力强弱关系,并进而预见战争胜负趋势。按孙子的理解,实力上占有绝对优势的一方,是可以所向无敌、横扫一切的:"胜兵若以镒称铢,败兵若以铢称镒。"孙子认为这种"度、量、数、称、胜"五个方面依次相生、层层递进,链条式的因果关系,具有法则的性质。所以要增强自己的军事实力,就必须使自己的主观愿望符合这种客观的规则,紧紧围绕这个因果关系来从事自己的军事实力建设。

第三,根据战场情势的变化,采取相宜的攻守策略,主动灵活地打击敌人,顺利实现敌我军事实力对比的转化。一般地说,受种种主客观条件的制约,在临战之前,双方的力量对比尽管有强弱之别,但并非是一成不变的,所以作为战争指导者,要善于根据战场情势,发挥主观能动性,采取正确的、行之有效的措施和方法,使己方的军事实力得以充分施展,已有优势则进一步加强之,若处劣势则设法改变摆脱之,处处高敌一筹,稳操胜券。在这个过程中,如何采取适当的作战样式,仍是一大关键。通常的作战样式不外乎攻与守两种,两者各有自己的功能,一般地说,"不可胜者,守也;可胜者,攻也"。高明的军事家应该按照"守则不足,攻则有余"的作战规律,从自己军事实力出发,灵活主动地实施进攻或进行防御。若是实施防御,要善于隐蔽自己的兵力,"藏于九地之下",令敌无法可施;一旦展开进攻,则要做到"动于九天之上",使敌猝不及防。总之,是攻守皆宜,"自保而全胜"。孙子认为,这乃是正确运用军事实力的重要途径,能够进入用兵的理想境界:"战胜不忒""所措必胜"。

《形篇》重视军事实力在战争中的地位作用的观点,以及相关的实力建设和运用思想,充分反映了战争活动的客观规律和内在要求,因此能够超越时空,为历代兵家所推崇和尊奉。历史上不少有成就的军事家,其之所以能在战场上叱咤风云,战胜攻取,青史垂名,除了他们作战指导高明、韬略奇谋超群之外,重视军事实力的建设和运用,做到"胜兵先胜而后求战"当是重要的原因。如战国时期赵国名将李牧在抗御北方匈奴的作战中,就是根据先备后战,"先为不可胜,以待敌之可胜",然后及时出击的原则而屡败匈奴的。又如在公元 1619 年爆发的明朝军队与后金军队的萨尔浒之战中,后金军在努尔哈赤的指挥下,五天之内连破三路明军,歼灭明军十多万人,夺取了整个辽东战场的主动权,赢得具有战略意义的胜利,也是孙子"善攻者,动于九天之上""立于不败之地,而不失敌之败""胜兵先胜而后求战"等自保全胜原则高明运用于实战的典范。

其他像隋文帝弱敌强备、以镒称铢攻灭陈国，明末袁崇焕守而后战力拒后金铁骑，李自成机动灵活、不失敌败屡创明军等，也都是孙子军事实力论思想在不同历史时期的具体印证。

与上述情况相对应，历史上也有不少因违背孙子军事实力运用原则而导致失败的战例。像明英宗轻举妄动，贸然出击瓦剌，希冀侥幸求胜，结果酿成"土木之变"，丧师辱身，沦为俘囚，就是"败兵先战而后求胜"的典型例子。正反两方面的经验教训昭示：孙子所揭示的军事实力理论的确是不朽的真理。

[战例]

明与后金萨尔浒之战

公元1619年发生的萨尔浒之战，是明朝与后金政权在辽东地区进行的一次具有决定意义的战略会战。在这次战争中，后金汗努尔哈赤表现了杰出的军事才能，运用集中兵力、各个击破的正确作战指导，取得了辉煌的胜利，从而根本地改变了辽东的战略态势：明朝方面由进攻转为防御，后金方面则由防御转入了进攻。纵观明和后金在萨尔浒之战中的战略、战术指导上的不同特点和战争的最终结果，可以充分地体会到《孙子兵法·形篇》所说的"胜兵若以镒称铢、败兵若以铢称镒"的真切含义。

后金是居住在我国长白山一带的女真族建州部在明时建立的政权。它是由建州女真首领努尔哈赤在统一女真各部的基础上，于万历四十四年(1616)建立的。当时，明朝已进入中后期，政治腐败，经济停滞，军事懈弛，逐渐走向没落。在对待少数民族问题上，也不断加剧经济上的剥削和政治上的压迫，因而激起了包括女真族在内的各少数民族的强烈不满和反抗。努尔哈赤建立后金政权后，便利用女真人民这种不满情绪，积极向明辽东都司进行袭扰。于是，明和后金之间的矛盾逐步激化。

努尔哈赤在万历四十六年(后金太祖天命三年、1618年)二月召集贝勒诸臣讨论方略,具体制定了攻打明军、兼并女真叶赫部、最后夺取辽东的基本战略方针。尔后厉兵秣马,扩充军队,刺探明军军情,积极从事战争准备。

经过认真准备和周密筹划之后,努尔哈赤便按照既定的决策开始军事行动。四月十三日,努尔哈赤以"七大恨"誓师,历数明廷对女真的七大罪状,既表达了女真人对明朝民族压迫政策的愤慨之情,又寻找到了女真军事贵族向明朝策骑称兵的政治借口。发布"七大恨"的翌日,努尔哈赤即率步骑两万攻打明军。四月十五日,后金兵兵临抚顺城下,明守将李永芳畏敌,开城投降。四月二十一日,后金军击败明军总兵张承荫部的一万援军。五月,攻克明的抚安堡、花包冲堡、三岔儿堡等大小壁堡十一个。七月,后金军攻入鸦鹘关,攻占清河堡。至此明抚顺以东诸堡,大都为后金军所攻占。

明廷在辽左覆军殒将后,决定发动一次大规模的进攻后金的战争,企图一举消灭建立不久而势力日炽的后金政权。明廷任命杨镐为辽东经略,调兵遣将,筹饷集粮,置械购马,进行战争准备。

万历四十七年(后金天命四年、1619年)二月,明各路大军二十四万(一说十一万,一说四十七万)云集辽沈一带。经略杨镐制定了作战方案,即兵分四路,分进合击,直捣后金政治中心赫图阿拉(今辽宁新宾老城),一举围歼后金军。具体部署是:以总兵杜松为主力,出抚顺关,从西面进攻;以总兵马林合叶赫兵,出靖安堡攻其北;以总兵李如柏经清河堡,出鸦鹘关,从南面进攻;总兵刘綖会合朝鲜兵,出宽甸攻其东;总兵官秉忠率一部驻扎辽阳,作为机动;总兵李光荣率军驻广宁保障后方交通。杨镐本人则坐镇沈阳,居中指挥,限令明军四路军队于三月初二会攻赫图阿拉。但是明军出动之前,"师期已泄",后金侦知了明军的作战企图,努尔哈赤遂得以从容作出对策。

当时,后金的八旗兵力共六万余人,与明军相比,处于劣势。但是努尔哈赤在探明明军的作战计划后,正确分析判断敌情,认为明军东、南、北三路道路险远,不能即至,遂决定采取"凭尔几路来,我只一路去"的集中兵力、逐个击破的作战方针。他把六万八旗精锐集结于赫图阿拉附近,准备首先给孤立冒进的明西路杜松军以迅雷不及掩耳的打击。

三月初一日,明东路刘綎军军正由宽甸向西开进;北路马林军由开原出发时,叶赫军尚未行动;南路李如柏虽已由清河堡出发,但行动迟缓;只有西路主力杜松所部"违期先时出口",进至萨尔浒(今辽宁抚顺东大伙房水库附近)。杜松分兵为二,以主力在萨尔浒扎营驻守,自率万人攻打吉林崖,但未能攻克。努尔哈赤针对杜松分兵的情况,派遣大贝勒代善等率两旗兵力增援吉林崖,截击杜松,使杜松两部不能互援;自己亲率六旗兵力进攻萨尔浒的杜松军主力。经过激烈的战斗,萨尔浒的明军被击溃,伤亡甚众。尔后,努尔哈赤又驰兵与代善合师,击破进攻吉林崖的杜松军另部。杜松在作战中阵亡,明主力西路军全军覆没。

次日,努尔哈赤又挥师攻击进至尚间崖的明北路马林军。当时马林军已知杜松军被歼的败讯,遂在尚间崖一带就地驻扎防御。后金军队向马林军发起猛烈进攻,夺占尚间崖。北路明军主将马林仅以身免,逃回开原。这样,北路明军又宣告失利。

努尔哈赤在击败马林军后,立即移兵南下,迎击明东路刘綎军。刘綎治军素称严整,行则成阵,止则成营,炮车火器齐备,装备精良。努尔哈赤根据刘綎军的这一特点,采取诱敌速进、设伏聚歼的打法,力求全歼刘綎军。当时,刘綎军不知西路、北路已经失利,正向距赫图阿拉五十里的阿布达里岗行进。努尔哈赤自率四千兵守城,派遣主力在阿布达里岗设下埋伏,另以少数兵卒冒充明军,持着杜松令箭,诈称杜松已逼近赫图阿拉,要刘綎速进,与杜松会师攻城。刘綎中计,下令轻装急进,当驰进阿布达里岗时,遭到后金军的伏击,刘綎军惨败,刘綎本人阵亡。努尔哈赤乘势迫降了协同刘綎军作战的朝鲜军队。

杨镐坐镇沈阳,掌握着一支机动部队,但对四路明军,却未能作任何策应。及至三路丧师后，他才慌忙急檄南路李如柏军撤兵。李如柏军在回师途中，为小股后金哨探所骚扰，军士惊恐逃奔，自相践踏，死伤千余人，最后总算是逃脱了被后金军聚歼的悲惨命运。至此，萨尔浒之战落下帷幕。

萨尔浒之战，是明与后金争夺辽东的关键性一战。后金军以劣势的兵力，在五天之内，连破三路明军，歼灭明军十多万人，缴获大量的驼马、甲仗和炮车等军用物资，取得了决定性的胜利。努尔哈赤此战的胜利，不但使后金政权更趋巩固，而且从此夺取了辽东战场的主动权，为日后的进一步发展创造了有利条件。而明军自遭此惨败，在战略上完全陷入被动，被迫采取守势，辽东局势日趋危急。

努尔哈赤在萨尔浒之战的作战指导上，有许多值得重视和肯定的地方。他善于运用集中兵力各个击破的方针策略，牢牢地掌握了战争的主动权。这表现为他对明军情况了解充分，判断准确，选择主攻方向合理；表现为善于集中使用兵力，造成局部的优势兵力，确保各个击破战术的顺利贯彻；表现为善于发挥其骑兵快速机动的特长，能够及时转移兵力，既弥补了自己兵力的不足，又使明军猝不及防。这可谓是孙子"善攻者，动于九天之上""立于不败之地，而不失敌之败"自保全胜原则运用于实战的典范。

而明军的失败，也可视之为是对《孙子兵法》基本原则违背的结果。在萨尔浒之战中，明军在作战指导上屡犯错误。其对后金军情况了解不明，对出征困难估计不足，对整个军事行动筹划不周，贸然进军，播下失败的种子，是为其一。主力突出冒进，被歼后，其他各路未能及时应变，遭到各个击破，是为其二。机动部队未能作策应，主帅远处后方，不明前方战局，前线无人统一指挥和协调，导致全线崩溃，是为其三。明军实际上正如孙子所说的那样，是"败兵先战而后求胜"，根本没有做到"先为不可胜，以待敌之可胜"这一点，其沦落为失败者，不亦宜乎！

势　篇

导读

　　本篇与前篇《形篇》为姊妹篇,主要论述在强大的军事实力的基础上,发挥将帅的杰出指挥才能,积极创造和利用有利的作战态势,出奇制胜地打击敌人。所谓"势",孙子认为就是兵势,亦即根据一定的作战意图而部署兵力和掌握运用作战方式方法所造成的一种客观作战态势。孙子认为要造成有利的作战态势,关键在于妥善解决战术上的"奇正"变化运用问题,指出"战势不过奇正",用兵打仗必须做到"以正合,以奇胜";而"奇正"关系又是变化无端的。所以,高明的将帅,必须根据战场情势的变化而灵活变换奇正战法。孙子还充分考虑了"势"与"节"的关系,主张在"任势"时,要善于控制距离,捕捉战机予敌以打击。在"任势"问题上,他认为只有发挥人的主观能动性,"择人而任势",才能收到明显的效果。同时孙子指出了造势、"任势"的主要手段——"示形""动敌",即用谋略迷惑敌人,调动敌人,从而达到出奇制胜的目的。孙子的"势"论,体现了朴素的辩证法思想,在军事学术史和哲学发展史上都具有重要的价值。

　　本篇篇题,汉简本作"埶","埶"为"势"的古字。武经本作《兵势》,"兵"字当为《武经七书》编者所加。势,态势、气势、形势。故曹操注云:"用兵任势。"

【原文】

孙子曰:凡治众如治寡[1],分数是也[2];斗众如斗寡[3],形名是也[4];三军之众,可使必受敌而无败[5]者,奇正是也[6];兵之所加,如以碫投卵者[7],虚实是也[8]。

【译文】

孙子说:通常而言,治理大部队如同治理小部队一样,这属于军队的组织编制问题;指挥大部队作战如同指挥小部队作战一样,这属于指挥号令的问题;统率全军可以使其在遭受敌人进攻时而不至于失败,这属于"奇正"的战术变化问题;军队打击敌人能做到像用石头打鸡蛋一样,这属于"避实就虚"原则的正确运用问题。

【注释】

1 治众如治寡:治,治理、管理,意为管理人数众多的部队如同管理人数极少的部队一样。汉简本无"孙子曰凡"四字。

2 分数是也:分数,此处指军队的组织编制。曹操注:"部曲为分,什伍为数。"刘寅《武经七书直解》:"偏裨卒伍之分,十百千万之数。"可见,分就分类而言,数指人员数量。

3 斗众如斗寡:斗众,指指挥人数众多的部队作战。斗,使……斗,使动用法。

4 形名是也:目可见者为形,耳可闻者为名。曹操注:"旌旗曰形,金鼓曰名。"此处指的是军队的指挥号令。

5 必受敌而无败:必,"毕"的同音假借,意为完全、全部。此句张预注云"人人皆受敌而无败",甚是。"必",汉简本作"毕"。

6 奇正是也:奇正,古兵法常用术语,其含义非常广泛。一般以常法为正,变法为奇,它包括正确使用兵力和灵活变换战术两个方面。具体地说,在兵力使用上,守备、钳制的为正兵;机动、突击的为奇兵。在作战方式上,正面攻、明攻为正;迂回、侧击、暗袭为奇。在作战样式上，按一般原则作战为正；采取特殊战法为奇。在战略上，堂堂正正进军为正，突然袭击为奇。

7　以碫投卵者：碫，《说文》："碫，厉石也"，即磨刀石，泛指坚硬的石头。以碫投卵，比喻以坚击脆，以实击虚。

8　虚实是也：虚实，古兵法常用术语，指军事实力上的强弱、优劣。有实力为"实"，反之为"虚"；有备为"实"，无备为"虚"；休整良好为"实"，疲散松懈为"虚"。此处含有以强击弱、以实击虚的意思。

[原文]

凡战者，以正合，以奇胜[1]。故善出奇者，无穷如天地，不竭如江河[2]。终而复始，日月是也；死而复生，四时是也[3]。声不过五，五声之变[4]，不可胜听[5]也。色不过五，五色之变[6]，不可胜观也。味不过五，五味之变[7]，不可胜尝也。战势不过奇正[8]，奇正之变，不可胜穷也。奇正相生[9]，如循环之无端[10]，孰能穷之[11]？

[译文]

一般作战，总是以"正兵"当敌，用"奇兵"取胜。因此，善于出奇制胜的人，其战法变化有如天地那样不可穷尽，像江河那样不会枯竭。终而复始，就像日月的运行；去而又来，如同四季的更替。声音不过五个音阶，然而五音的配合变化，却是听不胜听；颜色不过五种色素，然而五色的配合变化，却是看不胜看；滋味不过五样味道，然而五味的调配变化，却是尝不胜尝。作战的方式方法不过"奇""正"两种，可是"奇""正"的变化，却是无穷无尽。"奇""正"之间的相互转化，就像顺着圆环旋转一样，无始无终，又有谁能够穷尽它呢？

[注释]

1　以正合，以奇胜：合，交战、合战。胜，制胜、取胜。此句意为，以正兵合战，以奇兵制胜。张预注："两军相临，先以正兵与之合战，徐发奇兵，或捣其旁，或击其后，以胜之。"

2 无穷如天地，不竭如江河：言奇正变化有如宇宙万物之变化无穷，江河水流之滔滔不竭。竭，竭尽。汉简本"不竭"作"无竭"，"江河"作"河海"。武经本"江河"作"江海"。

3 死而复生，四时是也：去而复来，如春、夏、秋、冬四季之更替。

4 五声之变：五声，五音，古代把宫、商、角、徵、羽五个基本音阶称为五声（五音），以区分声音之高低强弱。《左传·昭公二十五年》："章为五声"，杜预注："宫、商、角、徵、羽。"变，变化。

5 不可胜听：意为听之不尽。胜，尽、穷尽的意思。

6 五色之变：古代以青、赤、黄、白、黑五种基本色素为五色。《左传·昭公二十五年》："发为五色"，杜预注："青、黄、赤、白、黑。"

7 五味之变：五味，指甜、酸、苦、辣、咸五种味道。《左传·昭公二十五年》："气为五味"，杜预注："酸、咸、辛、苦、甘。"

8 战势不过奇正：战势，指具体的兵力部署和作战方式。言作战方式归根结底就是奇正的运用。

9 奇正相生：意为奇正之间相互依存、相互转化、变化无穷。汉简本作"奇正环相生"。

10 如循环之无端：循，顺着。环，圆环。无端，无始无终。此句意为奇正变化转换，就如顺圆环旋转一般，永无尽头。汉简本作"如环之毋端"。

11 孰能穷之：孰，谁、何者。穷，穷尽。之，指奇正相生变化。武经本"之"下有"哉"字。

原文	译文
激水之疾[1]，至于漂石者，势也；鸷鸟[2]之疾，至于	湍急的流水以飞快的速度奔泻，以至于能冲移漂浮巨石，这就是流速迅猛的"势"；鸷鸟高飞猛击，以至于能捕杀鸟雀，这就是

毁折³者,节也⁴。是故善战者,其势险,其节短。势如彍弩⁵,节如发机⁶。

在短促距离内发起攻击的"节"。因此,善于指挥作战的人,他所造成的战斗态势是险峻的,发起冲锋时的接敌距离是迫近的。险峻的态势就像张满的弯弓,临敌的距离如同即将触发的弩机。

注释

1 激水之疾:激,湍急。疾,快、迅猛、急速。《易·说卦》:"动万物者,莫疾于雷;挠万物者,莫疾于风。"汉简本无"激"字。

2 鸷鸟:凶猛的鸟,如鹰、雕、鹫之类。《说文》:"鸷,击杀鸟也。"

3 毁折:折物。此处指捕捉擒杀鸟雀。

4 节也:节,节制、节度,审度长短。指动作爆发得既迅捷、猛烈,又恰到好处。张预注:"鹰鹯之擒鸟雀,必节量远近,伺候审而后击。"

5 彍弩:彍,弩弓张满的意思。彍同"彉",《说文》:"彉,满弩也。"彍弩即张满待发之弩。

6 发机:机,《说文》:"主发之为机",即弩之机关(弩牙),类似今天枪上的扳机。发机,即引发弩机的机关,将弩箭突然射出。

原文

纷纷纭纭¹,斗乱而不可乱也²;浑浑沌沌³,形圆而不可败也⁴。乱生于治⁵,怯生于勇⁶,弱生于强⁷。治乱,数也⁸;勇怯,势也;强弱,形也。故善

译文

战旗纷乱,人马如云,在混乱之中作战要使军队整齐不乱。浑浑沌沌,迷迷蒙蒙,要布阵周密,保持态势而不致失败。向敌诈示混乱,自身要有严格的秩序。向敌诈示怯懦,自身要具备勇敢的素质。向敌诈示弱小,本身要拥有强大的实力。严整而能示敌混乱,这是组织编制有序。勇敢而能示敌怯懦,这是战场态势有利。强

动敌⁹者,形之¹⁰,敌必从之;予之,敌必取之。以利动之,以卒待之¹¹。

大而能示敌弱小,这是自己实力雄厚。所以善于调动敌人的将帅,伪装假象迷惑敌人,敌人一定会听从调动;用小利引诱敌人,敌人一定会前来争夺。用这样的办法积极调动敌人,再预备重兵伺机掩击他们。

注释

1 纷纷纭纭:纷纷,杂乱无序。纭纭,众多且混乱。此指战场混乱的样子。

2 斗乱而不可乱也:斗乱,谓在纷乱状态中指挥作战。不可乱,言做到有序不乱。武经本无"也"字。

3 浑浑沌沌:混乱迷蒙不清的样子。形容战场尘土飞扬迷乱不清。

4 形圆而不可败也:形圆,指摆成圆阵,保持态势,周到部署,首尾连贯,与敌作战应付自如。武经本亦无句末之"也"字。

5 乱生于治:于,此处作根据解。意谓示敌混乱,是由于有严整的组织秩序。又一说:混乱,产生于严整之中。

6 怯生于勇:示敌怯懦,是由于自己具备勇敢的素质。杜牧注:"欲伪为怯形以伺敌人,先须至勇,然后能为伪怯也。"又一说,"怯"可以由"勇"产生。汉简本"怯"作"胁"。

7 弱生于强:示敌弱小,是由于本身拥有强大的实力。杜牧注:"欲伪为弱形以骄敌人,先须至强,然后能为伪弱也。"梅尧臣、王皙、何氏、张预诸注皆近杜注。另一说,"弱"可以由"强"产生。

8 治乱,数也:数,即前言之"分数",指军队的组织编制。句意为军队的整治或混乱,决定于组织编制是否有序。

9 动敌:调动敌人。

10 形之:形,用作动词,即示形、示敌以伪形。指用假象迷惑欺骗敌人,使其判断失误。

11 以卒待之:用重兵伺机破敌。卒,士卒,此处可理解为伏兵、重兵。汉简本"待"作"侍"。武经本"卒"作"本"。

原文

故善战者,求之于势,不责于人[1],故能择人而任势[2]。任势者,其战人也[3],如转木石。木石之性[4],安则静,危则动[5],方则止,圆则行。故善战人之势,如转圆石于千仞之山者,势[6]也。

译文

因此善于用兵打仗的人,总是设法造成有利的态势,而不对部属求全责备,所以他能够选择人才去利用和创造有利的态势。善于利用态势的将帅指挥部队作战,就如同滚动木头和石头一般。木头和石头的特性是,置放在平坦安稳之处就静止,置放在险峻陡峭之处就滚动。方的容易静止,圆的滚动灵活。所以,善于指挥作战的人所造成的有利态势,就像将圆石从万丈高山上推滚下去那样,这就是所谓的"势"。

注释

1 求之于势,不责于人:责,求、苛求。《说文》:"责,求也。"成语有"求全责备"。此句言当追求有利的作战态势,而不是苛求下属。汉简本"不"作"弗"。

2 故能择人而任势:选择简拔人才,创造利用态势。择,选择。任,任用、利用、掌握驾驭的意思。一说,择训"释",不强求人力的意思。

3 其战人也:指挥士卒作战。与前《形篇》中之"战民"义同。

4 木石之性:木石的特性。性,性质、特性。汉简本"性"作"生",古代通用。

5 安则静,危则动:安,安稳,这里指平坦的地势。危,高峻、危险。《庄子·田子方》:"尝与汝登高山,履危石。"此处指地势高峻陡峭。张预注:"木石之性,置之安地则静,置之危地则动……自然之势也。"

6 势：是指在"形"（军事实力）的基础上，发挥将帅的主观能动作用，从而造成有利的作战态势。王晳注云："石不能自转，因山之势而不可遏也；战不能妄胜，因兵之势而不可支也。"

通论

本篇主要论述在强大的军事实力基础上，充分发挥将帅的杰出作战指挥才能，积极创造和运用有利的作战态势，出奇制胜地打击敌人，夺取战争的胜利。

"势"，是古代兵学的一个重要范畴。主要是指军事力量合理地积聚、运用，充分发挥威力，表现为有利的态势和强大的冲击力。换言之，即战争指导者根据一定的作战意图，灵活地部署兵力和正确地变换战术所造成的有利作战态势。孙子曾用形象的比喻来说明"势"的特征，"善战人之势，如转圆石于千仞之山者，势也"，又说，"激水之疾，至于漂石者，势也"。孙子认为，合理的编组，有效的指挥，灵活的战法，虚实的运用，这四者乃是"造势""任势"的客观基础；而快速突然和近距离接敌，造成险峻的态势，把握恰到好处的战机，采取猛烈而短促的行动节奏，则是"造势""任势"的应有之义和外在表现。即所谓"善战者，其势险，其节短。势如扩弩，节如发机"。

孙子认为要造成有利的作战态势，关键在于妥善解决战术变换和兵力使用上的"奇正"变化运用问题，指"战势不过奇正"，把它看成是"造势""任势"的基本条件。

"用兵之钤键，制胜之枢机"，这是古人对"奇正"地位和价值最富诗意的评论。"奇正"概念最早见于《老子》，但真正把它引入军事领域并作系统阐发的，则是孙子。在本篇中，他用精粹的语言揭示了"奇正"的基本含义：凡开展军事行动，无论是进攻还是防御，在兵力使用上，要用正兵当敌，奇兵制胜，"凡战者，以正合，以奇胜"。在战术变换上，则要做到奇正相生，奇正相变，虚实莫测，变化无端。"战势不过奇正，奇正之变，不可胜穷也。奇正相生,如循环之无端,孰能穷之?"在孙子看来,作战指导者如果能根据战场情势而灵活理解和运用"奇正"战法,做到战术运用上正面交锋与翼侧攻击相结合,兵力使用上正兵当敌与奇兵制胜相互补,作战指挥上"常法"与"变法"交替使用得当,那么就算是真正领会了用兵的奥妙,也为"造势""任势"创造了必要的条件。

孙子确立"奇正"这一范畴后,后世兵家无不奉为圭臬,广为沿用和阐述。如《孙膑兵法(下编)·奇正编》说:"形以应形,正也;无形而制形,奇也",《尉缭子·勒卒令》说:"正兵贵先,奇兵贵后",曹操《孙子注》说:"正者当敌,奇兵从傍击不备也"就是这方面的例子。而到了《李卫公问对》那里,"奇正"范畴则有了新的丰富和发展。它对"奇正"论述更完备,分析更透彻,提出了一个重要论断:"善用兵者,无不正,无不奇,使敌莫测。故正亦胜,奇亦胜。"这比孙子的"奇正"理论显然更全面、更深刻,但它依旧是祖述和发展《孙子兵法》的逻辑结果。

如果说理解和掌握"奇正"变化运用问题,是"造势""任势"的前提条件;那么,积极发挥将帅的主观能动性,巧妙"示形","动敌",则是"造势""任势"的主要手段。孙子说:"善动敌者,形之,敌必从之;予之,敌必取之。以利动之,以卒待之。"就是他关于"示形动敌",以求"造势""任势"问题的十分扼要而精辟的论述,具有重要的军事学术价值。

所谓"示形",就是伪装和欺骗;所谓"动敌",就是实施机动,调动敌人。"示形"是"动敌"的前提和基础,而"动敌"则是"示形"的结果。成功的机动是"造势""任势"的关键。其目的在于创造和利用敌人的过失和弱点,积极争取主动,占据优势的地位。

孙子指出,示形动敌必须具备一定的条件。这个条件就是自己要做到组织编制严整,将士素质优良,整体实力强大。即所谓"乱生于治,怯生于勇,弱生于强。治乱,数也;勇怯,势也;强弱,形也"。只有具备这样的前提条件,军队欺敌误敌,实施机动才有可靠的保障。在这基础上,指挥员发挥主观能动性,制造假象迷惑敌人,施以诱饵调动敌人,然后集中优势兵力,伺机攻击敌人,"以利动之,以卒待之",从而达到出奇制胜的目的。

值得附带指出的是,《老子》曾说过:"将欲夺之,必固与之。"孙子的示形方法与《老子》之言颇有相通之处,这表明孙子高明兵学思想的形成,乃是借鉴汲取前人思想精华的结果。这种文化继承发展现象应引起我们的重视。

孙子还认为,一旦掌握了"奇正"变化,具备了"造势""任势"的条件;又做到了巧妙的"示形动敌",具备了"造势""任势"的手段,那么"造势""任势"也就水到渠成,呼之欲出了。在这样的情况下,再"择人而任势",有利的作战态势便完全造就,战场的主动权便自然到手,便可"转圆石于千仞之山",所向披靡,战无不胜。

综上所述,孙子的"势"论,包含有"势"的定义,主要外在表现形态,实施的条件("奇正")以及具体的手段("示形动敌")等,它内容丰富,逻辑严谨,思想深邃,形象生动,充满着朴素唯物辩证法的精神,在军事学术史和哲学发展史上都具有珍贵的价值。

征之于史,孙子"势"论的重要意义也一再得到过无数战例的证实。战国时期秦赵长平之战中双方的得失优劣,就是对本篇基本精神的最好诠释。在此战中,秦军主帅白起用兵如神,"以正合,以奇胜",使秦军"必受敌而无败"。在作战过程中,白起注重"动敌",善于"造势""任势",做到"其势险,其节短",终于出奇制胜,聚歼赵军,赢得了这场战略决战的彻底胜利,在沙场上再现了孙子"势"论的风采神韵和无穷魅力。

[战例]

秦赵长平之战

在战国中晚期的秦赵长平之战中,秦国贯彻正确的战略指导,采用灵活多变的战术,取得一举歼灭四十五万赵军的辉煌胜利,实际上制服了东方最后一个有实力的对手,开创了我国历史上最早、规模最大的包围歼敌战先例。秦将白起在这场战争中,以自己的杰出军事才能,指挥秦军给赵军以毁灭性的打击,为秦国的胜利立下不世功勋。他的作战指导,集中体现了孙子"凡战者,以正合,以奇胜"的兵"势"理论原则的强大生命力。

秦国自孝公任用商鞅实行变法以后,经过几代的努力,国势日益强盛,西并巴蜀,东侵三晋,南攻荆楚,取得军事、政治、外交各方面的全面胜利。当时的秦国,已成为战国七雄中最强大的国家。赵国自公元前302年赵武灵王进行"胡服骑射"的军事改革以来,军事实力迅速增长,对外战争节节胜利,势力日见壮大,是当时关东六国中唯一具有实力与秦相抗衡的国家。

公元前270年,魏人范雎入秦,他针对秦国过去奉行的"越人之国"进攻战略的利弊得失,提出了"远交近攻"战略思想。同时他还向秦王提出了"毋独攻其地而攻其人"的作战指导思想,认为不仅要攻夺六国的土地,更要注重歼灭六国的有生力量,最大限度地消耗敌人的国力。

长平之战,就是秦、赵争雄兼并的必然产物,也是范雎"远交近攻"战略与"毋独攻其地而攻其人"作战指导思想在秦国得以全力贯彻、推行的结果。

秦昭王根据范雎"远交近攻"的战略构想,从公元前268年起,先后出兵攻占了魏国的怀(今河南武陟西)、邢丘(今河南温县附近),迫使魏国亲附于己。接着又大举攻韩,先后攻取了陉(今河南济源西北)、高平(今河南济源西南)、少曲(今河南济源西)、野王(今河南沁阳),将韩国拦腰截为两段。韩桓惠王异常恐惧,遂派遣使者入秦,表示愿献上党郡(今山西长治一带)求和。但韩国的上党太守冯亭却不愿献地入秦,为了促成韩、赵两国联合抗秦,他主动将上党郡献给了赵国。

赵王目光短浅,在不计后果的情况下,接受平原君赵胜的建议,贪利受地,将上党郡并入自己的版图。赵国的这一举动,无异从秦人口中夺食,引起秦国的极大不满,秦、赵间的矛盾便为争夺上党而激化了。范雎建议秦王乘机出兵攻赵,秦王于公元前261年命令秦军一部进攻韩国缑氏(今河南偃师西南),直趋荥阳,威慑韩国;同时命令左庶长王龁率军攻打上党。上党赵军兵力不敌,退守长平(今山西高平西北)。赵王闻秦军东进,就派遣大将廉颇率领赵军主力抵达长平,以图夺回上党。这样,战国时期规模空前的长平之战的序幕就揭开了。

廉颇带领赵军抵达长平后,即向秦军发起攻击。由于秦强赵弱,赵军连战皆负,损失较大。廉颇鉴于实际情况,及时改变了战略方针,决心转攻为守,依托有利地形,筑垒固守,以逸待劳,以疲惫和挫败秦军。廉颇的这一手段产生了效益,秦军的进攻势头被抑制了,两军在长平一带相持不决。

但是秦国的战争指导者毕竟棋高一着,他们运用谋略来瓦解赵军,为尔后的战略进攻创造条件。一方面他们借赵国使者郑朱到秦国议和的机会,假意殷勤接待郑朱,向各国制造秦、赵和解的假象,使赵国在外交上丧失了与各国"合纵"的可能,陷入被动和孤立。另一方面,秦国针对廉颇起着赵国柱石的作用,采取离间手段,派人携带千金去邯郸收买赵王的左右权臣,离间赵王与廉颇的关系,四处散布流言:廉颇不足畏惧,他防御固守,是快要投降秦军的表现;秦军最害怕马服君赵奢的儿子赵括为将。流言传入赵王的耳中,他正对廉颇的固守疲敌方略极感不满,于是就轻易地中了秦人的奸计,不顾蔺相如和赵括母亲的反对谏阻,命令赵括接替廉颇为将。

赵括是一个缺乏实战经验、只知空谈兵法的人。他到了长平后,一反廉颇所为,更换将佐,改变军中制度,搞得全军官兵离心离德,斗志消沉。他还轻率改变了廉颇的战略防御方针,积极筹划战略进攻,企图一举而胜,夺回上党。

秦王得知离间计得逞,已由空谈无能的赵括代替廉颇为赵将,也迅速调整部署:立即增加部队,调骁勇善战的武安君白起为上将军,代替王龀。为了避免引起赵军的警惕,秦王命令军中对此严守秘密。

白起针对赵括没有实战经验、鲁莽轻敌的弱点,采取后退诱敌、围困聚歼敌军的正确作战方针,对兵力作了周密的部署,造成了"以碫击卵"的强大兵势。

白起的具体部署是,以原先的前线部队为诱敌部队,等待赵军出击后,即向主阵地长壁撤退,诱敌深入;其次,利用长壁构筑袋形阵地,以主力守卫营垒,抵挡赵军的进攻,并组织一支轻装锐勇的突击队,待赵军被围后,主动出击,消耗赵军的有生力量;其三,用奇兵二万五千人埋伏在两边侧翼,待赵军出击后,及时插到赵军的后方,切断赵军的退路,协同主阵地长壁上的秦军,完成对出击赵军的包围;其四,用骑兵五千插入渗透到赵军营垒的中间,牵制和监视营垒中的赵军。

战局的发展果然按着白起预计的方向进行。公元前260年八月,赵括统率赵军向秦军发起了大规模的出击。两军稍事交锋,秦军的诱敌部队即佯败后退。鲁莽的赵括不问虚实,立即实施追击。赵军前进到秦军的预定阵地——长壁后,即遭到了秦军主力的坚强抵抗,攻势受挫。这时,预先埋伏的秦军两翼二万五千奇兵迅速出击,及时插到赵军进攻部队的后方,抢占了西垒壁(今山西高平北的韩王山高地),截断了出击赵军与其营垒的联系,构成了对出击赵军的包围。另外的五千骑兵也迅速地插到了赵军的营垒之间,牵制、监视留守营垒的赵军。白起又下令突击队不断出击被围的赵军。赵军数战不利,情况危急,被迫就地构筑营垒,转攻为守,等待救援。

秦昭王听到秦军包围赵军的消息,亲赴河内(今河南沁阳及其附近地区),把当地十五岁以上的男丁编组成军,增援长平战场。这支部队占据长平以北的今丹朱岭及其以东一带高地,断绝赵国的援军和后勤补给,从而确保了白起得以彻底歼灭被围的赵军。

九月,赵军断粮已达四十余天,内部互相残杀以食,军心动摇,局势非常危急。赵括组织了四支突围部队,轮番冲击秦军阵地,希望杀出一条血路突围，但都未奏效。赵括绝望之中，亲率赵军精锐部队强行突围，结果仍遭失败，自己也丧身秦军的箭镞之下。赵军既无主将，遂不再作抵抗，全部解甲投降。这四十万赵军降卒，除幼小的二百四十人外，全部被白起坑杀。秦军取得了长平之战的彻底胜利。这一战，秦军前后共歼赵军四十五万人，削弱了当时关东六国中最强劲的对手赵国，慑服了其他各国，为秦日后完成统一六国大业创造了有利的条件。当然秦军也为这一胜利付出了严重的代价——伤亡大半。

长平之战，是中国战争史上的一出杰作，就秦国而言，秦国统治者的正确战略和高超谋略，使秦国战胜赵国具备了可能。而名将白起的杰出军事指挥艺术，则使这种可能转化为现实。白起在这次战争中用兵如神，"以正合，以奇胜"，使秦国军队"必受敌而无败"。在作战过程中，白起善于"造势""任势"，"其势险，其节短"。注重"动敌"，以利引诱赵军轻易出击，"以卒待之"，运用正确的兵力部署，将赵军包围起来，最后予以聚歼。而秦王在关键时刻任命白起为主将，也做到了"择人而任势"。战斗过程中，秦国上下一体动员，协调配合，从而为白起的正确作战指导的落实提供了坚实的基础。相反，赵国方面，赵王不顾敌我实力的不同，一味追求进攻，战争中又临阵易将，让毫无实战经验的赵括替代执行正确防御战略的廉颇统帅赵军，昧于"择人而任势"。赵括本人又不知"奇正"变化、灵活运用的要旨，没有也不可能制定正确的作战方针，不"造势"，不"任势"，始终让对手牵着鼻子走。决战伊始，贸然出击，被围之后，又无法摆脱困境，终于导致全军覆灭，丧身而误国。由此可见，长平之战中秦、赵双方的得失优劣，实在是对《孙子·势篇》基本精神的最好诠释。

｜虚实篇｜

导读

　　本篇集中论述了战争活动中"虚""实"关系相互对立、相互转化这一具有普遍规律性的问题。孙子强调要通过对"虚""实"关系的全面认识和把握，来夺取战争的主动权，即"致人而不致于人"。而做到这一点，其关键在于如何争取优势，主动灵活地打击敌人。为此孙子提出了著名的作战指导原则——"避实而击虚"。而这一原则在作战行动中的具体化，就是要做到：一、示形于敌，迷惑和欺骗敌人，诱使其暴露弱点，然后予以打击。二、集中优势兵力猛烈果断地打击敌人，即所谓的"以十击一"。三、因敌变化而取胜，在作战过程中不机械、不呆板，根据敌情变化，随时调整部署，始终保持主动。四、察知战场地理，了解战场天候，"知战之地，知战之日"，并采取"策""作""形""角"等方法，全面掌握敌情。五、正确选择主攻方向，做到触一发而牵全身，"出其所不趋"，"攻其所不守"。孙子认为，只要能充分发挥人的作用，采取正确的作战指导原则和具体作战措施，那么战争的胜利不但"可知"，而且也是"可为"的了。

　　本篇篇题，汉简本作"实虚"，非是。虚实，"虚"即空虚，指兵力分散而薄弱；"实"即充实，指兵力集中而强大。虚实，同时也指作战行动中虚虚实实、示形佯动等手段。曹操注："能虚实彼己也。"李筌注："善用兵者，以虚为实；善破敌者，以实为虚。"杜牧注："夫兵者，避实击虚，先须识彼我之虚实也。"皆是旧时注家对孙子"虚实"含义的正确理解。

| 原文 | 译文 |

原文

孙子曰:凡先处战地而待敌者佚[1],后处战地而趋战者劳[2]。故善战者,致人而不致于人[3]。能使敌人自至者,利之也[4];能使敌人不得至者,害之也[5]。故敌佚能劳之[6],饱能饥之[7],安能动之[8]。

译文

孙子说:凡是先占据战场等待迎击敌人的就主动从容,而后抵达战场仓促应战的就疲惫被动。所以善于指挥作战的人,总是能够调动敌人而不被敌人所调动。能够使敌人自动进到我预定地域的,是用小利引诱的缘故;能够使敌人不能抵达其预定地域的,则是设置重重困难阻挠的结果。敌人休整良好,就要设法使他们疲劳;敌人粮食充足,就要设法使他们饥饿;敌人驻扎安稳,就要设法使他们移动。

注释

1 凡先处战地而待敌者佚:处,占据。佚,即"逸",指安逸、从容。贾林注:"先处形势之地以待敌者,则有备豫,士马闲逸。"汉简本"佚"作"失",义同。

2 后处战地而趋战者劳:趋,奔赴,此处为促、仓促之意。趋战,仓促应战。此句意为作战中若后据战地仓促应战,则疲劳被动。

3 致人而不致于人:致,招致、引来。《周礼·秋官·小司寇》:"掌外朝之政,以致万民而询焉。"致人,调动敌人。致于人,为敌人所调动。按,这句话的核心含义是争取把握作战中的主动权,系孙子作战指导思想的精髓。

4 能使敌人自至者,利之也:利之,以利引诱。意谓能使敌人自投罗网,乃是以利相诱的缘故。

5 能使敌人不得至者,害之也:害,妨碍、阻挠之意。《书·旅獒》:"不作无益害有益。"此言能使敌人不能到达战地,乃是牵制敌人的结果。

6 敌佚能劳之:能,此处为乃、就的意思。劳,疲劳,使动用法。此句梅尧臣注为"挠之使不得休息",甚是。

7 饱能饥之:饥,饥饿、饥困,用作使动。此句王晳注:"谓敌人足食,我能使之饥乏耳。"

8 安能动之:言敌人若安固守御,我就设法使他们移动。曹操注:"攻其所必爱,出其所必趋,则使敌不得不相救也。"汉简本无此句。

[原文]

出其所不趋[1],趋其所不意[2]。行千里而不劳者,行于无人之地也[3];攻而必取者,攻其所不守也[4];守而必固者,守其所不攻也[5]。故善攻者,敌不知其所守;善守者,敌不知其所攻。[6]微乎微乎,至于无形[7];神乎神乎,至于无声[8]。故能为敌之司命[9]。

[译文]

出兵要指向敌人所无法驰救的地方,突袭要指向敌人未曾预料之处。行军千里而不劳累,是因为行走的是没有敌人阻碍的地区;进攻而必定能够取胜,是因为进攻的是敌人无法防御的地点;防御而必定能够稳固,是因为扼守的是敌人不能攻取的地方。所以善于进攻的,能使敌人不知道该如何防守;善于防御的,能使敌人不知道该怎么进攻。微妙啊! 微妙到看不出任何形迹。神奇呀! 神奇到听不见丝毫声息。这样,就能够成为敌人命运的主宰。

[注释]

1 出其所不趋:出兵要指向敌人无法救援的地方,即击其空虚。不,这里当作"无法""无从"之意解。汉简本此句作"出于其所必趋也",《太平御览》《长短经》亦作"出其所必趋",文意似更顺。

2 趋其所不意：指兵锋要指向敌所不曾意料之处。与上句同义重复，表示强调。

3 行千里而不劳者，行于无人之地也：张预注："掩其空虚，攻其无备，虽千里之征，人不疲劳。"无人之地，喻敌虚懈无备之处。汉简本"不劳"作"不畏"，"无人之地"前无"于"字。

4 攻而必取者，攻其所不守也：言我出击而必能取胜，乃由于出击的是敌人想防守却守不住的地方。

5 守而必固者，守其所不攻也：言我防守而必能稳固，乃由于所守的是敌无法攻取的地方。汉简本无"者"字，且"不"作"必"字。

6 "故善攻者"至"敌不知其所攻"句：梅尧臣注："善攻者，机密不泄；善守者，周备不隙。"王晳注："善攻者，待敌有可胜之隙，速而攻之，则使其不能守也。善守者，常为不可胜，则使其不能攻也。"皆为精审。汉简本"所守""所攻"前皆无"其"字。

7 微乎微乎，至于无形：微，微妙。《荀子·议兵》："诸侯有能微妙之以节。"杨倞注："微妙，精尽也。"此句谓虚实运用微妙到极致，则无形可睹。

8 神乎神乎，至于无声：神，神奇、神妙。《易·系辞》："阴阳不测之谓神。"此言虚实运用神奇之至，则无声息可闻。

9 故能为敌之司命：司命，命运之主宰者。《管子·国蓄》："五谷食米，民之司命也。"

[原文]

进而不可御者，冲其虚也[1]；退而不可追者，速而不可及也[2]。

[译文]

前进时敌人无法抵御的，是由于袭击敌人懈怠空虚的地方；撤退时敌人不能追击的，是因为行动迅速而使得敌人追赶不及。所以，如果我军想打，敌人即故我欲战,敌虽高垒深沟,不得不与我战者,攻其所必救[3]也;我不欲战,画地而守之[4],敌不得与我战者,乖其所之也[5]。

使高垒深沟坚守,也不得不脱离阵地与我交锋,这是因为我们攻击了敌人所必然援救的地方。如果我军不想打,即使是画地防守,敌人也无法来同我军作战,这是因为我们诱使敌人改变了进攻的方向。

注释

1 进而不可御者,冲其虚也:御,抵御,《易·蒙卦》:"上九,击蒙,不利为寇,利御寇。"冲,攻击、袭击,《战国策·齐一》:"使轻车锐骑冲雁门。"虚,虚懈之处。汉简本"进而不可御"作"进不可迎"。

2 退而不可追者,速而不可及也:速,迅速、神速。及,赶上、追上,《说文》:"及,逮也。"何氏注:"兵退则利速,我能制敌而敌不能制我也。"汉简本"追"作"止","速"作"远"。

3 必救:必定救援之处,喻利害攸关之地。张预注:"敌人虽有金城汤池之固,不得守其险而必来与我战者,在攻其所顾爱之地,使之相救援也。"

4 画地而守之:画地,指画出界线,《论语·雍也》:"力不足者,中道而废,今女画。"画地而守,指在地上随便画一条界线即可防守,比喻防守非常容易。其实"画地而守"也是兵阴阳家的术法之一。

5 乖其所之也:意谓调动敌人,将其引往他处。乖,违反、背离。《论衡·薄葬》:"各有所持,故乖不合。"此处有改变、调动的意思。之,往、去。汉简本"乖"作"胶"。

原文

故形人而我无形[1],则我专而敌分[2];我专为一,

译文

因此,要设法使敌人显露真形而我军不露痕迹,这样,我军的兵力

敌分为十,是以十攻其一也[3],则我众而敌寡;能以众击寡者,则吾之所与战者约矣[4]。吾所与战之地不可知[5],不可知,则敌所备者多,敌所备者多,则吾所与战者寡矣。[6]故备前则后寡,备后则前寡;备左则右寡,备右则左寡;无所不备,则无所不寡[7]。寡者,备人者也[8];众者,使人备己者也[9]。

就可以集中而敌人的兵力却不得不分散。我们的兵力集中在一处,敌人的兵力分散在十处,这样,我们就能用十倍于敌的兵力去进攻敌人了,从而造成我众而敌寡的有利态势;能做到集中优势兵力攻击劣势的敌人,那么同我军正面交战的敌人也就有限了。我们所要进攻的地方敌人无从知道,敌人不知道,那么他们所需要防备的地方就多了;敌人防备的地方愈多,那么我们所要进攻的敌人就愈单薄。因此,敌人防备了前面,后面的兵力就薄弱;防备了后面,前面的兵力就薄弱;防备了左边,右边的兵力就薄弱;防备了右边,左边的兵力就薄弱。处处加以防备,就处处兵力薄弱。敌人兵力之所以薄弱,是因为处处分兵防备;我方兵力之所以充足,是因为迫使敌人处处分兵防备。

注释

1 故形人而我无形:形人,使敌人现形。形,此处作动词,显露的意思。我无形,即我无形迹,"形"在此处为名词。此句意为使敌显形而我隐蔽真形。此句汉简本作"善将者,形人而无形"。

2 我专而敌分:杜佑注:"我专一而敌分散。"专,专一、集中。分,分散。

3 是以十攻其一也:言我在局部上对敌拥有以十击一的绝对优势。汉简本作"以十击一"。

4 吾之所与战者约矣:梅尧臣注:"以专击分,则我所敌少也。"约,少、寡的意思,杜牧注:"约,犹少也。"

5 吾所与战之地不可知：言我准备与敌作战之战场地点敌无从知晓。所与战之地，指所准备与敌交战之地点。

6 "不可知"至"则吾所与战者寡矣"句：意谓我欲战之地敌既无从知晓，则不得不多方防备，如此，则敌之兵力势必分散；敌兵力既已分散，则与我局部交战之敌就薄弱容易被战胜了。汉简本无"不可知"三字。

7 无所不备，则无所不寡：此句言倘若处处设防，必然是处处兵力薄弱，陷入被动。汉简、《通典》《太平御览》此句均作"无不备者，无不寡"。

8 寡者，备人者也：敌方兵力之所以相对薄弱，在于分兵备敌。张预注："所以寡者，为分兵而广备于人也。"

9 众者，使人备己者也：我方兵力所以占有相对优势，是因为迫使敌人分兵备我。张预注："所以众者，为势专而使人备己也。"

原文

故知战之地，知战之日，则可千里而会战[1]；不知战地，不知战日[2]，则左不能救右，右不能救左，前不能救后，后不能救前，而况远者数十里，近者数里乎？[3]以吾度之[4]，越人之兵虽多[5]，亦奚益于胜败哉[6]？故曰：胜可为也[7]。敌虽众，可使无斗[8]。

译文

所以，如能预知交战的地点，预知交战的时间，那么，即使跋涉千里也可以去同敌人会战。不能预知在什么地方打，不能预知在什么时间打，那么就会出现左翼救不了右翼，右翼救不了左翼，前面不能救后面，后面不能救前面的情况，更何况想要在远至数十里，近也有数里的范围内做到协调作战呢？依我分析，越国的军队虽然众多，但对于决定战争的胜负又有什么补益呢？所以说，胜利是可以创造的，敌军虽多，但可以使他们无法同我方较量。

注释

1 故知战之地,知战之日,则可千里而会战:如能预先了解掌握战场的地形条件与交战时间,则可以奔赴千里与敌交战。汉简本"千里而会战"作"千里而战"。

2 不知战地,不知战日:汉简本"日""地"前均有"之"字。

3 "不知战地"至"近者数里乎"句:张预注:"不知敌人何地会兵,何日接战,则所备者不专,所守者不固。忽遇劲敌,则仓遽而与之战,左右前后犹不相援,又况首尾相去之辽乎?"所言甚是。汉简本无"而"字,"况"作"皇"。

4 以吾度之:吾,武经本作"吴"。度,估计、推测的意思,《诗·小雅·巧言》:"他人有心,予忖度之。"

5 越人之兵虽多:越人之兵,越国的军队。春秋时期,晋、楚争霸,晋拉拢吴以牵制楚国,楚则利用越来抗衡吴国,吴、越之间长期征伐无已。孙子为吴王论兵法,自然以越国为吴的主要假想作战对象。

6 亦奚益于胜败哉:奚,何、岂。益,帮助、补益。于,对于。武经本无"败"字,汉简本同。

7 胜可为也:为,造成、创造、争取的意思。胜可为,即言胜利可以积极造成。《形篇》从战争客观规律性角度发论,云"胜可知而不可为"。此处从主观能动性角度发论,认为只要充分发挥主观能动作用,胜利可以造成,即"胜可为"。两者之间并无矛盾。汉简本作"胜可擅也"。

8 敌虽众,可使无斗:言敌人虽多,但只要创造条件,就能够使他们无法同我方较量。汉简本作"適(敌)唯众,可毋斲也"。

原文

故策之而知得失之计[1],作之而知动静

译文

所以要通过分析判断,来了解敌人作战计划的优劣得失;要通过挑动敌人,来认识敌人的活动规律;要通过佯之理[2]，形之而知死生之地[3]，角之而知有余不足之处[4]。故形兵之极，至于无形[5]；无形，则深间不能窥，智者不能谋[6]。因形而错胜于众[7]，众不能知；人皆知我所以胜之形[8]，而莫知吾所以制胜之形[9]。故其战胜不复[10]，而应形于无穷[11]。

动示形，来掌握置敌死地的关键所在；要通过战斗侦察，来观察敌人兵力的虚实强弱。所以伪装伴动运用到绝妙的地步，就可不显示出任何痕迹。不显示任何形迹，那么，即使是深藏的间谍也窥察不到我军的底细，即便是高明的敌人也想象不出对付我军的办法。根据敌情变化而灵活运用战术，即便把胜利摆放在众人面前，众人仍然不能看出其中的奥妙。人们只能知道我用来战胜敌人的办法，却无从知道我是怎样运用这些办法出奇制胜的。所以每次战胜，都不是简单的重复，而是适应不同的敌情，变化无穷。

注释

1 策之而知得失之计：策，筹算、策度。得失之计，敌计之优劣得失。此句张预注曰："筹策敌情，知其计之得失。"甚是。

2 作之而知动静之理：作，兴起，此处指挑动。动静之理，指敌人的活动规律。此言我挑动敌人借以了解其活动的一般规律。

3 形之而知死生之地：形之，以伪形示敌。死生之地，指敌人之优势所在或薄弱致命环节。地，与下文"处"义同，非实指战地。言以示形于敌的手段，来了解敌方的优劣环节。

4 角之而知有余不足之处：角，量、校。曹操注："角，量也。"有余，指实（强）之处。不足，指虚（弱）之处。张预注："有余强也，不足弱也。角量敌形，知彼强弱之所。"

5 故形兵之极，至于无形：形兵，指军队部署过程中的伪装伴动。句意为我示形佯动臻于完善,则形迹俱无。汉简本无"故"字。

6 深间不能窥,智者不能谋:间,间谍。深间,指隐藏极深的间谍。窥,刺探、窥视。《说文》:"窥,小视也。"示形佯动达到最高境界,则敌之深间也无从摸测底细,聪明的敌人也束手无策。汉简本"智"作"知","不"作"弗",句末有"也"字。

7 因形而错胜于众:因,由、通过、依靠。因形,根据敌情而灵活应变。错,同"措",放置、安置之意。武经本"错"作"措"。

8 人皆知我所以胜之形:此言人们只见到我克敌制胜的情况。形,形状、形态,此处指作战的方式方法。

9 而莫知吾所以制胜之形:言众人无从得悉如何克敌取胜的内在奥妙。制胜之形,取胜的奥妙、规律。张预注:"立胜之迹,人皆知之,但莫测吾因敌形而制此胜也。"甚是。

10 故其战胜不复:复,重复。取胜的方法不重复,指作战方法随机制宜,灵活机动。

11 应形于无穷:应,适应。形,形状、形态,此处特指敌情。此句杜牧注:"敌每有形,我则始能随而应之以取胜。"

【原文】

夫兵形象水[1],水之形,避高而趋下[2];兵之形,避实而击虚[3]。水因地而制流,兵因敌而制胜[4]。故兵无常势,水无常形[5];能因敌变化而取胜者,谓之神[6]。故五行无常胜[7],四时

【译文】

用兵的规律就像流水,水的流动规律,是避开高处而流向低处;作战的规律是避开敌人的坚实之处而攻击敌人的弱点。水由地形的高低而制约其流向,作战则根据不同的敌情而制定不同的取胜方略。所以,用兵打仗没有固定刻板的模式,这正如水的流动不曾有一成不变的形态一样。能够根据敌情变化而灵活机动克敌制胜的,这就叫作用

无常位⁸,日有短长,月有死生⁹。

兵如神。五行相生相克没有固定的常胜,四季相移更替也没有不变的位置,白天有短有长,月亮有缺有圆。

注释

1 兵形象水:言用兵的规律如同水的运动规律一样。兵形,用兵打仗的方式方法,亦可理解为用兵的规律。

2 水之形,避高而趋下:水之形,水的活动形态。此句言水的活动趋向是避开高处流向低洼之地。"水之形",汉简本作"水形"。

3 兵之形,避实而击虚:言用兵的原则是避开敌人坚实之处,攻击其空虚薄弱的地方。此句汉简本作"兵胜辟实击虚"。

4 水因地而制流,兵因敌而制胜:制,制约、决定。制胜,制服敌人以取胜。此句意为水之流向受地形高低不同的制约,作战中的取胜方法则依据敌情不同来决定。汉简本句前有"故"字,"制流"作"制行"。

5 兵无常势,水无常形:此句言用兵打仗无固定刻板的态势或模式,犹如流水一样并无一成不变的形态。势,态势,《易·坤卦》:"地势坤。"常势,固定永恒的态势。常形,一成不变的形态。此句汉简本作"兵无成埶(势),无恒刑(形)"。

6 能因敌变化而取胜者,谓之神:意谓若能依据敌情变化而灵活处置以取胜,则可视之为用兵如神。张预注曰:"兵势已定,能因敌变动应而胜之,其妙如神。"此句汉简本作"能与敌化之胃神"。

7 五行无常胜:意谓金、木、水、火、土"五行"相生相克无定数。按,古人将金、木、水、火、土视为组成物质的最基本要素。始有"相生说",谓五行之间相互促进:"木生火,火生土,土生金,金生水,水生木。"而后有"相胜说",谓"五行"相互排斥、迭次相克:"水胜火,火胜金,金胜木,木胜土,土胜水。"不论"相生"抑或"相胜",五行间的关系是固定的。另外,当时还有"五行毋常胜"说,乃墨家后学的观点。《墨子·经下》云:"五行毋常胜,说在宜。"其含义是五行相遇固不免相胜,但并非一定不移。因种种机遇,且能生出变化来,大概是多方可以胜少。《经说》:"五:合水土火。火离然,火烁金,火多也。金靡炭,金多也。"就是无"常胜"之意。《孙子》云"五行无常胜",意近墨家后学"毋常胜"之说。这或许表明《孙子》一书有后人增附的现象。(墨家后学"五行毋常胜"说所反映的是战国中期以后的思想。)

8 四时无常位:此言春、夏、秋、冬四季推移变换永无止息。四时,春、夏、秋、冬。常位,固定不变的位置。

9 日有短长,月有死生:意谓白昼因季节变化有长有短,月亮因循环往复而有盈亏晦望。日,白昼。死生,月亮循环往复之"生霸"和"死霸",通指月亮盈亏晦明之变化。古人将一月之月相变化,顺次称为:初吉,既生霸,既望,既死霸。详可参阅王国维《生霸死霸考》(载《王静安先生遗书》)。此处《孙子》言五行、四时及日月变化,含义均如曹操注所云:"兵无常势,盈缩随敌。"

通论

《虚实篇》对军事活动中"虚""实"对立统一关系作了精辟分析,全面论述了作战指挥中争取主动权的基本原则和重要方法,在《孙子兵法》全书中占有极其重要的地位。

"虚实"的含义十分广泛,凡是构成战斗力的各种因素,诸如兵力的大小、优劣、众寡、强弱、分合,部队的劳逸、饥饱、治乱、懈备,部署的疏密、坚弱,兵势的锐钝,士气的高低,心理的勇怯,行迹的真伪,处境的安危,地形的险易等,都属于虚实的范畴。掌握虚实是否得当,转化虚实是否成功,运用虚实是否高明,直接关系着战争的胜负得失,从这个意义上说,虚实问题是作战指导上的关键所在。《虚实篇》从根本上解决了这一问题,因此备受人们推崇,如唐太宗李世民就作过这样的评价:"观诸兵书,无出孙武;孙武十三篇,无出《虚实》。夫用兵识虚实之势,则无不胜焉。"

李世民这一评价确非虚辞。孙子对"虚""实"之间辩证关系的认识和把握,在本篇中的确进入了出神入化的境界。他既讲清了"虚实"的核心,又讲到了运用"虚实"的手段、方法,还阐述了转化"虚实"的条件。可谓是包举无遗、深刻入微。

所谓"虚实"的核心宗旨,就是积极夺取作战的主动权,创造条件,争取优势,主动灵活地打击敌人。众所周知,主动权乃是军队行动的自由权。在战场上,谁失去行动自由,谁就面临失败的危险,可见,主动权即军队命脉之所系。孙子对这层道理早有深刻的领会,并用简洁深刻的一句话,概括揭示了牢牢掌握主动权的不朽命题:"致人而不致于人",即善于调动敌人而不被敌人所调动。孙子强调,这既是理解"虚实"关系的钥匙,也是正确运用"虚实"、转化"虚实"所要达到的目的。我们认为这一原则是孙子制胜之道的灵魂。无怪乎《李卫公问对》要这么说古代兵法:"千章万句,不出乎'致人而不致于人'而已。"

从这一认识出发,孙子探讨了运用和转化"虚实"的主要手段和方法,提出了著名的作战指导原则——"避实而击虚"。孙子认为作战的秘诀不外乎驾驭"虚""实"关系。要摆脱被动,赢得主动,关键在于使自己处"实"而让敌人据"虚"。然而构成"虚实"的因素不是一成不变的,它需要指挥员去发现,去创造,去把握,而实现这一步骤的有效途径,则是在军事行动中努力做到"避实击虚",完成敌我虚实态势的转变。如此,"致人而不致于人"的意图便得到了具体的落实,克敌制胜就有了充分的保证。

那么,如何将"避实而击虚"原则落到实处,使"致人而不致于人"的追求变成现实呢?孙子提出了一系列具体的措施。它们主要有以下几点:

第一,示形于敌,迷惑和欺骗敌人,使其暴露弱点,然后给予凌厉的打击。

示形动敌,这在《势篇》诸篇中即有论述。但孙子在本篇中是从"虚实"的全新视角对它进行阐发的,自有其特殊的意义。他强调指出,要设法使敌人暴露真情而我方巧妙隐蔽实力和作战意图，"形人而我无形"。而要做到这一点，就要实施战略佯动和欺骗，使敌人被牵着鼻子走，处处被动，"敌佚能劳之，饱能饥之，安能动之"。这样一来，敌人便无法对我构成巨大的威胁了，所谓"善攻者，敌不知其所守；善守者，敌不知其所攻"，即是这层意思。

第二，"以十击一"，即集中优势兵力，果断有效地打击敌人。

"众寡分合"是古代兵学的一个重要命题。其实质含义，就是集中兵力，在全局或局部造成优势，分一为二，各个击破敌人。孙子在本篇中集中阐述了这个命题，并把它看作是转化"虚实"，从而"致人而不致于人"的重要步骤。孙子主张集中优势兵力临敌制胜，即所谓"我专为一，敌分为十"，从而"以十击一""以众击寡"，夺取作战的胜利。当然，集中兵力要有一定的条件，其关键在于作战指导者发挥主观能动作用，"分合为变"，赢得主动。孙子对此有清醒的认识，所以他接着又说"形人而我无形，则我专而敌分"。通过欺骗、藏形等手段，使敌人的"四手"变成"两拳"，使自己的"两拳"变成四手"。在集中自己的兵力的同时，分散敌人的兵力，造成全局或局部的优势地位，"寡者，备人者也；众者，使人备己者也"。

第三，"攻其所必救"，即正确选择作战的主攻方向。

"避实击虚"的道理大家比较清楚，可是如何使它发挥应有的威力，则是一门艰深的学问。孙子提出"出其所不趋，趋其所不意"的思想，以正确选择作战主攻方向为突破口，指出一条如何避实击虚的康庄通衢，即出兵所攻击的既是敌人虚弱之处，同时又是关乎要害之处，使对手欲守不得，欲战不能，进退失据，彻底失败："攻而必取者，攻其所不守也；守而必固者，守其所不攻也。"

第四，"知战之地""知战之日"，察知战场地理，了解战场天候，并采取"策""作""形""角"等手段，全面掌握敌情。孙子认为，要贯彻"避实而击虚"作战方针，争取"致人而不致于人"，就需要掌握各种情况，从中分析利弊，制定正确的对策，这样就可以"千里而战"，保存自己，消灭敌人了。

孙子指出，军事指挥员所应了解和掌握的情况概略言之有两大类，一是天时地理，即"知战之地，知战之日"；二是敌情。一般情况下，第二类情况比较难以了解。为此，孙子着重论述了了解和掌握敌情的方法，"策之而知得失之计，作之而知动静之理，形之而知死生之地，角之而知有余不足之处"。应该说，这是非常具体而又行之有效的方法。它能够保证我方及时、全面掌握敌人的作战计划、活动规律、作战部署、强弱环节，为我方定下作战决心、制订作战计划、实施"避实击虚"提供客观根据，从而保障在作战中牢牢掌握主动权，"致人而不致于人"。

第五，因敌变化而取胜。

孙子强调指出："兵无常势，水无常形；能因敌变化而取胜者，谓之神。"这意思是说，高明的作战指导者在对敌作战过程中，要切忌僵化保守，拘泥成法，而必须根据敌情的变化，随时调整兵力部署，改变作战方式，始终保持主动："水因地而制流，兵因敌而制胜。"在孙子的观念中，唯有"因敌而制胜"，方可排除干扰，顺利实施"避实而击虚"的作战指导，真正做到"致人而不致于人"，驾驭"虚实"、运用"虚实"、转化"虚实"，由用兵的"必然王国"进入用兵的"自由王国"。

在详尽论述"虚实"的实质、运用和转化"虚实"的基础上，孙子在本篇中终于得出这样的结论：只要树立起正确的作战指导思想并实施适宜的作战措施，胜利就不但"可知"（可预见），而且也"可为"（可以创造），从而为本篇画上圆满的句号。

[战例]

齐魏桂陵之战

桂陵之战，也称作围魏救赵之战，是战国中期发生的一次著名战争。当时齐国的军事家孙膑，创造性地运用和发展了孙武"避实而击虚""攻其所必救""致人而不致于人"的作战指导思想,采取"围魏救赵""批亢捣虚"的战术,在今山东菏泽东北一带的桂陵地区,一举击败了实力强大的魏国军队。此战对战国整个战略格局的变化,产生了深远影响。

公元前445年,魏文侯即位后,任用李悝、吴起、西门豹等人,进行各方面的改革。在政治上,逐步废除了世袭的禄位制度,推行"食有劳而禄有功"的政策,建立起比较健全的君主统治政权。在经济上,"废沟洫",破坏贵族分封制经济基础井田制,"尽地力之教",抽"什一之税",创制"平籴法",兴修水利,鼓励开荒,促进了社会秩序的稳定和农业生产的发展。在军事上,建立了"武卒"制度,考选勇武有力的人加以训练,大大地提高了军队的战斗力。通过这些措施,魏国国力日渐强盛,成为战国初期最为强大的国家。魏惠王继位以后,继承文侯、武侯的事业,从事魏国霸业的进一步建设。他为了更好地向中原地区发展,遂于公元前361年将国都由安邑(今山西夏县)迁徙到大梁(今河南开封),继续向外扩张。这样一来,就直接威胁到齐、楚等其他大国的利益。其中尤以齐、魏之间的矛盾更为尖锐。

齐国也是大国,公元前356年,齐威王即位后,任用邹忌为相,改革政治,加强中央集权,进行国防建设,国力日渐强大。在魏国不断向东扩张的形势面前,齐国为了抗魏以达到兼并争霸的政治目的,就利用魏国和赵、韩之间的矛盾,展开了对魏的激烈斗争。

桂陵之战,就是在这样的背景下,于公元前353年爆发了。

当时,为了反抗魏国以达到兼并土地、扩张势力的目的,赵成侯于公元前356年在平陆(今山东汶上)和齐威王、宋桓侯相会结好,同时又和燕文公在阿(今河北高阳北五十里)相会。公元前354年,赵国向依附于魏国的卫国发动了战争,迫使卫国屈服称臣。魏国借口保护卫国,即出兵包围了赵国国都邯郸。赵与齐是盟国,邯郸局势危急,赵国遂于公元前353年向齐国请求支援。

齐威王召集大臣商议救赵事宜,齐相邹忌主张不去救赵。齐将段干朋则认为"不救则不义,且不利",不救赵既失去对赵国的信用,又会给齐国自身带来麻烦。但是他同时指出,从当时的战略形势来考虑,如果把军队直接开往邯郸去救赵,赵国既不会遭到损失,魏军也不会消耗实力,这对齐国的长远利益不利。因此,他主张实施使魏与赵相互削弱,而后"承魏之弊"的战略方针。具体地说,是先派一部分兵力南攻襄陵,以牵制和疲惫魏国。待魏军攻破邯郸师老兵疲之时,再予以正面的攻击。段干朋这一谋略,显然有一石三鸟的用意:南攻襄陵,可使魏国陷于两面作战的困境,是为其一;向赵表示了援助的姿态,信守盟约,维持两年前在平陆相会时所建立的两国友好关系,帮助赵国坚定其抗魏的决心,是为其二;让魏、赵继续冲突攻伐,最后导致赵国遭受重创、魏国实力削弱的结果,从而为齐国战胜魏国和日后控制赵国创造有利条件,是为其三。

段干朋的建议,完全符合齐国统治集团的利益,因此为齐威王所欣然采纳。齐威王决定以少量军队联合宋、卫南攻襄陵,主力暂时按兵不动,静观事态发展,准备伺机出动,以"承魏之弊"。

当时魏国的扩张,使楚国也受到很大的威胁,因此,楚宣王乘魏国出兵攻赵、后方空虚的时候,派遣景舍为将,率领部分军队向魏国南部的睢、涉地区进攻。这样,魏国实际上已处于三面作战的境地。幸亏其实力雄厚,还能够从容应付。

魏国以主力攻赵,两军相持了一年多。当邯郸形势危在旦夕,赵、魏两国均已疲惫之时,齐威王认为出兵的时机已经成熟,于是就命令田忌为主将,孙膑为军师,统率大军救援赵国。

田忌打算直奔邯郸,同魏军主力交战,以解邯郸之围。孙膑不赞成这种硬碰硬的打法,提出了"批亢捣虚""疾走大梁"的正确策略。他说:"要解开乱成一团的丝线,不能用手硬拉硬扯;要排解别人的打架,自己不能直接参与进去打。派兵解围的道理也是这样,不能以硬碰硬,而应该采取'批亢捣虚'的办法,就是撇开强点,攻击弱点,避实击虚,冲其要害,使敌人感到形势不利,出现后顾之忧,自然就会解围了。现在魏、赵相攻经年,魏军的精锐部队都在赵国,留在自己国内的是一些老弱残兵,将军您应该迅速向魏国的都城大梁进军,切断魏国的交通要道,攻击其防备空虚的地方。这样一来,魏军必然被迫回师自救,我们可以一举而解救赵国之围,同时又能使魏军疲惫,便于我们击败他们。"

田忌采纳了孙膑的"批亢捣虚"建议,统率齐军主力向魏国国都大梁进军。大梁是魏国的政治经济中心。大梁危急,魏军不得不以少数兵力控制历尽艰辛刚刚攻下的邯郸,而以主力急忙回救大梁。这时,齐军已将桂陵作为预定的作战区域,迎击魏军于归途。魏军由于长期攻赵,兵力消耗很大,加以长途跋涉,士卒疲惫不堪,面对占有先机之利、休整良好、士气旺盛的齐军的截击,完全陷入被动挨打的困境,终于遭到惨重的失败,已占的邯郸等赵地,也就得而复失了。

齐国在桂陵之战和随后的马陵之战中的大获全胜,使得魏国的实力遭到严重削弱,从此,齐、魏在东方形成了均势,平分了东方的霸权,后来到"会徐州相王"时,强盛一时的魏国终于向齐国表示了屈服,战国的形势由此发生重大转折。

在桂陵之战中,孙膑所使用的"批亢捣虚""围魏救赵"的战法,实际上是一次创造性运用和发展孙子"虚实"原则的伟大实践,故为数千年来广大兵家所重视、研究和运用。素号"怯弱"的齐军所以能打败实力强大的魏军,是由于选择了魏赵双方精疲力竭的有利时机,又选择了正确的作战方向,进攻敌人既是要害又呈空虚的国都大梁,迫使魏军回师救援,陷入被动挨打的地位,在战略上战术上都失去了主动权。而齐军则以逸待劳,一举取胜。在整个战争过程中,我们看到孙子的《虚实篇》精彩理论,如"攻其所必救","众者,使人备己者","先处战地而待敌","致人而不致于人"等,都经受了实战的检验。

军争篇

导读

　　本篇主要论述在一般情况下夺取制胜条件的基本规律。其中心思想就是怎样趋利避害,力争掌握战场的主动权。孙子十分重视对有利作战地位的争取,并从辩证思维的高度,论证了"军争"的有利面和不利面,主张要善于做到"以迂为直,以患为利";强调做好对军争充分的了解和准备,即察知"诸侯之谋",得"山林、险阻、沮泽之形"与重"用乡导"。在争夺主动权的过程中,孙子要求指挥者坚持和运用"兵以诈立,以利动,以分合为变"的原则,做到"悬权而动"。孙子还充分重视统一号令的意义,提倡军队进退攻守必须具备明确的标识和要求。为了确保战争主动权的掌握,孙子主张在军队行动过程中,贯彻"四治"的具体要求,其中"避其锐气,击其惰归"的主张,已成为著名的军事原则,为后人所重视和广泛运用。本篇结尾处,孙子归纳总结了八条"用兵之法"。这些原则,虽然带着一定时代的局限性,但从总体来看,大多经受住了历史的检验,成为我国优秀兵学文化传统中的重要内核。

　　军争,指两军争利争胜,即敌我双方争夺取胜的有利条件——有利的战地和战机。曹操注曰:"两军争胜。"李筌注曰:"争者,趋利也。虚实定乃可与人争利。"张预注:"以军争为名者,谓两军相对而争利也。先知彼我之虚实,然后能与人争胜,故次《虚实》。"以上各家注均符合孙子的本旨。汉简本此篇篇题列《实虚》之前，不确。

原文

孙子曰：凡用兵之法，将受命于君，合军聚众[1]，交和而舍[2]，莫难于军争[3]。军争之难者，以迂为直，以患为利[4]。故迂其途而诱之以利[5]，后人发，先人至[6]，此知迂直之计者也[7]。

译文

孙子说：大凡用兵的法则，将帅接受国君的命令，从征集民众、组织军队直到同敌人对阵，在这过程中没有比与敌人抢先争取制胜条件更为困难的了。而争夺制胜条件最困难的地方，在于要把迂回的弯路变为直路，要把不利转化为有利。同时，要设法使敌人的近直之利变为迂远之患，并用小利引诱敌人，这样就能比敌人后出动而率先抵达所要争夺的战略要地。这就是掌握了以迂为直的方法。

注释

1 合军聚众：合，聚集、集结，《诗·大雅·民劳》郑笺："合，聚也。"此句意为征集民众，组织军队。梅尧臣注："聚国之众，合以为军。"

2 交和而舍：意谓两军剑拔弩张对垒而处。交，接、接触。《易·泰卦》："天地交而万物通也。"和，和门，即军门。曹操注："军门为和门。"交和，曹操注："两军相对为交和。"舍，止、止宿。

3 莫难于军争：于，比。军争，两军争夺制胜条件，即有利的态势和先机之利。

4 以迂为直，以患为利：迂，曲折、迂远。《史记·河渠书》："北渡迂兮浚流难。"直，近便的直路。《诗·小雅·大东》："周道如砥，其直如矢。"此句张预注曰："变迂曲为近直，转患害为便利。"甚是。

5 故迂其途而诱之以利："其""之"均指敌人。迂，此处用作使动。前句就我而言,此句则就敌而言。军争时既要使己"以迂为直,以患为利",也要善于使敌以直为迂,以利为患,而达到这一目的,在于以利引诱敌人,使其行迂趋患,陷入困境。

6 后人发,先人至:比敌人后出动,却先抵达目的地。汉简本"至"下有"也"字。

7 此知迂直之计者也:知,这里是掌握的意思。计,这里是方法、手段的意思。汉简本无"此"字。

〔原文〕

　　故军争为利,军争为危[1]。举军而争利则不及[2],委军而争利则辎重捐[3]。是故卷甲而趋[4],日夜不处[5],倍道兼行[6],百里而争利,则擒三将军[7],劲者先,疲者后,其法十一而至[8];五十里而争利,则蹶上将军[9],其法半至[10];三十里而争利,则三分之二至[11]。是故军无辎重则亡,无粮食则亡,无委积则亡[12]。

〔译文〕

　　所以,争取制胜条件既有有利的一面,同时也有危险的一面。如果全军携带所有装备辎重去争利,就无法按时抵达预定地域;如果放下辎重装备去争利,辎重装备就会损失。因此卷起铠甲轻装急进,昼夜不停,行程加倍连续军,走上百里路去争利,那么三军的将领就可能被敌所俘,健壮的士卒先到,疲弱的士卒掉队,其结果是只会有十分之一的兵力到位。走五十里路去争利,先头部队的将领就会受挫折,只有一半的兵力能够到位。走上三十里路去争利,也仍然只有三分之二的兵力能到位。要知道军队没有辎重就会失败,没有粮食就无法维持,没有物资储备就不能生存。

注释

1 军争为利,军争为危:为,这里作"是""有"解。《孟子·滕文公》:"将为君子焉,将为野人焉。"赵岐注:"为,有也。"此句言军争既有有利的一面,也有不利的一面。梅尧臣注:"军争之事,有利也,有危也。"武经本"军争为危"作"众争为危"。

2 举军而争利则不及:举军,带着所有装备辎重行动。此言若仅看到军争有利的一面而携带全部装备辎重去争夺,则必为装备辎重所累,行动迟缓,不能及时赶到预定地点。梅尧臣注:"举军中所有而行则迟缓。"

3 委军而争利则辎重捐:梅尧臣注:"委军中所有而行则辎重弃。"意谓如果丢下装备辎重轻兵捷进,则装备辎重将会受到损失。委,舍弃、丢弃。辎重,包括军用器械、粮秣、被服等。捐,弃、损失。

4 卷甲而趋:卷,收、藏的意思。《论语·卫灵公》:"邦有道则仕,邦无道,则可卷而怀之。"刘宝楠《正义》:"卷,收也。"

5 日夜不处:处,可解作"止""息",可参见《说文》。此句言夜以继日,不得休息。

6 倍道兼行:倍道,行程加倍。兼行,日夜不停地进军。

7 则擒三将军:擒,俘虏、擒获。三将军,指上、中、下三军的主帅。此句意为若奔赴百里,一意争利,则三军的将领会成为敌之俘虏。

8 劲者先,疲者后,其法十一而至:十一,即什一、十分之一。意谓士卒强壮者先到,疲弱者掉队,这种做法的结果,只有十分之一的兵力能够到位。汉简本"而"作"以"。

9 五十里而争利,则蹶上将军:言奔赴五十里而争利,则前军将领会受挫折。蹶,失败、损折。上将军,指前军、先头部队的统帅,贾林注:"上犹先也。"汉简本作"厥上将"。

10 其法半至:通常的结果是部队只能有半数到位。汉简本作"法以半至"。

11 三十里而争利,则三分之二至:此言奔赴三十里以争利,则士卒也仅
能有三分之二及时到位。

12 军无辎重则亡,无粮食则亡,无委积则亡:此句张预注曰:"无辎重则
器用不供,无粮食则军饷不足,无委积则财货不充,皆亡覆之道。"甚
是。委积,泛指物资储备。《周礼·地官·遗人》:"掌邦之委积,以待
施惠。"郑玄注:"少曰委,多曰积。"

[原文]

故不知诸侯之谋者,不能豫交[1];不知山林、险阻、沮泽[2]之形者,不能行军;不用乡导[3]者,不能得地利。故兵以诈立[4],以利动[5],以分合为变[6]者也。故其疾如风[7],其徐如林[8],侵掠如火[9],不动如山[10],难知如阴[11],动如雷震[12]。掠乡分众[13],廓地分利[14],悬权而动[15]。先知迂直之计者胜[16],此军争之法也。

[译文]

所以,不了解诸侯列国的战略意图,不能与其结交;不熟悉山林、险阻、沼泽的地形,不能行军;不重用向导,便不能得到地利。用兵打仗必须依靠诡诈多变才能成功,依据是否有利来决定自己的行动,按照分散或集中兵力的原则来变换战术。所以,军队行动迅速时就像疾风骤起,行动舒缓时就像林木森然不乱,攻击敌人时像烈火燎原,实施防御时像山岳耸峙。隐蔽时如同阴天,冲锋时如同雷霆。掳掠敌方的乡邑,要分兵四处进行;扩展自己的领土,要分兵扼守要津。权衡利害得失,然后相机行动。事先懂得以迂为直方法的将帅就能取得胜利,这是争夺制胜条件的原则。

[注释]

1 不知诸侯之谋者,不能豫交:谋,图谋、谋划。豫,通"与",参与。《左

传·隐公元年》:"豫凶事,非礼也。"豫交,即结交诸侯。一说"豫"作"预",亦通。此句言如不知诸侯列国的谋划、意图,则不宜与其结交。

2 沮泽:指水草丛生的沼泽地带。《礼记·王制》:"居民山川沮泽。"孔颖达疏引何胤云:"沮泽,下湿地也。"

3 乡导:即向导,熟悉当地情况的带路者。

4 兵以诈立:立,成立,此处指成功、取胜,《论语·为政》:"三十而立。"此句言用兵打仗当以诡诈多变取胜。

5 以利动:言用兵打仗以利益大小或有无为行动准则。

6 以分合为变:分,分散兵力;合,集中兵力。此句言用兵打仗应视不同情况而灵活处置兵力,或分散,或集中。张预注:"或分散其形,或合聚其势,皆因敌动静而为变化也。"

7 其疾如风:意为行动迅捷,如飘风之疾。张预注:"其来疾暴,所向皆靡。"

8 其徐如林:此言部队从容推进,行列整肃,犹似森然不乱之林木。徐,舒缓,《左传·昭公二十年》:"清浊大小,短长疾徐。"

9 侵掠如火:攻击敌军恰似烈火之燎原,不可向迩,不可抵御。侵,越境进犯。掠,掠夺物资。侵掠,这里意为攻击敌军。

10 不动如山:言屯兵防守有似山岳之不可撼动。杜牧注:"闭壁屹然不可摇动也。"甚是。

11 难知如阴:言隐蔽真形,使敌莫测,有如阴云蔽日不辨辰象。李筌注:"其势不测如阴,不能睹万象。"

12 动如雷震:张预注:"如迅雷忽击,不知所避。"

13 掠乡分众:言分兵数路以掳掠敌国乡邑。陈皞注:"夫乡邑村落,固非一处,察其无备,分兵掠之。"掠,一说当作"指"。

14 廓地分利:此言开土拓境,分兵占领扼守有利之地形。张预注:"开廓平易之地,必分兵守利,不使敌人得之。"廓,开拓、扩展。《荀子·修身》:

击堂堂之陈[11]，此治变者也[12]。 | 敌人，不要去进攻阵容壮大、实力雄厚的敌人，这是掌握灵活机变的方法。

注释

1 故三军可夺气：夺，此处作"失"解，《荀子·富国》："罕兴力役，无夺民时，如是则国富矣。"气，指旺盛勇锐之士气。此句意谓三军旺盛勇锐之气可以挫伤使之衰竭。武经本无"故"字。

2 将军可夺心：指将帅的意志和决心可以设法使之动摇。张预注："心者，将之所主也。夫治乱勇怯，皆主于心。故善制敌者，挠之而使乱，激之而使惑，迫之而使惧，故彼之心谋可以夺也。"

3 朝气锐，昼气惰，暮气归：归，止息。《广雅》："归，止息也。"这里指士气衰竭。此句言士气变化的一般规律是：始时锐不可当，继而渐趋懈怠，最终完全衰竭。梅尧臣注："朝，言其始也；昼，言其中也；暮，言其终也。"

4 避其锐气，击其惰归：张预注曰："善用兵者，当其锐盛则坚守以避之，待其惰归则出兵以击之。"

5 此治气者也：意为此乃掌握运用士气变化的通常规律。张预注："善治己之气以夺人之气者也。"

6 以治待乱：以严整有序之己对付混乱不整之敌。贾林注："以我之整治待敌之挠乱。"治，整治。待，对待、对付。《左传·宣公十二年》："内官序当其夜，以待不虞。"

7 以静待哗：言以沉着镇静之己对付轻躁喧动之敌。贾林注："以我之清静，待敌之喧哗。"哗，鼓噪喧哗，指骚动不安。《尚书·费誓》："公曰：'嗟，人无哗，听命。'"

8 此治心者也：此乃掌握利用军队将士心理的通常法则。张预注："善治己之心以夺人之心者也。"

9 此治力者也：此乃掌握运用军队战斗力的基本方法。张预注："近以
待远，佚以待劳，饱以待饥，诱以待来，重以待轻，此所谓善治己之力
以困人之力者也。"

10 无邀正正之旗：邀，遮阻、拦截、截击。《三国志·魏书·刘放传》："帝
欲邀讨之，朝议多以为不可。"正正，严整的样子。张预注："谓形名
齐整也。"此言勿发兵截击旗帜齐正、队伍整治之敌。汉简本"无"作
"毋"，"邀"作"要"。

11 勿击堂堂之陈：陈，同"阵"。堂堂，壮大。张预注："行阵广大。"言不
要去攻击阵容壮大、实力雄厚的敌人。

12 此治变者也：言此乃掌握机动应变的一般方法。

原文

故用兵之法：高
陵勿向[1]，背丘勿逆[2]，
佯北勿从[3]，锐卒勿
攻[4]，饵兵勿食[5]，归
师勿遏[6]，围师必阙[7]，
穷寇勿迫[8]，此用兵
之法也。

译文

所以，用兵的基本原则是：敌人占领山地时不要去仰攻，敌人背靠高地时不要正面去迎击，敌人假装败退时不要跟踪追击，敌人的精锐不要去攻击，敌人的诱兵不要去理睬，敌军退回本国时不要去拦截，包围敌人时一定要虚留缺口，敌人已陷入绝境时不要过分逼迫。这些都是用兵的一般法则。

注释

1 高陵勿向：意为敌人如果占据了高地，我军就不要进攻。梅尧臣注：
"敌处其高，不可仰击。"向，指仰攻，杜牧注："向者，仰也。"

2 背丘勿逆：此言敌人如果背倚丘陵险阻，我们就不要去正面进攻。背，
倚托的意思，杜牧注："背者，倚也。"逆，迎击。汉简本此句作"倍丘
勿迎"。

3 **佯北勿从**：言敌人若是伪装败退，我军就不要追击。张预注："敌人奔北，必审真伪。"佯，伪装、假装。《荀子·非十二子》："利心无足，而佯无欲者也。"北，败逃、败走。从，追随、跟随。汉简本"佯"作"详"，义同。

4 **锐卒勿攻**：杜牧注："避实也。"意谓敌人的精锐部队，我军不要去攻击。

5 **饵兵勿食**：此谓敌人若以小利作饵引诱我们，则不要理睬他们。饵，诱饵，以利相诱。《汉书·贾谊传赞》："施五饵三表以系单于。"汉简本无此句。

6 **归师勿遏**：此言对于正在退还本国的敌师，不要正面阻截他们。孟氏注："人怀归心，必能死战，则不可止而击也。"遏，拦阻、阻截、截击。

7 **围师必阙**：对敌进行包围作战，当留有缺口，避免使敌作困兽之斗。张预注："围其三面，开其一角，示以生路，使不坚战。"阙，同"缺"，缺口。汉简本此句在"归师勿遏"句前，且"遏"作"谒"，"必阙"作"遗阙"。

8 **穷寇勿迫**：谓对陷入绝境之敌，不要加以逼迫，以免其狗急跳墙、穷鼠啮狸，作垂死挣扎。穷，困厄。汉简本无此句。

通论

本篇主要论述在通常情况下夺取制胜条件的基本规律，中心思想是如何趋利避害，保证军队在开进和接敌运动过程中争取先机之利，立于不败之地。

与《九变篇》主要论述作战"变法"问题有所不同的是，《军争篇》集中讨论了军事行动中的"常法"问题。如军事后勤保障上的"常法"："军无辎重则亡，无粮食则亡，无委积则亡。"作战指导上的常法："兵以诈立，以利动，以分合为变。"发挥军队战斗力的常法：著名的"治气""治心""治力""治变"等"四治"理论。统一号令和严格战场纪律的"常法"："夫金鼓、旌旗者，所以一人之耳目也。人既专一，则勇者不得独进，怯者不得独退，此用众之法也。"以及用兵制胜的一般性"常法",所谓的用兵八戒等等。由此可见,本篇所有文字都是围绕作战"常法"问题而层层递进、依次展开的,是探讨争夺先机之利的精彩篇章,在《孙子兵法》全书中占有突出的地位。以下我们即就本篇一些重要军事观点作具体的分析:

(一)关于争夺先机之利问题的辩证认识。

孙子高度重视对有利作战地位的争取,认为这是掌握主动权、赢得战争胜利的重要条件,同时他又从辩证思维的角度,充分论证了"军争"的有利和不利,主张在军队开进过程中,要善于做到"以迂为直,以患为利",考虑各种客观因素,通晓利弊关系,调动敌人,"后人发,先人至",先敌占取有利战机,指出这样才算是"知迂直之计者"。为了确保军争的顺利成功,孙子强调做好各方面的充分准备,即了解"诸侯之谋",察知"山林、险阻、沮泽"等地形条件,任用"乡导",以及搞好"辎重""粮食""委积"等后勤保障等等。

对普通人来说,了解"军争"的有利面并非太困难的事情,然而能懂得"军争"的不利处,却为数寥寥。所以孙子在篇中着重指出了争夺先机之机不当而可能引起的后果,分别列举了"百里而争利""五十里而争利"以及"三十里而争利"一味蛮干的危害。这表明孙子的论述,既照顾了全面,又突出了重点,强调了关键,是真正把握了用兵精髓。

战国时期赵国名将赵奢率军大破秦师的阏与之战,可谓是历史上成功运用孙子"迂直之计"的光辉典范。在这次作战中,赵奢"以迂为直,以患为利",避开强秦的兵锋,越过险阻,轻装急进,神速地抢占有利阵地北山,取得了战争的主动权,夺得胜利,使秦国蒙受了一次战国以来少有的严重挫折。所以,此战后来也被作为"示缓而先据要地"取胜的成功战例,对孙子的"军争"理论作出了实战诠释。

(二)关于"兵以诈立,以利动,以分合为变"的作战指导原则。

为了夺取先机之利,孙子要求作战指导者在军队接敌运动过程中,自始至终坚持和贯彻"兵以诈立,以利动,以分合为变"的指导原则,达到这样的理想境界:有利可夺时,军队行动"其疾如风";无利可夺时,军队行动"其徐如林"。一旦进攻,要像烈火燎原,无坚不摧;一旦防御,要像山岳耸峙,岿然不动。需要隐蔽时,要做到如同阴云蔽天,使敌人无从筹措;需要冲锋时,要做到如同雷霆突鸣,使敌猝不及防。一切"悬权而动",唯求所向无敌,战胜强敌。孙子这一作战指导原则,文字不多,但内容精辟,它不但回答了夺取先机之利的条件和主要手段,而且也概括包举了孙子制胜之道的主要内涵和基本特征。

所谓"兵以诈立",是说用兵的根本特征在于诡诈奇谲。不诡诈无以成功,宋襄公式的"仁义"只会导致"覆军杀将",贻笑天下。短短四字,将军事斗争的属性揭示无遗,真是高屋建瓴,振聋发聩。

所谓"以利动",说的是从事战争当以利害关系为最高标准。有利则打,无利则止,一切以利益的大小为转移,这实际上反映了孙子的战争宗旨,是其新兴阶级功利主义立场在军事斗争原则上的具体体现。

所谓"以分合为变",这指的是孙子制胜之道的重要手段。中心含义是灵活用兵,巧妙自如地变换战术,或分或合,"悬权而动",掌握战场主动权。它是"兵以诈立"的必然要求,体现了孙子兵学注重灵活变化,讲求出奇制胜的精神风貌。

孙子这一思想,具有重要的时代意义。这就是它从根本上划清了同《司马法》为代表的旧"军礼"的界限,正确揭示了军事斗争的基本规律。对于这一点,不少后人是洞若观火的。南宋郑友贤《十家注孙子遗说并序》中的一段话就是典型的例子。他说:"《司马法》以仁为本,孙武以诈立;《司马法》以义治之,孙武以利动;《司马法》以正,不获意则权,孙武以分合为变。"最为贴切地区分了两者不同的特色。从这个意义上说,孙子兵学不愧为迎合"出奇设伏,变诈之兵并作"时代要求的杰出代表。

(三)关于"治气""治心""治力""治变"的基本主张。

为了夺取有利的作战地位,掌握战争的主动权,孙子进而主张在军队行动过程中,贯彻"四治"的具体要求,即搞好全军上下"治气""治心""治力""治变"的各个环节,树立必胜的信念,激励士气,统一号令,灵活应变,捕捉战机,去夺取胜利。

所谓"治气",就是"避其锐气,击其惰归",其核心就是后发制人,实施积极防御,即以防御为手段,以反攻为目的的攻势防御。所谓"治心",就是"以治待乱,以静待哗",即以己之严整对付敌之混乱,以己之镇静对付敌之轻躁。其实质是要求沉着冷静,从容对敌。所谓"治力",就是"以近待远,以佚待劳,以饱待饥",其核心即是要求"先为不可胜",以强大的军事实力为后盾,为争取先机之利创造条件。所谓"治变",就是指"无邀正正之旗,勿击堂堂之陈"。其中心意思即不打无把握之仗,不同敌人拼消耗,而要同敌人斗智斗谋,以灵活机动取胜。孙子的"四治"理论,是对战争实践的理性总结,符合作战行动的内在规律,因此为后人所重视和广泛运用,其中"避其锐气,击其惰归"等主张,业已成为经典性的军事原则,在硝烟弥漫的战场上大显身手,屡试不爽。

在本篇的结尾处,孙子还归纳总结了八条"用兵之法",即有名的"用兵八戒"。这些原则,是以丰富的战争实践活动为基础的,他中间某些提法在今天已显得陈腐过时,但在当时却不乏重要的价值,反映了当年孙子在探索真理时所能达到的高度,值得肯定。

[战例]

秦赵阏与之战

公元前269年,秦国发兵攻打赵国,围困阏与(今山西省和顺西)。赵王派大将赵奢率兵解围。赵奢巧妙地运用迂直之计,先用种种手段麻痹秦军,使秦军失去警惕,然后昼夜兼程,急行军抢占有利地形——北山,"后人发,先人至",大败不可一世的秦军,解救了阏与之围。这是古代战争史上运用迂直之计取得胜利的成功战例,是《孙子兵法·军争篇》

基本思想的重要史证。

战国中后期以来,秦国在不断胜利的基础上,经过几十年的发展,齐国已经不是它的对手了,楚国也多次在战争中失败。战国后期还有力量和秦国进行较量的,只剩下了赵国。当时,赵惠文王在位,他任用蔺相如、廉颇、赵奢、乐毅等人,外拒强秦,内安百姓,使"民富而府库实"。赵国又不断攻占了齐、魏的土地,这段时间里,赵国"尝抑强齐四十余年,而秦不能得所欲"(《战国策·赵策三》),成为秦国的主要对手。

公元前269年,秦国派遣中更胡阳率军进攻赵之阏与。赵王召集诸将研究战局,讨论是否派兵解围。大将廉颇和乐乘都认为,从赵国都城邯郸到阏与之间,路途遥远而地形险狭,难以取胜,所以不宜出兵。赵王又询问赵奢的意见,赵奢作出了不同的回答:道路远又狭窄,这就好像两只老鼠在洞里相斗,只要将帅勇敢有谋,就能取胜。赵王十分欣赏赵奢的识见和魄力,于是派他率领大军前去解围。

赵王对赵奢的信任不是偶然的,赵奢在当时的赵国,是一个很有影响的将领,声望和廉颇相去不远。他早年做过赵国的田税官,不畏权势,曾惩办过不守法令拒交租税的赵国贵族平原君家的管事九人。后来,他又曾主持整个国家的田赋管理工作,使赵国百姓富裕而国家府库充实,大大增强了赵国的国力。可见他是一位有作为的政治家。赵奢同时也是一位很好的将领,他领兵为将,能够做到和士卒同甘苦,治军严谨,军队战斗力很强。正是凭借着多方面优秀条件,赵奢才能临危受命,去同秦军决一死战。

赵奢带领军队出了邯郸城,往西刚走了三十里地,就下令停止前进,就地驻扎下来。同时还不断增修工事,以示长期驻守、无心去救阏与的意向。赵奢还下令全军:"有谁上书言与秦军战者斩!"

秦军进至武安(今河北武安西南)附近,多次大擂战鼓向赵军挑战,鼓声都震动了武安城内的屋瓦。这时,赵奢军中有一人要求迅速出兵去援救武安,赵奢立即下令斩杀该人。赵奢按兵不动二十八日,秦派奸细窜入赵军营中刺探虚实动静，赵奢优厚地款待了奸细，不加丝毫的防范，有意让他了解赵军坚守的情况。秦军奸细返回营寨后，将赵军坚壁不出的情况向秦将作了详细的汇报。秦将闻之大喜，说：赵奢的军队离开国都三十里就停止前进，而且还在继续增强防御工事，看来阏与这个地方是不会再属赵国所有了。遂对赵奢大军失去了戒备。

赵奢在放走秦军奸细之后，下令全军卷起铠甲，轻装急进，奔赴阏与。赵军避过正面的秦军，只用了两天一夜的工夫，就到达了离阏与仅五十里的地方。在那里赵奢修筑工事，并部署善于射箭的士兵把守，准备迎头痛击来犯的秦军。

当赵奢这边军营壁垒建成以后，秦军才得知消息，秦将赶忙率军队向阏与开进。这时赵军中有个名叫许历的军士，表示要向赵奢提出迎战秦军的建议，赵奢请他入帐细说，许历遂建议说：我军这次出敌不意地开到这里，秦军一定恼羞成怒，气势一定很凶猛；将军必须严整军阵，集中兵力把守阵地以等待秦军，不然就会失败。赵奢对许历的建议深表赞同。许历根据赵奢原先定下的军令，认为自己提出了关于作战的建议，应该被处死，于是请求伏法。但是，赵奢却说，现在情况已发生了变化，应该执行新的军令，而不必墨守旧令了。

秦军马不停蹄向赵军扑来，两军之间的厮杀迫在眉睫。这时许历再次向赵奢献计："北山的位置十分重要，我们必须抢先占领，这个制高点乃是决定战争胜负的关键，谁先占领谁就能处于有利的地位，否则就难免失败。"赵奢马上命令赵军一万人急速登上北山，抢先占据了这一险要地形。秦军迟到一步，见赵军已占领北山，就下令全力进攻，企图从赵军手中夺回北山。赵奢见秦军争山，便命令赵军居高临下勇猛冲杀。秦军由于是被动应战，所处地形又极为不利，结果被赵军打得大败，死伤惨重，被迫退兵。赵奢从而胜利地解了阏与之围。

赵奢大军凯旋返回邯郸后，赵王为了奖励赵奢的卓著军功，封他为马服君，与廉颇、蔺相如位禄相等。赵王还任命许历担任国尉。

阏与之战使秦蒙受自战国以来少有的一次严重挫折。阏与之战后来也被称为"示缓而先据要地"取胜的成功战例。

赵奢在这场战争中,首先采取在离邯郸三十里处坚壁固守的做法,从而造成了秦将认为他不敢去救援阏与的错觉,达到了麻痹敌军的目的,为绕道急行、抢占有利地形创造了条件。这就如孙子《军争篇》中所说的:"兵以诈立。"为了确保己方作战意图的实现,赵奢严肃军令,诛杀违背军令随意要求开战的军士,这是孙子"勇者不得独进,怯者不得独退"精神在治军中的反映。待秦军上当受骗后,赵奢又"以迂为直,以患为利",避开敌人,越过险阻,轻装急进,神速地抢占有利阵地,做到了军队行动"其疾如风,其徐如林,侵掠如火,不动如山,难知如阴,动如雷震"的要求。最后,在正式交战之前,赵奢又能虚心听取部下的建议,首先占领险要难攻的北山阵地,完全取得了战争的主动权,赢得辉煌的胜利。这一胜利的取得,就在于赵奢真正理解了"迂直之计"的奥秘,并在实战中予以巧妙的运用。

九变篇

导读

　　本篇主要论述在作战过程中如何根据特殊的情况,灵活变换战术以赢得战争的胜利,集中体现了孙子随机应变、灵活机动的作战指挥思想。孙子主张将帅应该根据五种不同的地理条件实施灵活的指挥,并明确提出以"五不"为内容的随机应变处置军事行动的基本原则。要求将帅必须做到全面、辩证地看问题,见利思害,见害思利,从而趋利避害,防患于未然。孙子还深刻地阐述了有备无患的备战观点,指出不能寄希望于敌人"不来""不攻",而应立足于自己做好充分的准备,具备坚强的实力。为了真正贯彻"九变"的灵活作战指导原则,孙子特别重视将帅队伍的建设,所以在本篇的结尾处,孙子语重心长地叮嘱身为将帅的人:要防止自己性格上"必死""必生""忿速""廉洁""爱民"等五种缺陷,避免导致"覆军杀将"的五种危害。

　　九变:九,多的意思。变,改易、机变。《周易·系辞上》:"一阖一辟谓之变。"孔颖达《正义》云:"一阖一辟谓之变者,开闭相循,阴阳递至。"这里指的是军事行动中灵活机动,应变自如。王皙注:"九者数之极;用兵之法,当极其变耳。"张预注:"变者,不拘常法,临事适变,从宜而行之谓也。"以上各家注均符合孙子原旨。

［原文］

孙子曰：凡用兵之法，将受命于君[1]，合军聚众，圮地无舍[2]，衢地交合[3]，绝地无留[4]，围地则谋[5]，死地则战[6]。涂有所不由[7]，军有所不击[8]，城有所不攻[9]，地有所不争[10]，君命有所不受[11]。故将通于九变之地利者，知用兵矣[12]；将不通于九变之利者，虽知地形，不能得地之利矣[13]。治兵不知九变之术[14]，虽知五利[15]，不能得人之用矣[16]。

［译文］

孙子说：通常用兵的法则：将帅接受国君的命令，征集民众组织军队，出征时在"圮地"上不可驻扎，在"衢地"上应结交邻国，在"绝地"上不要停留，遇上"围地"要巧设奇谋，陷入"死地"要殊死战斗。有的道路不要通行，有的敌军不要攻打，有的城邑不要攻取，有的地方不要争夺，国君有的命令可以不去执行。所以将帅如果能够精通各种机变的利弊，就算是懂得用兵了。将帅如果不能精通各种机变的利弊，那么，即使了解地形，也不能够得到地形之利。指挥军队而不知道各种机变的方法，那么即便知道"五利"，也是不能充分发挥军队的战斗力的。

［注释］

1 将受命于君：谓将帅从君主那里接受出征作战的命令。受命，接受命令，《左传·襄公二十七年》："石恶将会宋之盟，受命而出。"

2 圮地无舍：圮，毁坏、倒塌之意，《说文》："圮，毁也。"《尔雅·释诂》："圮，败也。"圮地，指难于通行的地区。《九地篇》曰："行山林、险阻、沮泽，凡难行之道者为圮地。"舍，止，此处指宿营。梅尧臣注："山林、险阻、沮泽之地，不可舍止，无所依也。""圮"字汉简本作"汜"。

3 衢地交合：衢地，指四通八达之地。《说文》："四达谓之衢。"《九地篇》："四达者，衢地也。"交合，指结交邻国以为后援。张预注："四通之地，旁有邻国,先往结之,以为交援。"武经本"交合"作"合交"。

4 绝地无留:绝地,指交通困难,又无水草粮食,部队难以生存之地。李筌注:"地无泉井、畜牧、采樵之处。"此句意谓遇上绝地,不要停留。

5 围地则谋:围地,指四面险阻、进退困难、易被包围之地。《九地篇》云:"所由入者隘,所从归者迂,彼寡可以击吾之众者,为围地。"谋,曹操注曰:"发奇谋也。"即设奇计以摆脱困境。

6 死地则战:死地,指走投无路的绝地,非力战难以求生。《九地篇》曰:"疾战则存,不疾战则亡者,为死地。"又曰:"无所往者,死地也。"

7 涂有所不由:言有的道路不要通过。汉简《四变》此句下有释文为:"徐(途)之所不由者,曰浅入则前事不信,深入则后利不接。动则不利,立则囚,如此者,弗由也。"贾林注:"途且不利,虽近不从。"甚是。涂,即"途",道路。由,从、通过。《论语·雍也》:"谁能出不由户者,何莫由斯道也。""涂"字,武经本作"途"。

8 军有所不击:指有的敌军不宜攻击。汉简《四变》此句下释文曰:"军之所不击者,曰两军交和而舍,计吾力足以破其军,获其将。远计之,有奇势巧权于它……如此者,军唯(虽)可击,弗击也。"

9 城有所不攻:意为有的城邑不应攻取。汉简《四变》此句释文曰:"城之所不攻者,曰计吾力足以拔之,拔之而不及利于前,得之而后弗能守,若力□之,城必不取。及于前,利得而城自降,利不得而不为害于后。若此者,城唯(虽)可攻,弗攻也。"张预注:"拔之而不能守,委之而不为患,则不须攻也。又若深沟高垒,卒不能下,亦不可攻。"

10 地有所不争:意为有些地方可以不去争夺。汉简《四变》释文曰:"地之所不争者,曰山谷水□无能生者……如此者,弗争也。"张预注:"得之不便于战,失之无害于己,则不须争也。又若辽远之地,虽得之,终非己有,亦不可争。"

11 君命有所不受:意谓君主之命令有的可以不接受。君命不受之前提,即汉简《四变》所谓"君令有反此四变(指上述"涂有所不由"等四种情况)者,则弗行也。"曹操注曰:"苟便于事,不拘于君命也。"

12 故将通于九变之地利者,知用兵矣:通,通晓、精通。《易·系辞》:"曲成万物而不遗,通乎昼夜之道而知。"此句意为将帅如果能通晓九种地形的利弊及其处置,就懂得如何用兵作战了。武经本无"地"字。

13 将不通于九变之利者,虽知地形,不能得地之利矣:意谓将帅如果不通晓九变的利弊,即使了解地形,也不能从中获得帮助。梅尧臣注:"知地不知变,安得地之利?"

14 治兵不知九变之术:术,手段、方法。《孟子·告子》曰:"教亦多术矣。"九变之术,指九变的利弊得失及其处置方法。

15 五利:指"涂有所不由"至"君命有所不受"等五事之利。

16 不能得人之用矣:指不能够充分发挥军队的战斗力。王晳注:"虽知五地之利,不通其变,如胶柱鼓瑟耳。"

|原文|

　　是故智者之虑[1],必杂于利害[2]。杂于利而务可信也[3],杂于害而患可解也[4]。

|译文|

　　所以,聪明的将帅考虑问题,必须兼顾利与害两个方面。兼顾到有利的条件,大事才可顺利进行;兼顾到不利的因素,祸患才可预先化解。

|注释|

1 智者之虑:聪明的将帅思考问题。虑,思虑、思考。《尚书·太甲》:"弗虑胡获,弗为胡成。"

2 必杂于利害:必须充分考虑和兼顾有利与弊害两个方面。曹操注:"在利思害,在害思利。"杂,掺杂、混合。《国语·郑语》:"先王以土与金、木、水、火杂,以成百物。"韦昭注:"杂,合也。"此处引申为兼顾。

3 杂于利而务可信也：意谓如果考虑到事情有利的一面，则可实现战略目标。王晳注："曲尽其利，则可胜矣。"务，任务、事务。《易·系辞》："夫《易》开物成务。"此处指"争胜于天下"的大事。信，通"伸"，舒展、伸张。《易·系辞》："尺蠖之屈，以求信也。"汉简本"而务可信也"作"故务可信"。

4 杂于害而患可解也：意谓在有利情况下考虑到不利的因素，祸患便可顺利消除。解，化解、消除。《荀子·臣道》："遂以解国之大患，除国之大害。"

【原文】

　　是故屈诸侯者以害[1]，役诸侯者以业[2]，趋诸侯者以利[3]。

【译文】

　　要用各国诸侯最厌恶的事情迫使其屈服；要用各国诸侯感到危险的事情迫使他们听从我们的驱使；要用小利去引诱各国诸侯，迫使他们被动奔走。

【注释】

1 屈诸侯者以害：指用敌国所厌恶的事情迫使他们屈服。屈，屈服、屈从，此处作动词用，制服之意。《诗·鲁颂·泮水》："顺彼长道，屈此群丑。"诸侯，此处指敌方、敌国。

2 役诸侯者以业：指用危险的事情迫使敌国疲于奔命。梅尧臣注："挠之以事则劳。"役，使、驱使的意思。《荀子·正名》："夫是之谓以己为物役矣。"业，曹操注："业，事也。"此处特指危险的事情，与《诗经·商颂·长发》中"有震且业"之"业"义近。

3 趋诸侯者以利：指用小利引诱调动敌人，使之奔走无暇。张预注："动之以小利，使之必趋。"又一说：以利打动敌人使之归附追随自己。趋，奔赴、奔走，此处用作使动。

原文

故用兵之法，无恃其不来，恃吾有以待也[1]；无恃其不攻，恃吾有所不可攻也[2]。

译文

用兵的法则是，不要寄希望于敌人不会来，而是要依靠自己做好充分的准备；不要寄希望于敌人不进攻，而是要依靠自己拥有使敌人无法进攻的力量。

注释

1 无恃其不来，恃吾有以待也：意为不要寄希望于敌人不来，而要依靠自己做好了充分的准备。梅尧臣注："所恃者，有备也。"恃，依赖、倚仗的意思。《庄子·列御寇》："河上有家贫，恃纬萧而食者。"有以待，指已做好充分的准备。

2 无恃其不攻，恃吾有所不可攻也：意谓不可寄希望于敌人不来进攻，而要依靠自己具备强大实力，使得敌人不敢进攻。

原文

故将有五危：必死，可杀也[1]；必生，可虏也[2]；忿速，可侮也[3]；廉洁，可辱也[4]；爱民，可烦也[5]。凡此五者，将之过也，用兵之灾也。覆军杀将[6]，必以五危[7]，不可不察也。

译文

将帅有五种致命的弱点：只知道死拼蛮干，那就可能被诱杀；只顾贪生活命，那就可能被俘虏；急躁易怒，那就可能中敌人轻侮的奸计；一味廉洁好名，那就可能入敌人污辱的圈套；不分主次"爱民"，那就可能导致烦扰而不得安宁。以上五点，是将帅容易犯的过错，也是用兵打仗的灾难。使军队遭到覆灭，将帅被敌擒杀，一定是由这五种危险所引起的，这是不可不充分认识的。

注释

1 必死,可杀也:指将帅如果轻生决死,固执硬拼,就会有被杀的危险。
   曹操注:"勇而无虑,必欲死斗,不可曲挠,可以奇伏中之。"必,固执、
   偏执、坚持的意思,与《论语·子罕》"毋意、毋必、毋固、毋我"中的"必"
   字义同。

2 必生,可虏也:谓将帅如果一味贪生怕死,临阵畏怯,就有被俘虏的危
   险。张预注:"临阵畏怯,必欲生返,当鼓噪乘之,可以虏也。"

3 忿速,可侮也:言将帅如果急躁易怒,遇敌轻进,就有中敌人轻侮之计
   的危险。忿,愤怒、愤懑。《尚书·君陈》:"尔无忿疾于顽。"速,快捷、
   迅速,这里指急躁、偏激。

4 廉洁,可辱也:意谓将帅如果过于洁身清廉,自矜名节,就有受辱的危
   险。曹操注:"廉洁之人,可污辱致之也。"汉简本"廉洁"作"洁廉"。

5 爱民,可烦也:意谓将帅如果溺于"爱民"(即古人常说的"妇人之仁",
   行姑息之政),而不知从全局把握问题,就容易为敌所乘,有被动烦扰
   的危险。张预注:"民虽可爱,当审利害。若无微不救,无远不援,则
   出其所必趋,使烦而困也。"烦,相烦、烦扰。《左传·僖公三十年》:"若
   亡郑而有益于君,敢以烦执事。"武经本以上五句句末均无"也"字。

6 覆军杀将:言使军队覆灭、将帅被杀。覆,覆灭、倾覆。《左传·隐公
   十一年》:"吾子孙其覆亡之不暇,而况能禋祀许乎?"覆、杀,此处均
   为使动用法。

7 必以五危:必,一定、肯定。《诗·邶风·旄丘》:"何其久也,必有以也。"
   以,由、因的意思。五危,即上述"必死""必生"等五事。

通论

　　《九变篇》主要论述了在作战过程中如何根据特殊的情况,辩证分析
利弊得失,灵活变换战术以赢得战争的胜利,集中体现了孙子随机应变、
灵活机动的作战指挥思想。其重要军事观点主要有以下几点:

（一）以"涂有所不由"等"五不"措施为基本内容的作战原则。

这是"九变"问题的主旨之所在。灵活机动，应变自如，这是军事活动应遵循的根本原则，是战场上夺取主动权，杀敌制胜的重要保障。整部《孙子兵法》都贯穿着这一精神，而《九变篇》则集中阐述了这方面的具体要求及方法。

孙子认为将帅应该根据五种不同的地理条件实施灵活的指挥，并提出以"五不"为内容的随机应变处置军事行动的要求，即"涂有所不由，军有所不击，城有所不攻，地有所不争，君命有所不受"。强调战略指导必须富有柔性，切忌偏执，只有精通各种机变的方法，方能充分发挥军队的战斗力，才算是真正掌握了用兵之道。

应该指出的是，贯穿于整个"五不"原则的红线，乃是朴素辩证法的精神。它的实质含义，是要求战争指导者透过现象看本质，综合比较，深入分析，权衡利弊，唯利是动。假如权衡后得出的结论有碍于实现战略目标，损害到根本利益，那就必须舍弃眼前的小利，不汲汲于一城一地的得失，暂时放过某些敌人，留待日后时机成熟后再去解决。如果国君的命令不符合实际情况，不利于军事行动的开展，那么就应该本着"进不求名，退不避罪，惟民是保，而利合于主"的态度，拒绝执行。这样做表面上似乎是违背了常理，否定了成规，实际上相反，乃是更好地遵循了军事斗争的基本规律，有利于最大限度地争取主动，夺取战争的胜利。因此应充分加以肯定。历史上夫差强争中原酿覆亡，马援误择险道致兵败，岑彭长驱入蜀击公孙，李渊不攻河东入关中，岳飞君命不受进中原，就从正反两个方面对孙子"五不"为中心的机变思想作出了具有说服力的实战诠释，对今天的军事家来说，仍不无一定的启示意义。

（二）见利思害、见害思利的辩证思维方法。

稍早于孙子的大哲学家老子曾讲过这么一句充满辩证哲理的话：祸兮福之所倚，福兮祸之所伏。意思是事物之间具有普遍联系的特征，即使是在同一事物的内部，也存在着不同倾向相互对立、互为渗透的属性，利与害互为依存,互为转化,任何事物都是矛盾的对立统一。

军事斗争的性质也没有例外。孙子作为清醒的朴素唯物论者,对此有着深刻的认识。在他眼里,胜利和失败仅仅是一线之隔,胜利中往往隐藏着危机,而失败里也常常包含着制胜的因素。因此他要求战争指导者要善于保持清醒的头脑,尽可能做到全面辩证地观察问题,正确地处理战争中的利害得失,趋利避害,防患于未然,制胜于久远。

孙子"杂于利害"的主张,乃是一个带普遍性的指导原则,也是其"五不"为内涵的机变制胜理论的哲学基础。它的精义在于辩证对待利害关系,知于未萌,预做准备,顺利时能做到冷静沉着,找到差距,从而保持优势,防止意外;遭到挫折时能做到不丧失信心,正视现实,坚持不懈,从而摆脱被动,走向胜利。从这层意义上看,孙子"杂于利害"的思想,又是超越单纯军事领域的,而具有思想方法论的普遍意义。对于我们从事任何工作,都有着深刻的启示作用。

(三)有备无患的战争准备思想。

在本篇中,孙子还深刻地阐述了有备无患的备战思想,强调指出不能寄希望于敌人"不来""不攻",而要立足于自己做好充分的准备,拥有强大的实力,震慑住敌人,使其不敢轻举妄动。孙子认为夺取战争的胜利,必须具备主客观条件,两者缺一不可。活用"九变",机动灵活,属于发挥主观能动性的范畴,它是制胜的重要途径,但是要使它真正发挥作用,还应该有强大的军事实力作后盾,而强大的实力则来自认真的备战。从这个意义上说,"恃吾有以待也""恃吾有所不可攻也",可谓是"九变"方法实施的必要条件。

需要指出的是,孙子有备无患的思想还具有更深刻的内涵,它揭示了国防建设的一般规律。"备者,国之重",在阶级社会里,战争是不可避免的社会现象。历史上,总有少数战争狂人,出于满足称霸等私欲,乞灵于战争,好大喜功,穷兵黩武,将战争强加在人们的头上。乞求这些人发慈悲偃旗息鼓是幼稚而不现实的。正确的对策是,既反对战争,又不惧怕战争,以战止战,争取和平。

要做到"有以待""有所不可攻",就必须修明政治,动员民众,发展经济,加强军队建设。这样广大民众才会积极投身于国防建设事业,国家才有足够的经济实力支持反侵略战争,军队才能具有强大的战斗力粉碎敌对势力的进攻,这些都是确保国家安全的基本条件,也是孙子有备无患思想应有的逻辑意义。

(四)重视将帅个人的性格修养,防止"覆军杀将"悲剧的发生。

在孙子的心目中,将帅是国家的辅木、军队的主宰,他的才能、品德在很大程度上关系着战争的胜负。同样的道理,能否实施随机应变、灵活机动的作战指挥,也依赖于将帅个人的主观条件。基于这样的认识,孙子强调,为了真正贯彻"九变"的灵活作战指导原则,必须高度重视将帅队伍的建设。为此,他在本篇结尾处语重心长地叮嘱那些身为将帅的人,要注意努力克服自己性格上"必死""必生""忿速""廉洁""爱民"等五种缺陷,以避免"覆军杀将"这一类悲剧的发生。

孙子的这番论述,是他关于"九变"原则实施的条件保障,也是他朴素军事辩证法思想的集中体现。众所周知,春秋时期朴素辩证法思想的重要属性之一,是事物转化观点上"节"与"度"概念的提出。当时一些著名思想家,如孔子、老子等人已对事物转化的临界点——"度"有了较为深刻的认识,认为要保持事物的稳定性,既不可不及,又不能太过,"过犹不及"。孙子"将有五危"论述就是这种社会思潮理性精神在军事领域的反映。其实勇于牺牲,善于保全,同仇敌忾,廉洁自律,爱民善卒等,本来都是将帅应具有的优良品德,然而一旦过了度,也就是说假如发展到"必"这一程度的话,那么性质也就起了转化,走向反面,而成为"覆军杀将"的诱因了。由此可见,因敌变化、辩证分析正是本篇主旨所在。

[战例]

吴蜀彝陵之战

彝陵之战,又称为猇亭之战,发生于公元222年,是三国时期吴国(孙权)和蜀汉(刘备)为争夺战略要地荆州八郡而进行的一场战争。吴军统帅陆逊在这次战争中,运用"九变"的原则指导战争,灵活机动,不拘一格地与强大的蜀军相周旋,最终以数万人的兵力,一举战胜数十万蜀军。而蜀军统帅刘备,昧于对"九变"原则的了解,在"忿速"心理的驱使下,一意孤行向吴国开战,又在作战部署上屡犯错误,终于葬送了蜀汉在战略上的全部优势。千载之后,犹让人感慨不已!

赤壁之战以后,辖有长江南北八郡的战略要地荆州为曹操、孙权、刘备三家所瓜分,曹操占据南阳和江夏北部,孙权占据了江夏南部和南郡,刘备夺取了武陵、长沙、零陵、桂阳四郡。公元210年,在刘备的请求之下,孙权又同意把位于长江北岸的战略要地借给刘备,这样,实际上刘备控制了整个荆州。不久,刘备又分别从刘璋和曹操的手中夺取了益州和汉中。我国历史上魏、吴、蜀三国鼎立的局面就这样形成了。汉中和荆州是蜀汉的两个战略基地。从汉中可以北出潼关,攻打长安和洛阳;从荆州北上可以经襄阳攻打许昌,东下可以直捣吴国的腹地。可谓进可以攻,退可以守。

处于长江中下游的孙权东吴政权,面对刘备势力的迅速发展,深感惶恐不安。只是由于当时双方合力抗曹还是共同的战略目标,矛盾才暂时没有激化。到了公元211年,孙权占据交州(今广东、广西)后,力量进一步扩大。而当时强敌曹操正忙于兼并关中割据势力马超和韩遂,稳定后方,无暇顾及南边的刘、孙。孙权便乘这个机会向刘备索还荆州,刘备则以"须得凉州,当以荆州相与"为借口拒绝归还。两国的矛盾日趋尖锐,曾一度以兵戎相见。最后还是达成了和议,以湘水为界,平分荆州,孙权占有江夏、长沙、桂阳,刘备拥有南郡、武陵、零陵。但是,吴、蜀间的矛盾并未因此而消除。

公元219年,孙权乘蜀汉荆州守将关羽北攻襄阳、樊城,与曹魏军大战不已,后方空虚的时候,派遣大将吕蒙袭占关羽的后方基地江陵。关羽闻讯后率军回救,结果战败被杀,孙权遂夺得了整个荆州。自此之后,孙、刘矛盾全面激化,终于导致了彝陵之战。

公元221年,刘备在成都称帝,国号汉,史称蜀汉。一个月后,刘备借口为关羽报仇,决定大举攻吴,夺回荆州。魏文帝曹丕看到敌人同盟内部分化瓦解,非常高兴,并多方寻找机会,加剧吴蜀之间的矛盾冲突,好坐收渔人之利。蜀汉的绝大多数大臣、将领都看到了大举攻吴对蜀无利,只会对魏有利,再三规劝刘备不要出兵攻吴。如赵云叩谏刘备:不要对吴发动战争。指出蜀汉当前的主要敌人是曹魏,而不是孙吴。如果灭掉了曹魏,孙吴则不攻自破,当前应当利用曹丕篡汉的机会,出兵进取曹魏的关中,控制黄河、渭水的上游,完成匡复汉室的大业。诸葛亮等群臣也持同样的观点。可是,刘备丝毫也听不进这些意见。

孙权方面在夺取了荆州以后,为了巩固既得利益,也不愿意再扩大吴蜀之间的冲突,曾两次遣使向刘备求和,但都被刘备断然拒绝。东吴南郡太守诸葛瑾(诸葛亮之兄)也给刘备写信,向他陈说利害:"魏和吴都是你的敌国,首先对付谁,希望认真考虑一下,再作决定。"刘备同样置之不理。

公元211年七月,刘备亲率蜀汉大军数十万人,对吴国发动了大规模的战争。当时,两国的国界已西移到巫山附近,长江三峡成为两国之间的主要通道。刘备派将军吴班、冯习率领四万多人为先头部队,夺取峡口,攻入吴境,在巫地(今湖北巴东)打败吴军李异、刘阿部,长驱直入,占领了秭归。为了防范曹魏的进攻,刘备派镇北将军黄权驻扎在长江北岸,又派侍中马良前往武陵,利诱当地的部族首领沙摩柯起兵攻吴,配合行动。

　　孙权在蜀军大举进犯的情况下,奋起应战,任命镇西将军陆逊为大都督,统率朱然、潘璋、韩当、徐盛、孙桓各部共五万人抵御蜀军,同时又遣使向曹丕称臣,以免魏军乘机夹击,避免了两面作战。

　　蜀军顺江而下,锐不可当。公元222年正月,蜀国吴班、陈式的水军占领彝陵,屯兵长江两岸。二月,刘备亲率主力从秭归进抵猇亭,建立了大本营。在战争开始的时候,吴军诸将都要求立刻迎战;陆逊通过对双方兵力、士气以及地形等各方面条件的分析,指出刘备兵势强大,居高守险,锐气正盛,吴军应避开蜀军的锋芒,再伺机破敌。于是陆逊果断地实施战略退却,一直退到夷道(今湖北宜都)、猇亭(今湖北宜都北古老背)一线。然后在那里停止退却,进行防御,遏制蜀军的继续进兵。这样,吴军完全退出了高山峻岭地带,把兵力难以展开的数百里长的山地留给了蜀军。

　　这时,蜀军已深入吴境五六百里,由于进至彝陵以西一带被吴军扼守抵御,蜀军的东进势头停顿了下来。在吴军扼守要地、坚不出战的形势下,蜀军便不得不在巫峡、建平(今重庆巫山北)至彝陵一线数百里地上设立了几十个营寨。为了调动陆逊出战,刘备用一部分兵力围攻驻守夷道的孙桓。孙桓力屈难支,请求陆逊增援。孙桓是孙权的侄儿,所以诸将纷纷要求出兵援救,以解除夷道之围。但陆逊为了不分散和过早地消耗兵力,拒绝了分兵援助夷道的建议,认为只要同蜀军决战胜利,夷道之围自然就会解除。这样,陆逊就避免了同蜀军过早地进行决战。

　　从正月到六月,两军仍相持不决。刘备为了迅速同吴军决战,曾派人天天到阵前辱骂挑战,但陆逊置之不理。后来,刘备又派吴班率数千人在平地立营,另在山谷中埋伏了八千人,企图引诱吴军出战。但此计又为陆逊所识破。陆逊坚守不战,破坏了刘备倚恃优势兵力企求速战速决的计划。蜀军将士逐渐相互抱怨,斗志涣散,从而失去了主动。

　　六月的江南,潮湿闷热,暑气逼人,蜀军不胜其苦,刘备不得已只好把山谷里的军队开出山林,将水军转移到陆地上,把军营设于深山密林里,依傍溪涧,屯兵休整,准备等到秋后再发动进攻。由于蜀军是处于吴境五六百里的崎岖山道上,后勤保障十分困难,加上刘备百里连营,兵力分散,从而给陆逊实施战略反击留下可乘之机。

陆逊看到蜀军士气沮丧,放弃了水陆并进、夹击吴军的战法,认为战略反攻的条件业已成熟。于是,他上书吴王说:交战之初,所顾虑的是蜀军水陆并进、夹江直下。现在蜀军舍舟就陆,处处结营,从其部署来看,不会有什么变化。这样就有了可乘之隙。击破蜀军,当无困难。

陆逊在进行大规模反攻前夕,先派遣小部队进行了一次试探性的进攻。这次进攻虽未能成功,但使陆逊从中找到了破敌之法——火攻蜀军连营的作战方法。因为当时江南正炎夏,气候闷热,而蜀军的营寨都由木栅所构成,其周围又全是树林、茅草,非常容易起火。

决战伊始,陆逊即命令吴军士卒各持茅草一把,乘夜袭击蜀军营寨,顺风放火。顿时间火势凶猛,蜀军大乱。陆逊乘势发起反攻。朱然率军五千突破蜀军前锋,接着插入蜀军后部,与韩当所部进围蜀军于涿乡(今湖北宜昌西),切断了蜀军退路。潘璋所部直攻蜀军冯习部。诸葛瑾、骆统、周胤诸部配合陆逊的主力在猇亭向蜀军发起反攻。吴军很快攻破蜀军营寨四十余座,并且用水军截断了蜀军长江两岸的联系。蜀将张南、冯习及部族首领沙摩柯等战死,杜路、刘宁等投降。蜀军溃不成军,大部死伤和逃散,车、船和军用物资全部丧失。刘备乘夜逃走,行至石门山(今湖北巴东东北),被吴将孙桓追逼,几乎被擒,后靠驿站人员焚烧溃兵所弃的装备堵塞山道,才得以摆脱追兵,连夜逃回永安(又叫白帝城,今重庆奉节东)。

这时,蜀军镇北将军黄权所部正在江北防御魏军。刘备败退,黄权后路为吴军所截断,不得已于八月率众向曹魏投降。

刘备逃到白帝城后,吴将潘璋、徐盛等人都主张继续追击蜀军,扩大战果。陆逊不同意这种做法,认为曹丕名义上协助吴军攻蜀,实则另有图谋,必须加以警惕。而且蜀镇东将军赵云已率军抵达白帝城,要打败他也无把握。于是停止追击,决定撤兵。九月,曹魏果然攻吴,因陆逊已有准备,魏军无功而返。

在彝陵之战中,陆逊统帅五万吴军大败占优势的蜀军,在于他能正确分析敌情,敢于先后退一步,摆脱不利的地形,然后再伺机歼灭敌人,这是符合孙子"圮地无舍""绝地无留"的作战原则的,是"将通于九变之地利者"的表现。在相持过程中,他做到保存实力,不增援孙桓,为战胜强敌创造条件,这是孙子"涂有所不由,军有所不击"思想在实践中的灵活运用。孙子说:"是故智者之虑,必杂于利害",陆逊在彝陵之战全面胜利的形势下,果断停止追击蜀军,防范曹魏的乘机进攻,说明陆逊在有利的情况下,能够看到不利的一面,反映出他作为一代名将的优秀素质。

反观刘备,尽管他久历沙场,但在这次战争中的表现,却证明他并不真正懂得如何在用兵中贯彻"九变"的指导思想。他恃强冒进,将军队带入难以展开的五六百里崎岖山道之中;在吴军的顽强抵御面前,又不知道及时改变作战部署,采取了错误的无重点处处结营的办法,结果陷于被动,导致失败,这乃是"不通于九变之利者,虽知地形,不能得地之利"的表现。总之,刘备争夺荆州的"忿速"心态和具体作战过程中的失策,决定了他自食"覆军杀将"的恶果并非偶然。

行军篇

导读

　　本篇主要论述军队在不同的地理条件下如何行军作战、驻扎安营以及怎样根据不同情况观察判断敌情等问题。孙子认为，"处军相敌"是作战指挥中的重要问题，事关战争大局，强调在行军作战中，首先要将军队处置好，而"处军"的重要内容，便是要善于利用有利地形，避开不利地形。为此他列举了山地、江河、沼泽、平原等四种地形的不同处军原则，并进而将利用地形的基本特点归纳为"凡军好高而恶下，贵阳而贱阴，养生而处实"。这是孙子对前人和当时利用地形经验的科学总结。在"处军"得宜的前提下，孙子强调"相敌"的重要性，即主张充分了解敌情，正确分析判断敌情。他从实战经验中概括出三十余种侦察判断敌情的方法。这些概括的特点就是透过现象看本质，体现了孙子兵学思想中的朴素辩证法色彩。孙子在本篇中还提出了一个重要的作战指导思想，即认为打仗并非兵力愈多愈好，而关键在于能否集中兵力（并力），准确判断敌情（料敌），取得部下的信任与拥戴（取人）。反对少谋无虑、轻敌冒进。同时，孙子还扼要论述了治军的基本原则："令之以文，齐之以武"，主张教罚并用，宽严结合，刚柔相济，以求得"与众相得"，夺取战争的胜利。

　　行军，"行"指军队的行军布阵，"军"指军队的驻扎、屯驻。本篇题意，曹操注："择便利而行也。"王晳注："行军当据地，便察敌情也。"

原文

孙子曰：凡处军[1]、相敌[2]：绝山依谷[3]，视生处高[4]，战隆无登[5]，此处山之军也。绝水必远水[6]；客[7]绝水而来，勿迎之于水内，令半济而击之[8]，利；欲战者，无附于水而迎客[9]；视生处高，无迎水流[10]，此处水上之军也。绝斥泽[11]，惟亟去无留[12]；若交军于斥泽之中[13]，必依水草而背众树[14]，此处斥泽之军也。平陆处易而右背高[15]，前死后生[16]，此处平陆之军也。凡此四军之利[17]，黄帝之所以胜四帝也[18]。

译文

孙子说：凡是部署指挥军队和观察判断敌情，都应该注意：通过山地，必须沿着山谷行进，驻扎时应在居高向阳的地方；敌人占领高地时，不要去正面仰攻。这是在山地部署机动军队的原则。横渡江河，必须在远离江河处驻扎；敌人渡水来战，不要在江河中予以迎击，而要等他们渡过一半人马时再实施攻击，这样才比较有利；如果要同敌人决战，不要紧挨水边布兵列阵；在江河地带驻扎，也应当居高向阳，不可面迎水流，这是在江河地带部署机动军队的原则。通过盐碱沼泽地带，应该迅速离开，不要停留；倘若同敌人相遇于盐碱沼泽地带，那就一定要靠近水草并背靠树林。这是在盐碱沼泽地带上部署机动军队的原则。在平原地带要占领平坦开阔地域，主要侧翼则应依托高地，做到前低后高。这是在平原地带部署机动部队的原则。以上四种军队部署原则运用带来的好处，正是黄帝之所以能战胜其他"四帝"的原因。

注释

1 处军：指行军舍营、处置军队，即在不同地形条件下，军队行军、作战、驻扎诸方面的处置方法。处，处置、部署、机动的意思。

2 相敌:意为观察、判断敌情。相,视、看、观察的意思。《左传·隐公十一年》:"量力而行之,相时而动。"

3 绝山依谷:指通过山地,要傍依溪谷行进。张预注:"凡行军越过山险,必依附溪谷而居。一则利水草,一则负险固。"绝,越度、穿越。《汉书·成帝纪》:"不敢绝驰道。"颜师古注:"绝,横度也。"依,傍依、靠近;王晳注:"依,谓附近耳。"

4 视生处高:视,看、审察,这里是面向的意思。生,生处、生地,此处指向阳地带。曹操注:"生者,阳也。"李筌注:"向阳曰生。"高,高地。处高,即居高的意思。视生处高,指的是军队驻扎,要面南朝阳,居隆高之地。杜牧注:"言须处高而面南也。"

5 战隆无登:指在隆高之地同敌人作战,不宜自下而上进行仰攻。战,战斗。隆,高地。登,攀登、仰攻。张预注:"敌处隆高之地,不可登迎与战。"汉简本此句作"战降毋登"。

6 绝水必远水:意谓横渡江河,一定要在离江河稍远处驻扎。张预注:"凡行军过水,欲舍止者,必去水稍远。一则引敌使渡,一则进退无碍。"绝,横渡也。《荀子·劝学》:"绝江河者,非舟楫也。"远,此处作动词用,远离之意。

7 客:指敌军,进攻之敌。下同。《礼记·月令》注:"为客不利。"疏引《正义》曰:"起兵伐人者谓之客。"主客,古代兵法重要范畴之一。主指己方,客指敌方;就作战形式而言,主指防御一方,客指进攻一方;就作战态势而言,主指主动一方,客指被动一方。

8 令半济而击之:让敌军渡河渡到一半时发动攻击。此时敌军首尾不接,行列混乱,攻之容易取胜。济,渡河。半济,指渡过一半。

9 无附于水而迎客:不要在挨近江河之处同敌人作战。无,勿、毋。附,靠近。迎,迎击。

10 无迎水流:意谓勿居下游,此指不要把军队驻扎在江河下流处,以防敌人决水、投毒。贾林注:"水流之地,可以溉吾军,可以流毒药。迎,逆也。"

11 绝斥泽:通过盐碱沼泽地带。斥,盐碱地。《尚书·禹贡》:"海滨广斥",郑玄注云:"斥谓地盐卤。"通常"斥卤"合称,如《吕氏春秋·乐成》:"终古斥卤,生之稻粱。"汉简本"斥"作"沂"。

12 惟亟去无留:惟,宜、应该。亟,急、迅速。去,离开。意谓遇盐碱沼泽地带,应当迅速离开,切莫停留驻军。

13 若交军于斥泽之中:言在盐碱沼泽地带与敌作战。交军,两军相交,指同敌军相遭遇。

14 必依水草而背众树:指一定要依近水草并背靠树林。依,依近、靠近。背,背靠、倚托之意。张预注:"不得已而会兵于此地,必依近水草,以便樵汲,背倚林木,以为险阻。"汉简本无"必"字。

15 平陆处易而右背高:指遇到开阔地带,也应选择平坦之处安营,并把军队的侧翼部署在高地之前,以高地为依托。平陆,开阔的平原地带。易,平坦之地。右,指军队的主要侧翼。右背高,指军队侧翼要后背高地以为依托。一说:右,上的意思;右背高,即以背靠高地为上。武经本此句作"平陆处易后背高",樱田本同。

16 前死后生:前低后高。生、死此处指地势的高、低。《淮南子·地形训》:"高者为生,下者为死。"又该书《兵略训》:"所谓地利者,后生而前死。"本句意谓在平原地带作战,也要做到背靠山险而面向平易。

17 凡此四军之利:四军,指上述山地、江河、盐碱沼泽地、平原四种地形条件下的处军原则。汉简本无"此"字。

18 黄帝之所以胜四帝也:这就是黄帝所以能战胜四方部族首领的缘由。曹操注:"黄帝始立,四方诸侯无不称帝,以此四地胜之也。"又汉简本《黄帝伐赤帝》云:"(南伐赤帝)……东伐(青)帝……北伐黑帝……西伐白帝……已胜四帝,大有天下。"黄帝是传说中的中华民族祖先,部族联盟首领,号轩辕氏,居有熊。传说他曾败炎帝于阪泉,诛蚩尤于涿鹿,北逐獯鬻(荤粥),合符釜山,统一了黄河流域。事见《竹书纪年》与《史记·五帝本纪》。四帝，四方之帝，即周边部族联盟的首领，一般泛指炎帝、蚩尤等人。

凡军好高而恶下[1]，贵阳而贱阴[2]，养生而处实[3]，军无百疾，是谓必胜[4]。丘陵堤防，必处其阳而右背之[5]。此兵之利，地之助[6]也。上雨，水沫至，欲涉者，待其定也[7]。凡地有绝涧[8]、天井[9]、天牢[10]、天罗[11]、天陷[12]、天隙[13]，必亟去之，勿近也。吾远之，敌近之；吾迎之，敌背之[14]。军行有险阻[15]、潢井[16]、葭苇[17]、山林、蘙荟[18]者，必谨复索之[19]，此伏奸之所处也[20]。

一般情况下驻军，总是喜欢干燥的高地，而厌恶潮湿的洼地，重视向阳之处，鄙视阴湿之地，驻扎在靠近水草地区，军需供应充足，将士百病不生；这样，克敌制胜就有了保证。在丘陵堤防驻军，必须占领它朝南向阳的一面，并把主要侧翼背靠着它。这些都有利于用兵作战，是得自地形条件的辅助。上游下雨涨水，洪峰骤至，想要涉水过河的，得等待水流平稳之后再行动。凡是遇上绝涧、天井、天牢、天罗、天陷、天隙这六种地形，必须迅速离开，不要靠近。我军远远离开这类地形，而让敌人去接近它们；我军应面向这类地形，而让敌人去背靠它们。军队行动时如遇到险峻的隘路、沼泽、芦苇、山林和草木茂盛的地方，一定要谨慎地反复搜索，因为这些都是敌人可能设下伏兵和隐藏奸细的地方。

1 好高而恶下：好，喜爱、乐意。恶，厌恶、讨厌。张预注："居高则便于覘望,利于驰逐;处下则难以为固,易以生疾。"

2 贵阳而贱阴:指看重向阳之处而不喜欢阴湿地带。梅尧臣注:"处阳则明顺,处阴则晦逆。"

3 养生而处实:指军队要选择水草和粮食充足、物资供给方便的地域驻扎。养生,指水草丰盛,粮食充足,便于军队生活。曹操注:"养生,向水草,可放牧养畜乘。"处实,指军需物资供应便利。梅尧臣注:"处实,利粮道。"武经本此句作"养生处实"。

4 军无百疾,是谓必胜:张预注:"居高面阳,养生处厚,可以必胜;地气干燥,故疾疢不作。"汉简本无此句。

5 必处其阳而右背之:指置军于向阳之地并使其主要侧翼背靠高地。

6 地之助:意谓得自地形的辅助。梅尧臣注:"兵所利者,得形势以为助。"

7 上雨,水沫至,欲涉者,待其定也:沫,张预注:"沫,谓水上泡沤。"涉,原意为徒步过水,这里泛指渡水。定,指水势平稳。此句汉简本作"上雨水,水流至,止涉,待其定"。

8 绝涧:指溪谷深峻、水流其间的险恶地形。曹操注:"山深水大者为绝涧。"

9 天井:指四周高峻、中间低洼的地形。曹操注:"四方高、中央下为天井。"

10 天牢:牢,牢狱。天牢即对高山环绕、易进难出的地形之形象描述。王晳注:"牢,谓如狱牢。"张预注:"山险环绕,所入者隘,为天牢。"汉简本作"天窖","窖""牢"义近。

11 天罗:罗,罗网。指草深林密,荆棘丛生,军队进入后如陷罗网无法摆脱的地形。曹操注:"可以罗绝人者为天罗。"汉简本作"天离","离""罗"义同。

12 天陷:陷,陷阱。指地势低洼、道路泥泞、车马易陷的地带。曹操注:"地形陷者为天陷。"又张预注:"陂池泥泞,渐车凝骑。"汉简本作"天翘"。

13 天隙:隙,狭隙,指两山相向、洞道狭窄险恶的地形。曹操注:"山涧道迫狭,地形深数尺、长数丈者为天隙。"汉简本作"天郤",义同。

14 吾远之,敌近之;吾迎之,敌背之:意谓对于上述"绝涧""天井"等"六害"地形,我们要远离它、正对它,而让敌军去接近它、背靠它。梅尧臣注:"言六害,当使我远而敌附,我向而敌倚,则我利敌凶。"之,指"绝涧"等六种不利地形。

15 军行有险阻:险阻,《尔雅·释名》:"山峗曰险,水隔曰阻。"曹操注:"险者,一高一下之地;阻者,多水也。""军行",武经本、樱田本、《通典》《太平御览》均作"军旁"。

16 潢井:指积水低洼之地。《汉书·龚遂传》颜师古注:"积水曰潢。"又曹操注:"潢者,池也;井者,下也。"

17 葭苇:芦苇,这里泛指水草丛聚之地。曹操注:"葭苇者,众草所聚。"武经本作"蒹葭"。

18 山林、蘙荟:指山林森然,草木繁茂。曹操注:"山林者,众木所居也;蘙荟者,可屏蔽之处也。"按,山林,武经本作"林木",汉简本作"小林"。蘙荟,汉简本作"鷖泠",下又有"可伏匿者"四字。

19 必谨复索之:一定要仔细、反复地搜索。谨,谨慎。复,反复。索,搜索、寻找。汉简本无"必"字。

20 此伏奸之所处也:指"险阻""潢井"等处往往是敌人伏兵或奸细的藏身之处。张预注:"恐兵伏其中,又虑奸细潜隐,觇我虚实,听我号令。伏、奸,当为两事。"此句汉简本作"奸之所处也"。武经本作"此伏奸之所"。

[原文]

　　敌近而静者,恃其险也;远而挑战者[1],欲人之进也;其所居易者,

[译文]

　　敌人逼近而保持安静的,是倚仗他们占领险要地形;敌人离我很远而前来挑战的,这是想引诱我军前进;敌

利也[2]。众树动者[3]，来也；众草多障者，疑也[4]。鸟起者，伏也[5]；兽骇者，覆也[6]。尘高而锐者，车来也[7]；卑而广者，徒来也[8]；散而条达者，樵采也[9]；少而往来者，营军也[10]。

人之所以驻扎在平坦地带，是因为他们这样做有利可图。许多树木摇曳摆动，这是敌人隐蔽前来；草丛中有许多遮障物，这是敌人故布疑阵。鸟雀惊飞，这是下面有伏兵；野兽骇奔，这是敌人大举突袭。尘土既高且尖，这是敌人的战车驰来；尘土低而宽广，这是敌人的步兵开来；尘土四散飞扬，这是敌人在拖曳柴薪；尘土稀薄而又时起时落，这是敌人正在结寨扎营。

注释

1 远而挑战者：汉简本"远"上有"敌"字。

2 其所居易者，利也：敌军在平地上驻扎，一定是有利可图才这么做的。杜牧注："敌不居险阻而居平易，必有以便利于事也。"易，平易，指平地。利，有利、有好处。又张预注："或曰敌欲人之进，故处于平易以示利，而诱我也。"此句汉简本作"其所居者易……"

3 众树动者：众树，许多树木。动，摇曳摆动。曹操注："斩伐树木，除道进来，故动。"

4 众草多障者，疑也：在杂草丛生之处设下许多障碍，是企图使我方迷惑。疑，使动用法，使迷惑、使困疑之意。

5 鸟起者，伏也：鸟雀惊飞，是因为其下埋伏着敌军。曹操注："鸟起其上，下有伏兵。"伏，埋伏、伏兵。

6 兽骇者，覆也：野兽受惊奔跑，这是敌军大举来袭。曹操注："敌广陈张翼，来覆我也。"骇，惊骇、受惊。覆，倾覆、覆没的意思，引申为铺天盖地，蜂拥而至。

7 尘高而锐者，车来也：尘土高扬笔直上升，这是敌人兵车驰来。杜牧注："车马行疾，仍须鱼贯，故尘高而尖。"锐，锐直、笔直。车，兵车。

8 卑而广者,徒来也:意为尘土低而宽广,这是敌人的步兵开来。张预注:
　"徒步行缓而迹轻,又行列疏速,故尘低而来。"卑,低下。广,宽广。徒,
　步卒、步兵。

9 散而条达者,樵采也:尘土散漫而细长,时断时续,这是敌人在拖曳柴
　薪。杜牧注:"樵采者,各随所向,故尘埃散衍。"条达,王皙注:"纤微
　断续之貌。"

10 少而往来者,营军也:尘土稀少,此起彼落,这是敌人在安营驻军。梅
　尧臣注:"轻兵定营,往来尘少。"

[原文]

　辞卑而益备者,
进也[1];辞强而进驱者,
退也[2];轻车先出居其
侧者,陈也[3];无约而
请和者,谋也[4];奔走
而陈兵车者,期也[5];
半进半退者,诱也[6]。

[译文]

　敌人使者措辞谦卑而暗中却在加紧
战备的,这是准备进攻;敌人使者措辞强
硬而军队又摆出前进态势的,这是准备
撤退;敌人战车先出动,部署在侧翼的,
这是在布列阵势;敌人没有陷入困境而
前来议和的,必定是另有阴谋;敌人急速
奔跑并摆开兵车列阵的,是期待同我方
决战;敌人半进半退的,是企图引诱我军。

[注释]

1 辞卑而益备者,进也:敌人措辞谦卑恭顺,同时又加强战备,这表明敌
　人准备进犯。梅尧臣注:"欲进者,外则卑辞,内则益备。"卑,谦卑、恭
　敬。益,增加、更加的意思。汉简本"卑"作"庳"。

2 辞强而进驱者,退也:敌人方面措辞强硬,在行动上又示以驰驱进逼
　之姿态,这是其准备后撤。汉简本"驱"作"毆"。

3 轻车先出居其侧者,陈也:张预注:"轻车,战车也。出军其旁,陈兵欲
　战也。"陈,同"阵",布阵。汉简本"侧"作"厕"。

4 无约而请和者,谋也:指敌人还没有陷入困境却主动前来请和,这中间一定有不可告人的目的。约,困屈、受制的意思。《说文》:"约,缠束也。"《集韵》:"约,屈也。"

5 奔走而陈兵车者,期也:意思是敌人急速行动、摆开兵车布好阵势,是期求与我作战。期,期求。《韩非子·五蠹》:"圣人不期修古,不法常可。"武经本、汉简本无"车"字,汉简本并无"而"字。

6 半进半退者,诱也:敌人似进不进,似退不退,这是为了诱我入其圈套。汉简本无"半退"两字。

原文

杖而立者,饥也[1];汲而先饮者,渴也[2];见利而不进者,劳也[3]。鸟集者,虚也[4];夜呼者,恐也[5];军扰者,将不重也[6];旌旗动者,乱也[7];吏怒者,倦也[8];粟马肉食[9],军无悬瓿[10],不返其舍者[11],穷寇也。谆谆翕翕[12],徐与人言者[13],失众也;数赏者,窘也[14];数罚者,困也[15];先暴而后畏其众者[16],不精之至也[17];来委谢者[18],欲休息也[19]。兵

译文

敌兵倚着兵器站立,这是饥饿的表现;敌兵打水而急于先饮,这是干渴缺水的表现;敌人明见有利而不进兵争夺,这是疲劳的表现;敌军营寨上方飞鸟集结,表明是座空营;敌人夜间惊慌叫喊,这是其恐惧的表现;敌营惊扰纷乱,这表明敌将缺乏威严;敌阵旗帜摇动不整齐,这是敌人队伍已经混乱;敌人军官易怒烦躁,表明敌军士兵已经疲倦;敌人拿粮食喂马,杀牲口吃肉,收拾起炊具,部队不返回营寨,这表明敌人已是穷寇。敌将低声下气缓缓地同部下讲话,这表明敌将已失去人心;接连不断地犒赏士卒,这表明敌人已无计可施;不断地处罚部属,这表明敌军已处境困难;敌方将领先粗暴蛮横继而又害怕部下的,说明他实在是最不精明的统帅;敌人派遣使者前来送

怒而相迎,久而不合²⁰,又不相去,必谨察之²¹。

礼言好,这是敌人希冀休兵息战;敌人逞怒同我对阵,可是久不交锋而又不撤退,这时就必须谨慎地观察他们的意图。

注释

1　杖而立者,饥也:言倚着兵器而站立,这是饥饿的表现。王晳注:"倚仗者,困馁之相。"杖,同"仗",扶、倚仗的意思。

2　汲而先饮者,渴也:取水的人自己先饮用,这是干渴的标志。张预注:"汲者未及归营而先饮水,是三军渴也。"汲,汲水、打水。汉简本作"汲役先饮"。

3　见利而不进者,劳也:明明有利可图而军队不前进,说明敌军已疲劳。杜佑注:"敌人来,见我利而不能击进者,疲劳也。"汉简本"劳"下有"拳"字,通"倦"。

4　鸟集者,虚也:鸟雀群集敌营,表明敌营空虚无人。梅尧臣注:"敌人既去,营垒空虚,鸟乌无猜,来集其上。"虚,空虚无人的意思。

5　夜呼者,恐也:军卒夜间惊呼,这是敌人惊恐不安的象征。杜牧注:"恐惧不安,故夜呼以自壮也。"汉简本"呼"作"嘑"。

6　军扰者,将不重也:张预注:"军中多惊扰者,将不持重也。"汉简本"扰"作"犹"。

7　旌旗动者,乱也:敌军旗帜不停地摇动,表明敌人已经处于混乱之中。杜佑注:"旌旗谬动,抵东触西倾倚者,乱也。"

8　吏怒者,倦也:梅尧臣注:"吏士倦烦,怒不畏避也。"

9　粟马肉食:拿粮食喂马,杀牲口吃肉。粟,粮谷,此处用作动词,指用粮食喂马。

10　军无悬瓵:瓵同缶,汲水用的罐子,泛指炊具。此句是说敌军收拾起了炊具。武经本作"军无悬缶"。

11 不返其舍者:舍,营幕。此言军不归幕,暴露野宿。

12 谆谆翕翕:低声下气、恳切温和的样子。谆,恳切。《说文》:"谆,告晓之熟也。"翕,通"习",《诗·谷风》:"习习谷风",毛传:"习习,和舒貌。"

13 徐与人言者:意谓语调和缓地同士卒商谈。徐,缓缓温和的样子。人,此处指士卒。

14 数赏者,窘也:敌军一再犒赏士卒,说明其处境困难。梅尧臣注:"势穷忧叛离,屡赏以悦众。"数,多次、反复。窘,窘迫、困窘。

15 数罚者,困也:敌军一再处罚士卒,表明其已陷入困境。梅尧臣注:"人弊不堪命,屡罚以立威。"

16 先暴而后畏其众者:指将帅开始对士卒粗暴,继而又惧怕士卒者。李筌注:"先轻后畏,是勇而无刚。"

17 不精之至也:意谓将帅不精明到了极点。

18 来委谢者:委,委质、遗礼。谢,道歉、谢罪。委谢,指委质赔礼。古人相见,多执贽以为礼,故称"委质"或"委贽"。

19 欲休息也:敌人希望休兵息战。

20 久而不合:久久没有交锋的意思。合,指交战。古代敌对双方交战曰"合"。

21 必谨察之:汉简本"之"作"此"。

原文

　　兵非益多也[1],惟无武进[2],足以并力、料敌、取人而已[3];夫惟无虑而易敌[4]者,必擒于人。

译文

　　打仗并不在于兵力愈多愈好,只要做到不轻敌冒进,并集中兵力、判明敌情、取得部下的信任和支持,也就足够了。那种既无深谋远虑而又狂妄轻敌的人,一定会成为敌人的俘虏。

注释

1 **兵非益多也**：意谓兵员并不是越多越好。这反映了孙子的精兵建军思想。益多，即以多为益。王晳注："不以多为益。"此句汉简本作"兵非多益"，武经本作"兵非贵益多也"。

2 **惟无武进**：意为只是不要恃武冒进。王晳注："不可但恃武也。"惟，独、只是。武进，刚武轻进，犹言迷信武力、肆意冒进。

3 **足以并力、料敌、取人而已**：指能做到集中兵力、正确判断敌情、争取人心则足矣。张预注："并兵合力，察敌而取胜。"并力，集中兵力。料敌，观察判断敌情。取人，争取人心，善于用人。一说，取人意谓"取胜于敌"。

4 **无虑而易敌**：没有深谋远虑而妄自尊大蔑视敌手。易，轻视、蔑视。《左传·僖公二十二年》："国无小，不可易也。"即言国无大小，均不可轻视。

原文

卒未亲附而罚之则不服[1]，不服则难用也，卒已亲附而罚不行，则不可用也[2]。故令之以文，齐之以武[3]，是谓必取[4]。令素行以教其民[5]，则民服[6]；令不素行以教其民[7]，则民不服。令素行者，与众相得也[8]。

译文

士卒还没有亲近依附就对他们执行惩罚，那么他们就不会信服，不信服就难以使用；士卒已经亲近依附，而军纪军法仍得不到执行，那也无法用来打仗。所以，要用政治道义去教育引导他们，用军纪军法去管束规范他们，这样就必定能取得战争的胜利。平素能严格贯彻命令，管教士卒，士卒就会养成服从的习惯；平素不重视严格贯彻命令，管教士卒，士卒就会养成不服从的习惯；平时命令能够得到贯彻执行，这表明将帅同士卒之间关系相处融洽。

注释

1 卒未亲附而罚之则不服:在士卒还未亲近依附之前就施用刑罚,士卒就会怨愤不服。杜牧注:"恩信未洽,不可以刑罚齐之。"亲附,亲近归附。《淮南子·主术》:"群臣亲,百姓附。""亲附"汉简本作"拊亲"。

2 则不可用也:此句汉简本作"则不用"。

3 故令之以文,齐之以武:令,教育。文,指政治、道义。齐,整饬、规范。武,指军纪军法。此句的意思是,用政治、道义来教育士卒,用军纪军法来约束、整饬部队。这是孙子治军思想的核心原则。《吴子·论将》:"总文武者,军之将也;兼刚柔者,兵之事也。"此句汉简本作"合之以交,济之以□",其"交"当是"文"之形误,"济"通"齐"。

4 是谓必取:指用兵打仗一定能取胜。

5 令素行以教其民:令,法令规章。素,平常、平时。行,实行、执行。民,这里主要是指士卒、军队。此句梅尧臣注曰:"素,旧也。威令旧立,教乃听服。"

6 则民服:汉简本无"则"字。

7 令不素行以教其民:《通典》卷一四九作"令素不行,则人不服"。《御览》卷二九六同。

8 令素行者,与众相得也:意谓军纪军令平素能够顺利执行的,是因为军队统帅同兵卒之间相处融洽。张预注:"上以信使民,民以信服上,是上下相得也。"得,亲和。相得,指军队内部上下和睦,关系融洽。

通论

　　本篇的主旨是探讨军队行动中的"处军"和"相敌"问题,其中"处军"是原则,"相敌"为"处军"的重要条件。全篇的内容主要涉及:一是"处军",即军队在不同地形条件下遵循何种原则行军作战和驻扎宿营;二是"相敌",即军事指挥员怎样仔细观察和判断敌情,为克敌制胜创造条件;三是"兵非益多"的精兵强军思想;四是"令之以文,齐之以武",赏罚

并用,宽严结合的治军原则。以下我们试逐一略加阐述:

(一)关于"处军"之法。

自古兴师作战,止则为营,行则为阵,行军、立营与布阵作战关系十分密切,因此历来受到军事家们的重视,孙子就是系统论述"处军"原则的第一人。

孙子认为,凡行军作战,如何"处军"事关胜负大局,必须认真对待,妥善处置。其总的原则是,要做到根据不同的情况,灵活机变地贯彻有针对性的方法、措施,利用有利的地形,避开不利的地形。为此,孙子详尽列举了在山地、江河、沼泽、平原等四种地形条件下的不同"处军"方法,指出各自的要领,并且把利用地形的基本特点归纳为"凡军好高而恶下,贵阳而贱阴,养生而处实"。强调这是取胜的重要条件,所谓"此兵之利,地之助也"。应该说这是孙子对前人和当时战争中如何利用地形的科学总结。

孙子的这些"处军"原则,被古往今来的许多战争证明是行之有效的作战原则。如"客绝水而来,勿迎之于水内,令半济而击之"的江河处军作战之法,就很有价值。所谓"半济而击",即是乘敌半数正渡,半数未渡时发起攻击,以夺取胜利。春秋时期宋楚泓水之战中,宋襄公拒绝大臣子鱼的正确建议,没有乘楚军渡河时加以打击,结果导致宋军大败,这种愚蠢表现,从反面证明了半渡而击原则的正确性。而在吴楚柏举之战的清发水一役中,吴王阖闾接受夫概"半渡而后可击"的建议,战胜楚军,则又从正面证明了半渡而击原则的正确性。

当然,孙子提出的一系列"处军之法",只是一般的作战原则,要发挥其作用,还有待军事指挥员根据战场情势灵活掌握。像韩信破赵之役中背水列阵,从表面上看,就不合通常的处军之法,可是韩信最后却获得了胜利,这一情况表明,处军原则如同他的其他作战之法一样,是真理而非教条,不可死守拘泥,而应创造性运用,即所谓"运用之妙,存乎一心"。

（二）关于"相敌"之法。

所谓"相敌"，就是指观察、了解各种征候，在此基础上正确分析、判断敌情。孙子高度重视"相敌"在战场交锋中的作用，主张在"处军"得宜的前提下，充分运用"相敌"这一手段，即通过仔细观察敌情，以求对敌情作出缜密的分析，正确的判断，并据此采取行之有效的措施打击敌人。他从实战经验中概括出三十余种侦察判断敌情的方法。这些方法，大多都可从实战中得到印证。如公元前615年，秦国攻打晋国。晋军在赵盾率领下与秦军相持于河曲（今山西永济），其针对秦军出国迢远、难以持久的特点，采取"深垒固军"，待其撤退而击之的方针。秦国因久战不胜，决定撤退，为掩饰意图，派使者以强硬言辞约晋军于第二天决战。晋军的一位副将从秦使的眼神和口气中察觉到秦军行将撤退，建议乘其撤离时予以截击，但未被采纳，致使秦军在当晚得以全师而退。这就是"辞强而进驱者，退也"的例证。其他诸如"敌近而静者，恃其险也"，"辞卑而益备者，进也"，"无约而请和者，谋也"，"半进半退者，诱也"，"鸟集者，虚也"等"相敌"之法，我们同样能在漫长的战争史长河中，找到具体的例证。

毋庸讳言，孙子在本篇中所总结的三十余条"相敌之法"，是十分古老、简单、直观的。同当今先进的侦察手段和技术相比，已显得落后，其中有许多已不适用于现代战争。然而它所包含的透过现象看本质的思想，却依然闪烁着朴素唯物辩证法的光芒，对我们今天从事军事活动仍具有一定的启发和参考价值。

（三）"兵非益多"的精兵强军之道。

春秋战国之际，战争频繁，各诸侯国纷纷扩军备战，以求在激烈残酷的争霸兼并斗争中占据主动，取得优势。孙子顺应这一历史潮流，充分肯定发展军队，加强战备的必要性。但是他比当时一般人高明的地方，是他高瞻远瞩地提出了军队发展的正确方向：走精兵之路，"兵非益多也，惟无武进，足以并力、料敌、取人而已"。这既是对争取战争胜利基本条件的论列，也是对军队建设根本原则的揭示。

"兵非益多"是军队建设思想发展史上的一个里程碑。众所周知,军队的数量固然是构成军队战斗力的重要因素,可没有质量的军队人数再多,也是无法很好发挥战斗力、履行军队的职责的,军队的数量与质量之间存在着对立统一的关系。建设军队的正确方向,应该是既注意保持一定的数量,又注意提高军队的质量,并把重点放在后者身上。道理很浅显,如果军队数量过于庞大,就会给国家经济带来沉重的负担,不利于有效地进行教育训练,不利于改良武器装备,也有碍于提高指挥效能。北宋时期大量冗兵冗将的存在,结果导致整支军队战斗力严重削弱,就是明显的例证。

由此可知,孙子的精兵思想具有重大的军事学术价值,历代兵家对此十分重视。如战国时期吴起"简募良材"的思想,孙膑"兵之胜在于篡卒"的认识,《尉缭子》的裁军强兵主张,就是对孙子"兵非益多"理论的继承发展。

(四)"令之以文,齐之以武"的治军原则。

军队是执行武装斗争任务的特殊团体,要确保其发挥强大的战斗力,关键之一是要搞好内部的治理,即所谓"以治为胜"。而要治理好军队,则必须遵循一定的原则,因为只有在正确原则的指导下,再配合以具体的方法(如严明军纪、信赏明罚),才能使军队令行禁止,进退有节,团结一致,无往而不胜。

这个治军的基本原则,孙子认为就是"令之以文,齐之以武",文武两手双管齐下,共同作用于治军实践。所谓"文",是指精神教育,物质奖励;所谓"武",则是军纪军法,重刑严罚。孙子指出,没有教化,一味讲求军纪军法,将士思想不统一,精神不振奋,就会被动消极对待上级命令,影响战斗力的发挥:"卒未亲附而罚之则不服,不服则难用也。"但若不严明军纪,单纯宽厚溺爱,也会导致斗志涣散,各行其是,同样不利于军队的建设。毫无疑义,孙子这一文武并重的治军原则是值得肯定的。

[战例]

李唐败窦建德虎牢之战

唐武德四年(621),李唐军队在虎牢之战中一举击败驰援洛阳王世充的窦建德十万大军,继而又迫降了困守洛阳的王世充,从而剪除了中原地区的两股主要武装势力,为统一全国奠定了重要基础。纵观虎牢之战中唐、窦两军作战的得失优劣,可知孙子《行军篇》所言"处军相敌"原则在实战中具有重大的价值。窦建德不善"处军",不善"相敌",从而导致兵溃被俘。李唐方面则因其在"处军相敌"方面棋高一着而大获全胜。

隋末,为了反抗隋王朝的腐朽残暴统治,爆发了轰轰烈烈的农民大起义。到公元617年初,农民起义形成了三大起义军中心:李密起义军活动于河南地区,窦建德起义军转战于河北一带,杜伏威起义军崛起于江淮地区。他们歼灭了大量隋军,使隋王朝濒临彻底崩溃的边缘。在农民起义风起云涌的形势下,一些贵族和地方官吏也纷纷起兵反隋,以重建专制统治秩序,李渊父子的太原起兵就是其中之一。

公元617年五月,隋太原留守李渊父子在太原(今山西太原市东南)起兵。李渊父子是富有政治远见和军事才能的封建贵族官僚,起兵之后,他们采取高明的战略策略,在军事方面不断取得进展,实施争取人心的政治、经济措施,赢得了政治上的主动。在不到半年的时间里,攻下隋都长安,占据了关中和河东广大地区,并迅速拓地到秦、晋、蜀等广大地区,成为当时举足轻重的一支力量。公元618年,李渊在长安称帝,建国号唐。尔后经过一段时间的征伐,又击败了薛举、梁师都、刘武周等割据势力,引兵东向,伺机统一全国。

当时,李密领导的瓦岗起义军已经解体,李唐的主要对手是河北窦建德起义军和洛阳王世充集团。另外还有杜伏威起义军控制着江淮地区,隋残余萧铣集团控制着长江中游及粤、桂等地。李渊集团对此采取了远交近攻、先王后窦、各个击破的战略:在派遣使者稳住窦建德的同时,由李世民率军出潼关进攻东都洛阳,消灭王世充集团。李世民大军在洛阳城下与王世充军进行了历时半年的激烈交战,给王世充军以重创,拔除了洛阳城外王世充军的据点,形成了对洛阳城的包围。王世充困守孤城,处境险恶,连连向窦建德告急求援。

窦建德意识到王世充若被消灭,自己就会成为唐军的下一个进攻目标。"唇亡齿寒",不能坐视不救。于是他在兼并了山东的孟海公起义军之后,于公元621年三月,亲率十万大军西援洛阳。窦军连下管州(今河南郑州)、荥阳、阳翟(今河南禹州)等地,很快进抵虎牢(今河南荥阳西北汜水镇)以东的东原一带(即东广武,河南荥阳东北广武山)。

虎牢为洛阳东面的战略要地。二月三十日夜,李唐王君廓军在内应的协助下,袭占该地。李世民在洛阳坚城未下,窦军骤至的形势面前,于青城宫召集前线指挥会议,研究破敌之策。唐宋州(治所在今河南商丘南)刺史郭孝恪、记室薛收等人认为,王世充据有洛阳坚城,兵卒善战,其困难在于粮草匮乏;窦建德远来增援,兵众既多且锐。如果让王、窦联兵,窦以河北粮食供王,就会对唐军造成不利,使李唐的统一大业受挫。因此,主张在分兵围困洛阳的同时,由李世民率主力据虎牢,阻止窦军西进,先消灭窦建德军,届时洛阳城就能不攻自下。李世民采纳了这一建议,立即将唐军一分为二,令李元吉、屈突通诸将继续围攻洛阳,自己率精兵三千五百人,于三月二十五日先期出发,进驻虎牢。

李世民到虎牢的次日,即率精骑五百东出二十里侦察窦建德军的情况。他遣李世勣、秦叔宝、程知节等率兵埋伏道旁,自己与尉迟敬德等仅数骑向窦建德军营前进。距窦军军营三里,李世民有意暴露自己,引诱窦建德出动五六千骑兵追击。待窦骑兵进入埋伏地点之后,李世勣等奋起攻击,击败窦军追兵,歼灭三百余人。此次小战挫抑了窦军的锋芒,了解了窦军的虚实。

窦军被阻于虎牢东月余,不得西进,几次小战又都失利,士气开始低落。四月三十日,窦军粮道被唐军抄袭,大将军张青特被俘,使得窦军处境更为不利。此时,部下凌敬向窦建德建议:率主力渡黄河,攻取怀州、河阳。再翻越太行山,入上党,攻占汾阳、太原。指出这样做有三利:入无人之境,取胜可以万全;拓地收众,增强实力;震骇关中,以解洛阳之围。窦建德认为有道理,准备采纳,但苦于王世充频频遣使告急,一些部将又受王世充使者的贿赂,主张直接救洛,终于搁置了凌敬的合理建议。

不久,李世民得到情报,说窦军企图乘唐军饲料用尽,到河北岸牧马的机会,袭击虎牢。李世民将计就计,遂率兵一部过河,南临广武,观察窦军情况后,故意留马千余匹在河渚,诱窦建德军出战。次日,窦军果然中计,全军出动,在汜水东岸布阵,北依大河,南连鹊山,正面宽达二十余里,摆出进攻虎牢的架势。李世民正确地分析了情况,说:窦军没有经历过大战,今度险而进,逼城而阵,有轻视唐军之意。我军可按兵不动,待窦军疲惫后,再行出击,以克敌制胜。于是一面严阵以待,使窦军无隙可乘,一面派人召回留在河北的诱兵,准备出击。

窦建德轻视唐军,仅遣三百骑过汜水向唐军挑战,李世民派部将王君廓率长矛兵二百出战。两军往来冲击交锋数次,未分胜负,各自退回本阵。战斗呈现胶着状态。

窦建德军沿汜水列阵,自辰时至午时,士卒饥饿疲乏,都坐在地上,士卒间又争着喝水,秩序混乱,表现出要返回军营的意向。李世民细心观察到这些迹象后,即派遣宇文士及率领三百骑兵经窦军阵西而南,先行试阵,并指示说:如窦军严整不动,即回军返阵。如其阵势有动,则可引兵继续东进。宇文士及至窦军阵前,窦军阵势即开始动摇。李世民见状,下令出战,并亲率骑兵先出,主力继进。过汜水后,直扑窦建德军的大营。当时窦建德正欲召群臣议事,唐军骤然而至,群臣纷纷向窦建德处走避,致使奉调抵抗唐兵的战骑通道被阻。窦建德急令群臣退去为骑兵让路,但为时已晚,唐军已经冲入。窦建德被迫向东撤退,为唐将窦抗所部紧追不舍。接着李世民所率骑兵也突入窦军大营,双方展开激战。

李世民又命程知节、秦叔宝、宇文歆等部迂回窦军后路。窦军见大势已去,遂惊慌溃逃。唐军乘胜追击三十余里,俘获五万余人。窦建德负伤坠马被俘,其余军卒大部溃散,仅窦建德之妻率数百骑逃回河北。至此,窦军被全部歼灭。

唐军虎牢之战得胜后,主力回师洛阳。王世充见窦军被歼,内外交困,走投无路,遂于绝望之中献城投降。

虎牢之战,唐军消灭窦建德援军十万人,接着又迫降了洛阳王世充的守军,夺取了中原的主要地区,取得"一举两克"的重大胜利,创造了我国古代围城打援的著名战例。这也是李唐统一全国的关键一战。

李世民的取胜,除了唐军自身具备强大的实力外,主要在于其作战指导上的得宜。在"处军"方面,李世民果断地先期占据战略要地虎牢,造就了有利于己、不利于敌的态势。在"相敌"方面,李世民尤其做得出色。他自始至终注重观察敌情,并善于对敌情进行分析判断,在此基础上制定正确的作战方针,灵活机动地打击敌人。这既表现为决战前进行小战以探知窦军虚实,也表现为决战中捕捉窦军疲乏诸迹象,通过试战了解窦军实情后,坚决实施进攻,最终击败十万之众的窦军。

窦建德的失败,除了军队自身未经历大战,将骄兵惰之外,很重要的原因,也在于其"处军相敌"方面的重大失误。他未能尽全力先攻下虎牢,这在"处军"上已输了一着,而"相敌"上的失策则更使他一步步走向败亡。他未能判断李世民数骑冒进的意图,率然出战,结果中伏损兵,导致兵锋受挫。他不知唐军放牧乃是利诱之计,随便驱动全军出战,决战没有打响,实际上已置己方军队于被动了。在决战中,窦建德又未能注意掩饰己方的军情,而将所有弱点一览无余暴露在唐军眼前,以至为敌所乘,陷于被动。更可悲的是,窦建德无端轻视唐军实力,轻举妄动,终于落得兵败身亡的下场。孙子在《行军篇》中说:"夫惟无虑而易敌者,必擒于人",真是一语道破窦建德失败的症结,让后人不胜感慨!

地形篇

　　本篇集中论述了利用地形的意义以及军队在各种地形条件下进行作战的基本原则。作为我国最早的军事地形学的精辟理论,弥足珍贵。孙子从当时的实战要求出发,具体分析了军队在作战中可能遇上的六种地形,并就这六种不同的地形条件,提出了具体而又适宜的用兵方法。从"地形者,兵之助也"这一认识高度出发,孙子提倡为将者认真研究、巧妙利用地形,认为这和战争的胜负有着直接的关系:"料敌制胜,计险厄、远近,上将之道也。"孙子还论述了军队由于将帅指挥失当而导致失败的六种情况——"六败",细致剖析了"六败"的原因,指出造成失败的责任应由将帅承担:"非天之灾,将之过也。"他对将帅提出了严格的道德要求:"进不求名,退不避罪,唯人是保,而利合于主。"在本篇中,孙子还阐述了官兵关系的准则,主张将领既要爱护士兵,"视卒如爱子",又要严肃治军的纪律,反对过分地宠爱士卒,做到"爱"与"严"相结合。

　　汉简篇题木牍有"□刑(形)"一题,位置在《九地篇》之前,似即本篇篇题,但汉简中未曾发现此篇简文。本篇篇题,曹操注曰:"欲战,审地形以立胜也。"

原文

孙子曰：地形有通者[1]，有挂者[2]，有支者[3]，有隘者[4]，有险者[5]，有远者[6]。我可以往，彼可以来，曰通；通形者，先居高阳[7]，利粮道[8]，以战则利[9]。可以往，难以返，曰挂；挂形者，敌无备，出而胜之；敌若有备，出而不胜，难以返，不利[10]。我出而不利，彼出而不利[11]，曰支；支形者，敌虽利我[12]，我无出也；引而去之[13]，令敌半出而击之[14]，利。隘形者，我先居之，必盈之以待敌[15]；若敌先居之，盈而勿从，不盈而从之[16]。险形者，我先居之，必居高阳以待敌[17]；若敌先居之，引而去之，勿从也[18]。远形者[19]，势均[20]，难以挑战[21]，战而不利。凡

译文

孙子说：地形有"通""挂""支""隘""险""远"等六种。凡是我们可以去，敌人也可以来的地域，叫作"通"；在"通"形地域上，应抢先占领开阔向阳的高地，保持粮草补给线的畅通，这样对敌作战就有利。凡是可以前往，却难以返回的地域，称作"挂"；在"挂"形地域上，假如敌人没有防备，就可以突然出击战胜他们；倘若敌人已有防备，我们出击就不能取胜，而且难以回师，这就不利于作战。凡是我军前出不利，敌人前出也不利的地域，叫作"支"；在"支"形地域上，敌人虽然以利相诱，我们也不要出击，而应该率军假装退却，诱使敌人前出一半时再回师反击，这样就有利。在"隘"形地域上，我们应该先敌占领，并用重兵封锁隘口，以等待敌人的进犯；如果敌人已先占据隘口，一定会用重兵严加据守，这时就不要去攻击；如果敌人没有用重兵封锁隘口，那么就可以进攻。在"险"形地域上，如果我军先敌占领，就必须控制开阔向阳的高地，以等待敌人来犯；如果敌人先我占领，就应该率军撤离，不要去攻打他们。在"远"形地域上，敌我双方势均力敌，就不宜去挑战，若勉强求战，

此六者,地之道也[22];将之至任[23],不可不察也。

很是不利。以上六点,是利用地形的原则,也是将帅的重大责任所在,不可不认真考察研究。

[注释]

1 地形有通者:地形,地理形状、山川形势。《商君书·农战》:"人君不能服强敌破大国也,则修守备,便地形,抟民力,以待外事。"通,通达,指广阔平坦、四通八达的地区,梅尧臣注曰:"道路交达。"

2 挂者:挂,悬挂、牵碍。《仪礼·少牢·馈食礼》郑玄注:"挂,悬也。"此处指前平后险、易入难出的地区。赵本学曰:"往则顺而下,返则逆而上,前低后高,如物挂者然也。"

3 支者:支,支持、支撑。《左传·定公元年》:"天之所坏,不可支也。"杜预注:"支,持也。"这里指敌我均可据险对峙、不易于发动进攻的地区。梅尧臣注曰:"相持之地。"

4 隘者:狭隘险要之地。这里特指两山之间的峡谷地带。梅尧臣注:"两山通谷之间。"

5 险者:险,险恶、险要,指行动不便的险恶地带。

6 远者:指路途迂回曲折、敌我双方相距甚远的地区。

7 先居高阳:意为抢先占据地势高且向阳之处,争取主动。杜牧注:"通者,四战之地,须先据高阳之处,勿使敌人先得而我后至也。"

8 利粮道:指保持粮道的畅通无阻。"利",此处用作动词。杜牧注:"利粮道者,每于津厄或敌人要冲,则筑垒或作甬道以护之。"杜佑注:"无使敌绝己粮道也。"

9 以战则利:以,为的意思。《玉篇》:"以,为也。"

10 "挂形者"至"难以返,不利"句:意谓在"挂"形地带,敌方如无防备,可以主动出击夺取胜利;敌人已有戒备,出击则不能取胜,军队想要

归返就困难了。故梅尧臣注云:"出其不意,往则获利;若其有备,往
必受制。"

11 彼出而不利:敌人出击也同样不利。而,此处作"亦""也"解。

12 敌虽利我:利,利诱,指敌人以利相诱。杜牧注、张预注均曰:"佯背
我去。"

11 引而去之:引,引导、带领的意思。《史记·魏公子列传》:"公子引侯
生坐上座。"去,离去、离开。引而去之,指率领部队伪装退去。

14 令敌半出而击之:令,使。此句张预注曰:"敌若来追,伺其半出,行列
未定,锐卒攻之,必获利焉。"

15 必盈之以待敌:一定要动用充足的兵力堵塞隘口,以对付来犯的敌
军。杜佑注云:"以兵陈满隘形,欲使敌不得进退也。"盈,满、充实的
意思。

16 盈而勿从,不盈而从之:此言在"隘"形地域,敌人如果已先我占领,
并用重兵把守隘口,我方就不可顺从敌意去攻打;如果敌人还未用重
兵扼守隘口,我军就应该全力进攻,去争夺险阻之利。从,顺从、跟随,
这里指发起进攻。

17 险形者,我先居之,必居高阳以待敌:意谓在险阻之地,我军应当抢先
占据地高向阳的要害之处以待敌军,争取主动。杜佑注:居高阳之地,
以待敌人;敌人从其下阴而来,击之则胜。

18 若敌先居之,引而去之,勿从也:张预注:"若敌已居此地,宜速引退,
不可与战。"甚是。

19 远形者:这里特指敌我营垒距离甚远。陈皞注曰:"与敌营垒相远。"

20 势均:孟氏注、张预注皆谓"兵势"相均,杜佑注则谓"地势"相均。
于文义都讲得通,但由于此篇是就"地形"立论,所以杜说似乎更为
在理。即敌我双方所处地理条件均等。

21 难以挑战:此言由于地远势均,近敌挑战则劳师疲军,所以称之为
"难"。挑战,挑动敌人出战。

22 地之道也:意为上述六者是将帅指挥作战时利用地形的基本原则。道,原则、规律。

23 将之至任:指将帅所应担负的重大责任。至,最、极的意思。《论语·雍也》:"中庸之为德,其至矣乎!"

原文

故兵有走者[1],有弛者,有陷者,有崩者,有乱者,有北者。凡此六者,非天之灾[2],将之过也。夫势均,以一击十,曰走[3]。卒强吏弱,曰弛[4]。吏强卒弱,曰陷[5]。大吏怒而不服[6],遇敌怼而自战[7],将不知其能,曰崩[8]。将弱不严[9],教道不明[10],吏卒无常[11],陈兵纵横[12],曰乱[13]。将不能料敌[14],以少合[15]众,以弱击强,兵无选锋[16],曰北[17]。凡此六者,败之道也[18];将之至任,不可不察也。

译文

军事上有"走""弛""陷""崩""乱""北"等六种必败的情况。这六种情况的发生,都不是天然的灾害,而是由将帅自身的过错所造成的。在势均力敌的情况下,以一击十而导致失败的,叫作"走"。士卒强悍,将吏懦弱而造成败北的,叫作"弛"。将帅强悍,士卒懦弱而溃败的,叫作"陷"。偏将怨忿而不服从指挥,遇到敌人擅自率军出战,主将又不了解他们的能力,因而失败的,叫作"崩"。将帅懦弱缺乏威严,训练教育没有章法,官兵关系混乱紧张,列兵布阵杂乱无常,因此而致败的,叫作"乱"。将帅不能正确判断敌情,以少击众,以弱击强,作战又没有精锐先锋分队,因而落败的,叫作"北"。以上六种情况,均是导致军队失败的原因。这是将帅的重大责任之所在,是不可不认真考察研究的。

注释

1 兵有走者:兵,这里指败军。走,与以下"弛、陷、崩、乱、北"共为"六败"之名,贾林注:"皆败坏大小变易之名也。"

2 非天之灾:意谓导致用兵"六败"的原因,不在于天然的灾难。此句武经本、樱田本、武备志本均作"非天地之灾"。

3 走:跑、奔,这里指军队败逃。

4 弛:涣散、松懈的意思。这里指将吏软弱无能,队伍涣散难制。张预注:"士卒豪悍,将吏懦弱,不能统辖约束,故军政弛坏也。"

5 陷:陷没。此言将吏虽勇强,但士卒没有战斗力,遇敌,将吏不得不孤身奋战,力不能支,最终陷于败没。王皙注:"为下所陷。"

6 大吏怒而不服:曹操注:"大吏,小将也。"此句意谓偏裨将佐恚怒,不肯服从主将的命令。

7 遇敌怼而自战:意为恚怒愤懑的"大吏",遇敌心怀怨愤,擅自出阵作战。怼,《尔雅》:"怨也。"

8 崩:土崩瓦解,形容全军溃败。明刘寅《武经七书直解》:"如山之崩坠。"

9 将弱不严:指将帅懦弱无能,毫无威严可以制下。

10 教道不明:指治军缺乏法度,军队管理不善。张预注:"教道不明,谓教阅无古法也。"教道,指训练、教育之法度。

11 吏卒无常:无常,指没有法纪、常规,军中上下关系处于失常状态。

12 陈兵纵横:指布兵列阵杂乱无章。杜牧注:"引兵出陈,或纵或横,皆自乱之也。""陈",古"阵"字。

13 乱:队伍混乱。

14 料敌:指分析(研究)敌情。

15 合:指两军交战。

16 选锋:由勇敢善战的士卒精选组织而成的先锋部队。《尉缭子·战威》:"武士不选,则众不强。"战国期间,齐国的技击,魏国的武卒,秦国的锐士,都是当时各国的选锋部队。

17 北:败北。《荀子·议兵》:"遇敌处战则必北",杨倞注:"以败走为北也。"

18 凡此六者,败之道也:陈皞注:"一曰不量寡众,二曰本乏刑德,三曰失于训练,四曰非理兴怒,五曰法令不行,六曰不择骁果,此名六败也。"

原文

　　夫地形者,兵之助也[1]。料敌制胜[2],计险厄、远近[3],上将[4]之道也。知此而用战者必胜[5],不知此而用战者必败。故战道必胜[6],主[7]曰无战,必战可也[8];战道不胜,主曰必战,无战可也[9]。故进不求名,退不避罪,唯人是保[10],而利合于主[11],国之宝也[12]。

译文

　　地形是用兵打仗的辅助条件,正确判断敌情,积极掌握主动,考察地形的险厄,计算道路的远近,这些都是贤能的将领所必须掌握的方法。懂得这些道理去指挥作战的,必定能够胜利;不了解这些道理去指挥作战的,必定会失败。所以,根据战争规律已经有了必胜把握的,即使国君主张不打,坚持去打也是可以的;根据战争的规律进行分析,没有必胜把握的,即使国君命令一定要打,不打也是可以的。进不谋求战胜的名声,退不回避违命的罪责,只求保全民众,同时符合国君的根本利益,这样的将帅,才是国家的宝贵财富。

注释

1 地形者,兵之助也:指地形的审察,是用兵作战的重要辅助条件。按,这是孙子军事地理思想的根本原则:重地,更重人。

2 料敌制胜:指正确地分析判断敌人虚实强弱情况以夺取胜利。

3 计险厄、远近:指考察地形的险厄,计算道路的远近。

4 上将:贤能、高明之将。《吕氏春秋·简选》:"令能将将之。"高诱注:"能将,上将。"陈奇猷《校释》云:"上将,犹言上乘之将,亦即贤能之将。"

5 知此而用战者必胜:知此,指懂得上述道理。用,为、以的意思。用战,指挥作战。张预注:"既知敌情,又知地利,以战则胜。"

6 战道必胜:战道,作战具备的各种条件,引申为战争的一般指导规律。战道必胜,是根据战争规律分析,具备必胜的把握。

7 主:指君主、国君。杜牧注:"主者,君也。"

8 必战可也:言可自行决断与敌开战,无须听从君命。

9 无战可也:犹言拒绝君命,不同敌人交战。

10 唯人是保:人,百姓、民众。保,保全。此句意谓对个人的进退处置在所不计,只求保全民众。武经本、樱田本、孙校本"人"均作"民"。

11 利合于主:指符合、满足国君的根本利益。合,此为适合、符合的意思。武经本、平津馆本无"合"字。

12 国之宝也:犹言国家的宝贵财富。杜牧注:"进不求战胜之名,退不避违命之罪也。如此之将,国家之珍宝,言其少得也。"

【原文】

视¹卒如婴儿,故可与之赴深溪²;视卒如爱子,故可与之俱死。厚而不能使,爱而不能令³,乱而不能治⁴,譬若骄子,不可用也⁵。

【译文】

对待士卒就像对待婴儿一样,那么士卒就可以同他共赴患难;对待士卒如同对待爱子一样,那么士卒就可以跟他同生共死。如果对士卒厚待而不能使用,溺爱而不加教育,违法而不予惩治,那么士卒就如同骄纵惯了的子女一样,这种士卒是不可以用来同敌作战的。

【注释】

1 视:看待、对待的意思。《左传·成公三年》:"贾人如晋,荀䓨善视之。"

2 深溪:溪,山涧河沟。深溪,极深的溪涧,这里喻危险地带。

3 厚而不能使,爱而不能令:指只知厚待而不能使用,只知溺爱而不重
教育。厚,厚养、厚待。令,这里是教育的意思,梅尧臣注为"爱宠而
不教"。武经本、樱田本、平津馆本"厚"与"爱"两字互换位置。

4 乱而不能治:指士卒放纵不羁而不能加以约束惩治。治,治理,这里
有惩处的意思。《史记·李斯列传》:"赵高治斯,榜掠千余。"

5 譬若骄子,不可用也:张预注:"恩不可以专用,罚不可以独行,专用
恩,则卒如骄子而不能使。"甚是。

[原文]

知吾卒之可以击,而
不知敌之不可击,胜之半
也[1];知敌之可击,而不知
吾卒之不可以击,胜之半
也;知敌之可击,知吾卒
之可以击,而不知地形之
不可以战,胜之半也[2]。
故知兵者[3],动而不迷[4],
举而不穷[5]。故曰:知彼
知己,胜乃不殆;知天知
地,胜乃不穷[6]。

[译文]

只了解自己的部队可以打,而不
了解敌人不可以打,取胜的可能性只
有一半;只了解敌人可以打,而不了
解自己的部队不可以打,取胜的可能
性也只有一半;既了解敌人可以打,
也了解自己的部队能够打,但是不了
解地形不利于作战,取胜的可能性同
样只有一半。所以,懂得用兵的将帅,
他行动起来不会迷惑,他的作战措施
变化无穷而不致困窘。所以说,了解
对方,了解自己,争取胜利就不会有
危险。懂得天时,懂得地利,克敌制
胜就会永无穷尽。

[注释]

1 胜之半也:意谓胜利或失败的可能性各占一半,即没有必胜的把握。

2 而不知地形之不可以战,胜之半也:此言如果不知道地形不适宜作
战,得不到地形之助,则能否取胜同样也无把握。曹操、李筌均注:"

胜之半者,未可知也。"梅尧臣注:"知彼知己而不知地形,亦或不胜。"

3 知兵者:通晓用兵打仗之道的人。

4 动而不迷:行动起来从不迷惑,含有不盲动的意思。迷,迷惑、困惑。

5 举而不穷:举,行动。穷,困窘、困厄的意思。《论语·卫灵公》:"君子亦有穷乎?"此句意为所采取的作战措施因地制宜,变化无穷。梅尧臣注:"无所不知,则动不迷闇,举不困穷也。"

6 胜乃不穷:指胜利永远不会有穷尽。此句武经本等均作"胜乃可全"。"不穷",是就时间立论;"可全",是就空间立论。

[通论]

　　本篇是我国历史上最早论述有关军事地形学的精辟专文,它与以下专门阐述兵要地理的《九地篇》一起,构成了兵圣孙武军事地理学思想的主要内容,弥足珍贵。孙子在本篇中集中揭示了巧妙利用地形的重要性,列举了战术地形的主要类型和不同特点,提出了在不同地形条件下军队行军作战的若干基本原则,辩证地分析了判断敌情与利用地形之间的相互关系。在此基础上,进而探讨了军队作战失利的六种主要原因,并阐述了将帅的道德行为准则以及若干治军原则。

　　"知彼知己,胜乃不殆;知天知地,胜乃不穷",这是孙子认识战争、指导作战的思想基础。他要求战争指导者全面了解和掌握各种情况,在此基础上筹划战略全局,实施战役指导,活用战术战法,赢得战争胜利,即所谓"动而不迷,举而不穷"。了解地形,利用地利,就属于"知天知地"的范围。这正是孙子构筑其军事地形学的出发点。

　　战争都是在一定的空间和时间范围中进行的。时间体现为战争的速决或持久,空间则表现为战争的战场覆盖面。在冷兵器时代,战争主要是在陆地上展开的,地形条件对战争行动影响至为重要,所以古代兵家无不重视利用地形,而孙子则是这方面的理论奠基者。

孙子高度重视战场地形条件对作战行动的影响,提出了"地形者,兵之助也"这一精辟论断,强调将帅要重视对地形的观察和利用,并且将判断敌情同利用地形两者密切地联系起来。具体地说,孙子认为能否根据地形条件制定适宜战法战术直接关系到战争的胜负结果,指出要想成为一位有成就的将帅,条件之一就是要了解、熟悉地形,巧妙利用地形,即在判断和掌握敌情的同时,准确地计算地形的险厄远近,以便对军队的开进、机动和部署,阵地的选择、使用和伪装作出正确的抉择,这就是所谓的"料敌制胜,计险厄、远近,上将之道也"。这样,孙子就将地形学首次引入了军事斗争的领域,使得敌情分析与地形利用得到了有机的联系和结合。这在古代军事学术发展史上具有相当深远的意义。

从"地形者,兵之助也"这一基本见解出发,孙子根据当时实战的具体要求,在同篇中系统地探讨了战术地形的基本类型和主要特征。他具体列举了军队在作战中有可能遇到的六种地形,即通形、挂形、支形、隘形、险形、远形;指出了这六种基本地形的各自特点所在,并就此提出了详尽而有针对性的用兵方法,如在"支"形地域上,先要做到不受敌人诱兵的诱惑,持重待机,然后率师假装退却,诱使敌人前出一半时再回师反击,战胜敌人。

孙子的军事地形学思想是对众多战争实践活动的总结,因而在指导后世战争方面也曾产生过深远的影响。当然,孙子的军事地形学思想乃是冷兵器时代的产物,随着岁月的流逝,其中不少内容已明显陈旧过时。现代战争是全方位、多维空间范围内的高技术较量,它对地形的利用提出了新的更高的要求。然而需要充分肯定的是,孙子重视利用地形的思维方式及其基本精神却是永远不会失去其魅力的。

本篇除论述军事地形学理论外,还讨论了由于将帅指挥失当而导致军队作战失败的六种情况——"六败":"兵有走者,有弛者,有陷者,有崩者,有乱者,有北者。"具体说明了"六败"各自的外在表现。而"六败"的原因,完全缘于人事,而非天意,主要责任应由军事指挥者来承担。所以孙子对将帅提出了严格的道德要求,这就是要做到:"进不求名,退不避罪,唯人是保,而利合于主。"这一卓越的识见,是那个时代那些唯主上之命是从的庸人们所无法望其项背的。本篇中,孙子还阐述了官兵关系的基本准则,主张将领既要关心爱护士卒,使其感恩戴德;又要严格治军纪律,使其敬畏权威。做到文武并用,"爱""严"结合,奖惩适宜。这一治军理论,在当时具有一定的进步性,对后人也不乏启迪。

[战例]

魏灭蜀汉之战

魏灭蜀汉之战是三国末期强大的魏国对弱小的蜀汉政权所进行的一次战争,是完成日后西晋全国统一的前奏。魏国西路军主将邓艾在这次战争中,不走大道,而攀越高山,开凿小道,出其不意地直捣蜀都成都,一举而夺取了胜利。魏取得灭蜀战争的胜利,除了总体实力强大,蜀汉内部分裂不和,魏战略方针正确等原因外,另一个重要因素,就是在战术指导上善于利用地形,果断乘虚蹈隙,以奇袭战胜敌人。这充分体现了《孙子·地形篇》中所说的:"料敌制胜,计险厄、远近,上将之道"的基本作战指导思想。

公元 249 年,司马懿发动高平陵政变,夺取了曹魏政权的实际军政大权。他在继续剪除曹氏势力的同时,笼络士族,调整内部关系,注意发展生产,移民实边,广修水利,收到了重大的政治、经济、军事效益。到其子司马昭执政时,魏国的力量相对其他两个独立政权——蜀汉、东吴来说,已经占有了绝对的优势。

蜀汉是三国中疆土最小,人口最少,实力最弱的国家。前期在诸葛亮的治理下,政治上还比较稳定,经济和军事上也有一定的实力。诸葛亮死后,蒋琬和费祎相继辅政,他们在内政上遵循诸葛亮的成规,没有新的变革和建树;外交上维持联吴抗魏的国策;军事上由进攻曹魏转变为防御自固。因而暂时还能保持国内的稳定和防御曹魏的能力。公元253年,费祎去世,大将军姜维主持蜀国军政,采取西连羌胡,夺取陇右,相机进图关中的战略,在十年中,先后六次向陇右出击。结果不但没有达到目的,反而使得蜀汉兵疲民困,内部矛盾加剧。而蜀汉后主刘禅庸弱无能,重用宦官黄皓,政治腐败,导致蜀汉政权日益趋于风雨飘摇之中。加上由于姜维与黄皓矛盾激化,率蜀军主力远驻沓中(今甘肃舟曲县)避祸屯田,更使战略要地汉中正面防御薄弱,为魏军的大举进兵提供了虚隙。

景元三年(262)冬,司马昭根据蜀汉内政不修、边境无备、士气不振等情况,定下了灭蜀的计划。他指出:蜀汉有九万军队,其中用于驻守成都和其他地方的有四万人,作为战略主力部队的仅五万人,而这五万人正远离汉中驻在沓中。我们只要把姜维牵制在沓中,使其不得东顾,用大军直捣汉中、骆谷,出其空虚之地以袭取汉中,蜀汉方面一定会失去战斗力,其亡国是可以预知的。为此,他不顾朝臣们的反对意见,积极进行灭蜀的战争准备。半年后(公元263年)一切就绪,遂借傀儡魏帝之手正式颁下诏书:起兵十八万,大举攻蜀。其具体作战部署是:以征西将军邓艾率兵三万向甘松(今甘肃迭部东南)、沓中进军,牵制姜维;雍州刺史诸葛绪率兵三万余切断姜维向东、南方向退兵的归路;镇西将军钟会率主力十二万人分从斜谷、骆谷、子午谷直趋汉中。公元263年八月,魏军主力自洛阳出发,开始了灭蜀行动。

汉中地处秦岭和米仓山之间,是巴蜀的屏障,益州的咽喉,战略地位十分重要,蜀汉方面历来重视对它的防御。诸葛亮、蒋琬、费祎等人都亲率大军驻守,并修建了汉(今陕西勉县东)、乐(今陕西城固东)二城以屯兵,同时依山阻险、重叠交错地部署戍卒扼守诸重要关口。这些措施在对魏作战中曾收到了很好的效果,使魏军的多次进犯都无功而返。但自姜维将蜀汉主力部队调往沓中后,汉中的蜀军人数不到三万,兵力薄弱。姜维还改变了汉中历来的防御方针及设施,采取了收缩兵力,防守要城,诱敌深入,然后乘敌疲惫而出击的方针。这一作战方针从理论上说固然没有错,但是在当时魏极强而蜀极弱的条件下,采取这一作战方针,无异于开门揖盗,自取败亡。

姜维在探知到"钟会治兵关中,欲窥进取"的消息后,仍未能当机立断变更作战部署,立即将沓中的蜀军主力转移到汉中,扼守诸险隘,以抗击魏军的进犯。而仅仅是上表刘禅,建议派遣左、右车骑将军张翼、廖化率军守卫阳安关口和阴平桥头。但这一建议也受黄皓的阻挠而未得实施,蜀汉方面再次错过了据守险厄以抗击魏军的机会。

公元263年九月初,魏分三路大军按预定计划,同时向汉中、沓中、武街与桥头发起进攻。蜀汉见魏军蜂拥而来,派遣廖化率军支援沓中姜维;派遣张翼与董厥率军去阳安关助防。但同时命令汉中部队退保汉、乐两城。在魏强蜀弱、实力悬殊的情况下,蜀汉的弃险不守之策,恰为魏军的进兵提供了极好的机会。

廖化进兵到阴平时,听说魏将诸葛绪一部将向建威(今甘肃成县西北)前进,即留驻阴平,没有及时占领桥头孔道,结果该要地为诸葛绪抢占,这样,就阻断了沓中的姜维的归路。而张翼、董厥的行动也过于迟缓,未能及时赶到阳安关。这时,蜀军主力姜维部队还远在沓中,蜀军汉中外围部队已撤了下来,张翼等部援军还未到达,汉中蜀军的防务部署完全陷入被动。

钟会乘此机会,迅速突入汉中平川,袭占阳安关,杀死阳安关蜀军守将傅佥。然后派兵进围汉、乐两城,自率主力"长驱而前",企图一举夺取剑阁(今四川剑阁北),进逼成都。

与此同时,姜维率领沓中的蜀军主力向汉中方向移动。在东移过程中,蜀军遭到邓艾军的追击骚扰,损失很大,但因撤退迅速,终于摆脱了邓艾追军。数日后,姜维大军进抵阴平一带。

这时,魏军的庸将诸葛绪犯了一个重大的错误。当时诸葛绪已占领了武街和阴平桥头,姜维的归路实际已被切断。姜维见状,故意北出孔丞谷(今甘肃武都西南),向诸葛绪侧后迂回。诸葛绪果然中计,把军队后撤三十里驰救,让出了要道。姜维立即回军通过桥头隘道,会合廖化、张翼、董厥诸部退守剑阁。剑阁地势险峻,易守难攻,是"蜀境之巨防",汉中通往成都的咽喉。姜维凭借剑阁之险,设防固守,钟会大军久攻不克。因粮道险远,军食匮乏,钟会计无所出,不得不考虑引兵回国。由此可见,魏军对阴平桥头战略要地的得而复失,是魏军攻势受挫,蜀方形势暂时稳定的关键。

驻守在阴平的邓艾见钟会有撤兵之意,急忙向钟会提出出奇制胜、偷渡阴平的袭击方案。邓艾是这样分析形势并提出对策的:"蜀军已遭到沉重打击,现应乘机进攻。如果从阴平出发,由小道经德阳亭(今四川江油东北)出剑阁以西百里,去成都仅三百余里,以奇兵出击蜀汉之腹心。如果姜维放弃剑阁而救援涪城,您就率兵长驱直进;如果姜维仍驻守剑阁,涪城的守兵一定很少,我便率军直取成都。不管怎样,灭蜀是肯定能做到的。"钟会同意了这一建议。

于是邓艾选精兵一万人,于十月中旬从阴平出发,并用两万人负粮担仗继后。邓艾军沿白水河谷(景谷)东行,登上摩天岭,行经荒无人烟的山陵地带七百余里,凿山开道,架设便桥。山高谷深,军粮又逐渐不继,处境相当危险。邓艾鼓励士兵说:快速进入平地,就有粮食,否则就只有饿死在这里。至马阁山时,路不能通。邓艾身先士卒,用毛毡裹着身体,从山上一滚而下。兵士也都手攀树木,沿着悬崖,一个接一个地越过深涧。邓军很快抵达江油(今四川江油),蜀江油守将马邈毫无准备,猝不及防,丧失斗志,向魏军投降。魏军得到给养补充,士气大振,邓艾率军迅速向涪县(今四川绵阳东)挺进。

江油失守后,刘禅派遣军师将军诸葛瞻率军迎击邓艾。诸葛瞻抵达涪县后,停驻不前,部将黄崇再三建议:"宜速行据险,无令敌得入平地。"但未被诸葛瞻采纳。邓艾因而没有遇到任何抵抗,得以逾越险阻到达涪县,击败了诸葛瞻的前军,诸葛瞻被迫退守绵竹(今四川德阳)。邓艾命令其子邓忠和司马师纂分左、右两路夹击诸葛瞻军,首战失利,但次战却大获全胜,击杀了诸葛瞻及其子诸葛尚,攻克了绵竹。

绵竹之战蜀军的全军覆没,使蜀国举国上下陷入一片混乱之中,大臣谯周等人极力主张投降。刘禅眼见邓艾大军兵临城下,成都难守,逃遁无路,遂于同年十一月自缚请降,邓艾大军进占成都,立国四十三年的蜀汉政权就此覆灭。

纵观魏灭蜀之战,双方对地形的认识、利用上的优劣高低,对战争的进程产生了重要的影响。蜀军对险形地域、隘形地域的汉中地区,疏于戒备,违背了孙子所说的:"隘形者,我先居之,必盈之以待敌","险形者,我先居之,必居高阳以待敌"等原则,而让主力远驻沓中,给魏军的进军提供了极大的可乘之机。当占据剑阁成功,遏制了魏军攻势之后,又未能考虑到敌从阴平偷渡的可能性,以致腹背受敌。而诸葛瞻军未能及时进兵据守要地,则使偷渡阴平获得成功的邓艾军更加牢牢掌握了战争的主动权,终于导致国家破灭,军队败亡。

魏军方面则充分认识到了利用地形、避实击虚的重要性。尤其是邓艾出奇制胜,翻越天险,袭取成都,实堪为"敌无备,出而胜之"的杰出典范。而魏军在此役中曾经一度兵顿剑阁之下,几乎功败垂成,其原因也在于诸葛绪不守阴平桥头这一险阻,让姜维军从容退守剑阁的失策。魏军作战指导上得失两方面的经验教训,都证明了作战中运用地形条件,出奇制胜的必要性。

九地篇

导读

　　本篇主要阐说军队在九种不同战略地理环境下进行作战的基本指导原则，特别强调要根据在不同作战地区官兵所产生的不同心理状态，来制定切合实际的战略战术，确保战争的胜利。首先，孙子从战略态势上，概括了九种不同兵要地理的特点及其对官兵心理状态所产生的影响，并进而提出具体灵活的应变措施，以充分发挥军队的战斗力。其次，孙子提倡深入敌境进行作战。认为这样做具有使士兵听从指挥、努力作战、就地解决军队的给养问题、士兵无所畏惧等多种优点。第三，孙子进一步强调了贯穿于他的整个思想体系中的一些重要作战原则，如利用敌人弱点、争取主动、避实击虚、迅速行动、集中兵力等，并把它们同地理条件的特点结合起来。在本篇中，孙子还提出了某些具有一定进步意义的治军主张，如强调带兵要做到法令严明，禁止迷信和谣言，重视保护军队的团结和战斗力，为克敌制胜创造充分的条件。但是，我们也应该看到，本篇中也集中反映了孙子的"愚兵"思想。如提倡"愚士卒之耳目，使之无知"；视士卒为"群羊"；为驱使士卒卖命，而鼓吹欺骗之术："犯之以利，勿告以害。"这些在今天都是可以商榷和讨论的。

　　九地，指散地、轻地、争地、交地、衢地、重地、圮地、围地、死地等九种不同的战略地形。本篇篇题，曹操注："欲战之地有九。"王皙注："用兵之地,利害有九也。"张预注:"用兵之地,其势有九。"

孙子曰:用兵之法,有散地,有轻地,有争地,有交地,有衢地[1],有重地,有圮地[2],有围地,有死地。诸侯自战之地,为散地[3]。入人之地而不深者,为轻地[4]。我得则利,彼得亦利者,为争地[5]。我可以往,彼可以来者,为交地[6]。诸侯之地三属[7],先至而得天下之众者,为衢地[8]。入人之地深,背城邑多者,为重地[9]。行山林、险阻、沮泽,凡难行之道者,为圮地[10]。所由入者隘,所从归者迂,彼寡可以击吾之众者,为围地[11]。疾战则存,不疾战则亡者,为死地[12]。是故散地则无战[13],轻地则无止[14],争地则无攻[15],交地则无绝[16],衢地则合交[17],

孙子说:根据用兵的原则,兵要地理可以区分为散地、轻地、争地、交地、衢地、重地、圮地、围地、死地等九大类。诸侯在本国境内作战的地区,叫作散地。在敌国浅近纵深作战的地区,叫作轻地。我方先占领对我有利,敌人先占领对敌有利的地区,叫作争地。我军可以前往,敌军也可以前来的地区,叫作交地。同几个诸侯国相毗邻,先期到达就可以获得诸侯列国援助的地区,叫作衢地。深入敌国腹地,背后有众多敌人城邑的地区,叫作重地。山林、险要隘路、沼泽这一类难以通行的地区,叫作圮地。进军的道路狭窄,退兵的道路迂远,敌人可以以少击众的地区,叫作围地。迅速奋战就能够生存,不迅速奋战就会全军覆灭的地区,叫作死地。因此,处于散地就不宜作战,处于轻地就不宜停留,遇上争地就不可贸然进攻,遇上交地就要部署得宜,不可隔绝,进入衢地就应该结交诸侯,深入重地就要掠取粮草,到了圮地必须迅速重地则掠[18],圮地则行[19],围地则谋[20],死地则战[21]。

通过,陷入围地就要设谋脱险,困于死地就要奋勇作战,死里求生。

注释

1 衢地:汉简本"衢"字皆作"𥈞"或"瞿",音近义通。衢,四通八达的道路。《尔雅·释宫》:"四达谓之衢。"

2 圮地:汉简本"圮地"作"泛地"。《长短经·地形》作"氾地"。

3 诸侯自战之地,为散地:此言在本国领土上同敌人作战,士卒近家,遇上危急就容易逃散,这种地域叫作散地。曹操注:"士卒恋土,道近易散。"又李筌注:"卒恃土,怀妻子,急则散,是为散地也。"散,离散。武经本"自战其地"后有"者"字。汉简本无"自"字。

4 入人之地而不深者,为轻地:指军队在进入敌境不深的地区作战,士卒离本土不远,情况危急时易于轻返,是谓轻地。张预注:"始入敌境,士卒思还,是轻返之地也。"

5 我得则利,彼得亦利者,为争地:争地,指我军占领有利,敌军占领也有利的地区。杜佑注:"谓山水厄口,有险固之利,两敌所争。"又梅尧臣注:"无我无彼,先得则利。"武经本"我得则利"作"我得亦利"。

6 我可以往,彼可以来者,为交地:交地,指道路纵横、地势平坦、交通便利的地区。交,纵横交错。陈皞注:"交,错是也。言其道路交横,彼我可以来往。"

7 诸侯之地三属:三,泛指众多。属,连接、毗邻。三属,多方毗连,盖指敌我与多方诸侯国相毗邻。

8 先至而得天下之众者,为衢地:谁先到达就可以得到四周诸侯的援助,这样的地方叫作衢地。杜牧注:"我须先至其冲,据其形势,结其旁国也。"

9 入人之地深,背城邑多者,为重地:进入敌境已深,隔着很多敌国城邑的地区,叫作重地。梅尧臣注:"过城已多,津要绝塞,故曰重难之地。"汉简本此句作"倍城邑多者为重"。

10 行山林、险阻、沮泽,凡难行之道者,为圮地:凡是山林、险要隘路、湖沼这类难以通行的地区,叫作圮地。圮,《说文》:"圮,毁也。"武经本、樱田本无句首"行"字,汉简本无"险阻"二字。

11 围地:入口狭隘、归路迂远、敌人能够以少兵胜我多众的地区,叫作围地。何延锡注:"围地,入则隘险,归则迂回,进退无从,虽众何用。"汉简本无"之""地"二字。

12 疾战则存,不疾战则亡者,为死地:地势险恶,只有奋勇作战才能生存,不迅速力战就难免覆灭的地区,叫作死地。张预注:"山川险隘,进退不能,粮绝于中,敌临于外,当此之际,励士决战而不可缓也。"汉简本无二"战"字。

13 散地则无战:在散地上不宜作战。梅尧臣注:"我兵在国,安土怀生,陈则不坚,斗则不胜,是不可以战也。"

14 轻地则无止:止,停留、逗留。意为军队在轻地上不宜停留。梅尧臣注:"始入敌境,未背险阻,士心不专,无以战为。勿近名城,勿由通路,以速进为利。"

15 争地则无攻:遇到争地,我方应该先行占据;如果敌人已先期占领,则不要去强攻争夺。梅尧臣注:"形胜之地,先据乎利。敌若已得其处,则不可攻。"

16 交地则无绝:绝,隔绝、断绝。此句意为在交地要做到军队部署上能够首尾连贯,互相策应。曹操注:"相及属也。"杜牧注:"川广地平,四面交战,须车骑部伍首尾联属,不可使之断绝,恐敌人因而乘我。"

17 衢地则合交:合交,结交。曹操注:"结诸侯也。"意谓在衢地上要加强外交活动,结交诸侯盟友,以为己援。王皙注:"四通之境,非交援不强。"

18 重地则掠:指深入敌方腹地,后方接济困难,要"因粮于敌",就地解决部队的后勤补给问题。梅尧臣注："去国既远,多背城邑,粮道必绝,则掠畜积以继食。"掠,掠取、抢掠。

19 圮地则行:军队行进中遇到圮地,必须设法迅速通过。张预注:"难行之地,不可稽留也。"

20 围地则谋:此言军队如陷入围地,就必须善用计谋来摆脱困境。曹操注:"发奇谋也。"

21 死地则战:言军队如进入死地,就必须奋勇力战,以求脱险。曹操注:"殊死战也。"

原文

所谓古之善用兵者[1],能使敌人前后不相及[2],众寡不相恃[3],贵贱不相救[4],上下不相收[5],卒离而不集[6],兵合而不齐[7]。合于利而动,不合于利而止[8]。敢问:"敌众整而将来[9],待之若何?"曰:"先夺其所爱,则听矣[10]。"兵之情主速[11],乘人之不及[12],由不虞之道[13],攻其所不戒也[14]。

译文

从前善于指挥作战的人,能够使敌人前后部队不能相互策应,主力和小部队无法相互依赖,官兵之间不能相互救援,上下之间无法聚集合拢,士卒离散难以集中,交战阵形混乱不齐。对我有利就打,对我不利就停止行动。试问:"如果敌军人数众多且又阵势严整向我发起进攻,那该用什么办法对付他们呢?"回答是:"先剥夺敌人最关键的有利条件,就可使他们不得不听从我们的摆布了。"用兵之理,贵在神速,要乘敌人猝不及防的时机,走敌人所预料不到的路径,攻击敌人所不曾戒备的地方。

注释

1 所谓古之善用兵者:武经本、樱田本无"所谓"二字。汉简本"古"字下无"之"字,"用兵"二字作"战"字。

2 前后不相及:前锋与后卫不能相互策应配合。及,策应。汉简本"及"字下有"也"字。

3 众寡不相恃:众,指大部队。寡,指小分队。恃,依赖、倚仗。此句言大部队与小部队之间不能相互依赖和协同。

4 贵贱不相救:贵,军官。贱,士卒。救,救应、救援。指军官和士卒之间不能相互救应。

5 上下不相收:收,收拢、聚集。谓部队建制被打乱,上下之间失去联络,无法聚合。

6 卒离而不集:离,离散。集,集结。言使敌军士卒离散而无法集结起来。

7 兵合而不齐:虽能使士卒集合在一起,但无法让军队整齐统一。

8 合于利而动,不合于利而止:合,符合。于,和。动,作战。止,不战。此句重见于《火攻篇》。

9 敌众整而将来:此句汉简本作"敌众以正,将来"。

10 先夺其所爱,则听矣:爱,珍爱,引申为要害、关键。听,听从、顺从。此句的意思是,首先攻取敌人的要害之处,敌人就会不得不听从我们的摆布了。汉简本无"先"字。

11 兵之情主速:情,情理。引申为关键。主,重在、要在。速,迅速、疾速。此句言用兵的关键在于迅速,出敌不意。王皙注:"兵上神速,夺爱尤当然也。"汉简本"情"作"请","速"作"数",皆为通假字。

12 乘人之不及:人,敌人。不及,措手不及。意谓要乘敌人措手不及时采取行动。此句汉简本作"乘人之不给也"。

13 由不虞之道:由,经过、通过。不虞,意料不到。此句言出兵要走(通过)敌人预料不到的路径。张预注:"出兵于不虞之径。"

14 攻其所不戒也:戒,防备、戒备、警戒的意思。《说文》:"戒,警也。"此句意为:攻击敌人所不曾戒备的地方。

原文

凡为客之道[1]，深入则专[2]，主人不克[3]；掠于饶野[4]，三军足食；谨养而勿劳[5]，并气积力[6]，运兵计谋，为不可测[7]。投之无所往[8]，死且不北。死，焉不得士人尽力[9]。兵士甚陷则不惧[10]，无所往则固[11]，深入则拘[12]，不得已则斗[13]。是故其兵不修而戒[14]，不求而得，不约而亲[15]，不令而信[16]。禁祥去疑[17]，至死无所之[18]。吾士无余财，非恶货也；无余命，非恶寿也[19]。令发之日，士卒坐者涕沾襟[20]，偃卧者涕交颐[21]。投之无所往者[22]，诸、刿之勇也[23]。

译文

大凡进入敌国作战，一般规律是：深入敌国的腹地，我军的军心就会坚固，敌人就不能战胜我们；在敌国丰饶的田野上掠取粮草，全军上下的给养就有了足够的保障；要注意休整部队，不要使其过于疲劳，保持士气，养精蓄锐，部署兵力，巧设计谋，使敌人无法判断我军的意图。将部队置于无路可走的绝境，士卒虽死也不会败退。士卒既能宁死不退，那么，他们怎么会不殊死作战呢？士卒深陷危险的境地，心里就不再存有恐惧；无路可走，军心自然就会稳固；深入敌境，军队就不会离散；处于迫不得已的状态，军队就会殊死奋战。因此，这样的军队不须整饬就能注意戒备，不用强求就能完成任务，无须约束就能亲附协力；不待申令就会遵守纪律。禁止占卜迷信，消除士卒的疑虑，他们就至死也不会逃避。我军士卒没有多余的钱财，这并不是他们厌恶财宝；我军士卒不贪生怕死，这也并非他们厌恶长寿。当作战命令颁布之时，坐着的士卒泪沾衣襟，躺着的士卒泪流满面。将士卒投置到无路可走的绝境，他们就都会像专诸、曹刿一样勇敢了。

注释

1　为客之道：客，客军，指离开本土进入敌境作战的军队。这句的意思是，离开本国进入敌国作战的规律。道，规律、原则。

2　深入则专：专，齐心、专心。《广雅·释言》："专，齐也。"此言军队深入敌境作战，就会齐心协力、意志专一。杜牧注："若深入敌人之境，士卒有必死之志，其心专一。"

3　主人不克：主人，处于防御地位的一方，此处指在本土作战的军队。克，战胜。此句的意思是，在自己本土作战的敌军不能战胜我军。梅尧臣注："主人不能克我。"

4　掠于饶野：掠取敌方富饶田野上的庄稼。王晳注："饶野多稼穑。"

5　谨养而勿劳：谨，注意、注重。养，休整。此句意思是，认真地搞好部队的休整，不要使将士过于疲劳。王晳注："谨养，谓抚循饮食，周谨之也。"

6　并气积力：并，合，引申为集中、保持的意思。积，积蓄。意谓保持士气，积蓄战斗力量。王晳注："并锐气，积余力。"

7　为不可测：使敌人无从判断。杜牧注："动用变化，使敌人不能测我也。"测，推测、判断。汉简本"测"作"贼"，假借字。

8　投之无所往：投，投放、投置。意谓将军队投置于无路可走的绝境。张预注："置之危地，左右前后皆无所往。"

9　死，焉不得士人尽力：焉，疑问代词，哪里、怎么。此句意谓士卒死尚且不惧，那他们怎么会不尽心竭力作战呢？

10　兵士甚陷则不惧：士卒深陷危险境地就不再恐惧。张预注："陷在危亡之地，人持必死之志，岂复畏敌也？"甚，很、非常的意思。

11　无所往则固：无路可走的情况下军心就会稳固。张预注："动无所之，人心坚固。"固，坚固、牢固、稳固的意思。

12　深入则拘：拘，拘束、束缚。曹操注："拘，缚也。"这里引申为人心专一不会涣散。此句言军队入敌境已深，则军心凝聚。梅尧臣注："入深则自然志专也。"武经本作"入深则拘"。

13 不得已则斗:迫不得已就会殊死战斗。曹操注:"人穷则死战也。"此句汉简本作"……所往则斗"。

14 是故其兵不修而戒:修,修治、修明法令。戒,戒备、警戒。指士卒不待整治督促,就知道加强戒备。杜牧注:"兵在死地,上下同志,不待修整而自戒惧。"汉简本无"其兵"二字,且"修"作"调"。

15 不约而亲:指不待约束就做到内部的亲近团结。

16 不令而信:指不待申令就能做到信任服从。张预注:"不号令而信命。"信,服从、信从。

17 禁祥去疑:禁止占卜之类的迷信,消除谣言,以避免士卒产生疑惑。曹操注:"禁妖祥之言,去疑惑之计。"祥,吉凶的预兆,这里指占卜之类的迷信活动。疑,疑惑、疑虑。

18 至死无所之:即便到死也不会逃避(动摇)。杜牧注:"士卒至死无有异志也。"之,往。

19 吾士无余财,非恶货也;无余命,非恶寿也:我军士卒没有多余的钱财,这并不是他们厌恶财宝;没有第二条命(却去拼死作战),这也并不是他们不想长寿。张预注:"货与寿,人之所爱也。所以烧掷财宝、割弃性命者,非憎恶之也,不得已也。"余,多余。恶,厌恶、讨厌。货,财宝、财物。寿,长寿、寿考。汉简本"无余命"作"无余死"。

20 士卒坐者涕沾襟:坐着的士卒热泪沾满衣襟。张预注:"感激之,故涕泣也。"涕,眼泪。襟,衣襟。汉简本无"卒"字。

21 偃卧者涕交颐:躺着的士卒则泪流满面。偃,仰倒。颐,面颊。汉简本无"偃"字。

22 投之无所往者:武经本、樱田本无"者"字。

23 诸、刿之勇也:像专诸和曹刿那样英勇无畏。梅尧臣注:"既令以必死,则所往皆有专诸、曹刿之勇。"诸,专诸,春秋时吴国勇士。公元前515年,专诸在吴公子光(即阖庐)招待吴王僚的宴席上,用藏于鱼腹的剑刺死吴王僚,自己也当场被杀。刿,曹刿,又名曹沫,春秋时期鲁国武士。在齐鲁柯地(今山东东阿)会盟上,他持剑劫持齐桓公,迫使齐同鲁订立盟约,收回为齐所侵占的鲁国土地。在历史上他们遂成为勇士的代称。

原文

故善用兵者[1],譬如率然[2];率然者,常山[3]之蛇也。击其首则尾至,击其尾则首至,击其中则首尾俱至[4]。敢问:"兵可使如率然乎[5]?"曰:"可。"夫吴人与越人相恶也[6],当其同舟而济,遇风[7],其相救也如左右手。是故方马埋轮,未足恃也[8];齐勇若一,政之道也[9];刚柔皆得,地之理也[10]。故善用兵者,携手若使一人[11],不得已也。

译文

善于指挥作战的人,能使部队自我策应如同"率然"蛇一样。"率然",是常山地方的一种蛇,打它的头部,尾巴就来救应;打它的尾巴,头就来救应;打它的腰身,它的头尾都来救应。试问:"那么可以使军队像'率然'一样吗?"回答是:"可以。"那吴国人和越国人尽管互相仇视,但当他们同船渡河而遇上大风时,也能相互救援,配合默契就如同人的左右手一样。因此,想用缚住马缰、深埋车轮这种显示死战决心的办法来稳定部队,那是不足依恃的;要使部队能够齐心同力奋勇作战如同一人,关键在于部队管教有方;要使强弱不同的士卒都能发挥作用,根本在于对地形的适宜运用。所以善于用兵的人,能使全军上下携手团结如同一人,这是因为客观形势迫使部队不得不这样。

注释

1 故善用兵者:汉简本"兵"作"军"。

2 譬如率然：率然，古代传说中的一种蛇。《山海经·神异经·西荒经》："西方山中有蛇，头尾差大，有色五彩。人、物触之者，中头则尾至，中尾则头至，中腰则头尾并至，名曰率然。"按，此句汉简本作"辟若衞然"，辟、譬古通用。"衞"当是"衞"之讹。"率"与"衞"相通。

3 常山：即恒山，是五岳中的北岳，位于今山西浑源南。西汉时为避讳汉文帝刘恒的"恒"字，改称"常山"。北周武帝时，重新改称为"恒山"。汉简本作"恒山"。

4 击其中则首尾俱至：汉简本"中"字之下有"身"字。

5 兵可使如率然乎：汉简本"如"作"若"，下同；"率"作"衞"；"乎"作"虖"。

6 夫吴人与越人相恶也：汉简本无"夫"字，"吴人"与"越人"互换位置。

7 当其同舟而济，遇风：指乘坐同一条船横渡江河，遇上大风。济，过河、渡。汉简本"舟"作"周"，"济"字下有"也"字，并无"遇风"二字，平津馆本、樱田本"而"字在"济"字下。

8 方马埋轮，未足恃也：言将马并排地系缚在一起，将车轮掩埋固定起来，想以此来稳定部队，那是靠不住的。方，并、比的意思。《说文》："方，并船也。"

9 齐勇若一，政之道也：使士卒齐心协力、英勇杀敌如同一人，这才是治理军队的正确方法。梅尧臣："使人齐勇如一心而无怯者，得军政之道也。"齐，齐心协力。政，治理、管理的意思。

10 刚柔皆得，地之理也：言使强者和弱者都能各尽其力，这在于恰当地利用地形。王晢注："刚柔，犹强弱也。言三军之士，强弱皆得其用者，地利使之然也。"

11 携手若使一人：使全军携手作战就像一个人一样。携手，拉手，指共同做某事。《诗经·邶风·北风》："惠而好我，携手同行。"

[原文]

将军之事[1]，静以幽[2]，正以治[3]。能愚士卒之耳目，使之无知[4]；易其事，革其谋，使人无识[5]；易其居，迂其途，使人不得虑[6]。帅与之期，如登高而去其梯[7]。帅与之深入诸侯之地，而发其机[8]，焚舟破釜[9]，若驱群羊，驱而往，驱而来，莫知所之。聚三军之众，投之于险，此谓将军之事也[10]。九地之变，屈伸之利[11]，人情之理，不可不察[12]。

[译文]

主持军事行动，要做到沉着冷静而幽邃莫测，公正严明而有条不紊。要能蒙蔽士卒的视听，使他们对于军事行动懵懂无知；变更作战部署，改变原定计划，使人们无法识破真相；不时变换驻地，故意迂回行进，使人们无从推测真正的意图。将帅赋予军队作战任务，要像登高而抽去梯子一样，使其断绝退路。将帅率领士卒深入诸侯国土，这要如同击发机弩射出箭镞一样，使他们一往无前。要烧掉舟船，打破锅子，以示死战的决心。对待士卒，要如同驱赶羊群一样，赶过去又赶过来，使他们不知道要到哪里去。集结全军官兵，把他们投置于险恶的境地，这就是指挥军队作战的要务。九种地形的应变处置，攻防进退的利害得失，全军上下的心理状态，这些都是将帅不能不认真研究和周密考察的。

[注释]

1 将军之事：将，此处作动词用，主持、指挥的意思。此句意为指挥军队打仗之事。

2 静以幽：静，沉着冷静。以，同"而"。幽，幽深莫测。张预注："其谋事，则安静而幽深，人不能测。"

3 正以治：谓严肃公正而治理得宜。正，严正、公正。治，治理、有条理。张预注："其御下，则公正而整治，人不敢慢。"

4 能愚士卒之耳目,使之无知:指能够蒙蔽士卒,使他们不能知觉。李筌注:"为谋未熟,不欲令士卒知之。可以乐成,不可与谋始,是以先愚其耳目,使无见知。"愚,蒙蔽、蒙骗。

5 易其事,革其谋,使人无识:变更正在做的事情,改变计谋,使他人无法识破。张预注:"前所行之事,旧所发之谋,皆变易之,使人不可知也。"易,变更。革,改变、变置。汉简本"人"作"民"。

6 易其居,迂其途,使人不得虑:变换驻防的地点,迂回行军的路线,使敌人无法图谋。梅尧臣注:"更其所安之居,迂其所趋之途,无使人能虑也。"虑,图谋。《尔雅·释诂》:"虑,谋也。"汉简本"人"作"民"。

7 帅与之期,如登高而去其梯:将帅赋予军队作战任务的同时,要断绝其归路,迫使士卒们勇往直前。帅,将帅。期,约定时日。与之期,指与部队约定赴战,即向部下赋予战斗任务。

8 帅与之深入诸侯之地,而发其机:言统率军队深入敌国腹地,如击发机弩射出的箭镞一般笔直向前。王晳注:"皆励决战之志也。机之发,无复回也。"机,指机弩。汉简本无"而"字。

9 焚舟破釜:指烧掉舟船,打破炊具,以示决一死战之意。釜,锅。按,破釜沉舟,典出项羽破秦巨鹿之战,但更早的雏形似是春秋秦晋王官之役中秦军的战前决绝之举。此句或系后人附益。汉简本、武经本、平津馆本均无此句。

10 聚三军之众,投之于险,此谓将军之事也:集结全军,把他们投置到险恶的绝地,这就是指挥军队作战中的要务。平津馆本、樱田本无"谓"字。

11 九地之变,屈伸之利:指对不同地理条件的应变处置,使军队的进退得宜。屈,弯曲。伸,伸展。屈伸,指部队的前进或后退。张预注:"九地之法,不可拘泥,须识变通。可屈则屈,可伸则伸,审所利而已。"汉简本"屈伸"作"诎信",音同义通。

12 不可不察:汉简本、平津馆本"察"下有"也"字。

【原文】

凡为客之道,深则专,浅则散[1]。去国越境而师者,绝地也[2];四达者,衢地也[3];入深者,重地也;入浅者,轻地也;背固前隘者,围地也[4];无所往者,死地也。是故散地,吾将一其志[5];轻地,吾将使之属[6];争地,吾将趋其后[7];交地,吾将谨其守[8];衢地,吾将固其结[9];重地,吾将继其食[10];圮地,吾将进其涂[11];围地,吾将塞其阙[12];死地,吾将示之以不活[13]。故兵之情[14],围则御[15],不得已则斗,过则从[16]。

【译文】

通常进入敌国作战的规律是:进入敌国境内越深,军心就越是稳定巩固;进入敌国境内越浅,军心就容易懈怠涣散。离开本土,越过邻国而进入敌国作战的地区,叫作绝地;四通八达的地区,叫作衢地;进入敌境纵深的地区,叫作重地;进入敌境浅近的地区,叫作轻地。背有险阻前路狭隘的地区,叫作围地。无路可走的地区,叫作死地。因此,处于散地,要统一军队的意志;处于轻地,要使营阵部署互相衔接;在争地上,要使后续部队迅速跟进;在交地上,就要做到谨慎防守;在衢地上,就要巩固与诸侯国的结盟;遇上重地,就要保障军粮的供应;遇上圮地,就必须迅速通过;陷入围地,就要堵塞缺口;到了死地,就要显示死战的决心,殊死战斗。所以,士卒的心理状态是:身处包围就会竭力抵抗,形势逼迫就会拼死战斗,深陷绝境就会听从指挥。

【注释】

1 深则专,浅则散:指在敌国国土上作战,深入则士卒一致,浅入则士卒离散。汉简本"专"作"挊",古通。

2 去国越境而师者,绝地也:离开本国,越过边界进行作战的地区,叫作绝地。张预注："去己国,越人境而用师者,危绝之地也。"汉简本"境"作"竟",古通用。

3 四达者,衢地也:"达",汉简本作"馭",即今"彻"字;武经本、平津馆本作"通"字。

4 背固前隘者,围地也:背后地势险要,前面道路狭隘,进退易受制于敌的地区,叫作围地。

5 散地,吾将一其志:在散地作战,我们要做到统一全军的意志。一,统一。

6 轻地,吾将使之属:在轻地作战,我们要使部队部署相互连接。梅尧臣注："行则队校相继,止则营垒联属。"属,连接、相连。汉简本"属"作"偻"。

7 争地,吾将趋其后:在争地作战,我们要使后续部队迅速跟进。杜佑注:"利地在前,当进其后。争地先据者胜,不得者负。"汉简本"趋其后"作"使不留"。

8 交地,吾将谨其守:遇到交地,我们将谨慎守卫。汉简本"谨其守"作"固其结"。

9 衢地,吾将固其结:遇上衢地,我们要巩固与诸侯国的结盟。张预注:"财帛以利之,盟誓以要之,坚固不渝,则必为我助。"汉简本"固其结"作"谨其恃"。

10 重地,吾将继其食:在重地,我们要保障军粮供给。贾林注:"使粮相继而不绝也。"继,继续,引申为保障、保持。汉简本"继其食"作"趣其后"。

11 圮地,吾将进其涂:遇上圮地,我们要迅速通过。张预注:"遇圮涂之地,宜引兵速过。"

12 围地,吾将塞其阙:陷入围地,我们要堵塞缺口,迫使士卒不得不拼死作战。曹操、李筌注:"以一士心也。"阙,缺口。

13 死地,吾将示之以不活:到了死地,我们要向敌人显示我方将士决一死战的决心。梅尧臣注："必死可生，人尽力也。"

14 故兵之情：汉简本作"□侯之请"，缺字似当为"诸"字。

15 围则御：军队被包围就会奋起抵御。汉简本"围"作"遝"。

16 不得已则斗，过则从：迫不得已士卒就会奋起战斗，身陷绝境士卒就会听从指挥。过，甚，这里指深陷危境。从，听从、服从指挥。

原文

是故不知诸侯之谋者，不能预交；不知山林、险阻、沮泽之形者，不能行军；不用乡导者，不能得地利。[1]四五者，不知一，非霸王之兵也。[2]夫霸王之兵[3]，伐大国，则其众不得聚[4]；威加于敌，则其交不得合[5]。是故不争天下之交[6]，不养天下之权[7]，信己之私[8]，威加于敌，故其城可拔，其国可隳[9]。施无法之赏[10]，悬无政之令[11]，犯三军之众[12]，若使一人。犯之以事，勿告以言[13]；犯之以利，勿告以害[14]。投之亡地然后存，陷之死地然后

译文

因此，不了解诸侯列国的战略动向，就不能预先与之结交；不熟悉山林、险阻、沼泽等地形情况，就不能行军。不使用向导，就无从得到地利。这些情况，如有一样不了解，都不能成为称王争霸的军队。凡是称王争霸的军队，进攻大国，就能使敌国的军民来不及动员集中；兵威加在敌人的头上，就能够使敌方的盟国无法配合策应。因此，没有必要去争着同天下诸侯结交，也不必在各诸侯国内培植自己的势力；只要伸展自己的战略意图，把兵威施加在敌人头上，就可以拔取敌人的城邑，摧毁敌人的国都。必要时施行超越惯例的奖赏，颁布不拘常规的号令，如此指挥全军就如同指挥一个人一样。将帅向士兵布置作战任务，不说明其中的意图。只告知其有利的条件，而不告诉其危险的因素。将士卒投置于危地，才能

生 [15]。夫众陷于害,然后能为胜败 [16]。故为兵之事,在于顺详敌之意 [17],并敌一向 [18],千里杀将,此谓巧能成事者也。

转危为安;使士卒陷身于死地,才能起死回生。军队深陷绝境,然后才能赢得胜利。所以,指导战争这一行动,在于审慎地考察敌人的战略意图,集中兵力指向主攻方向,千里奔袭,擒杀敌将。这就是所谓巧妙用兵,从而达到克敌制胜的目的。

注释

1 "是故"至"不能得地利"句:已见于前《军争篇》,疑系衍文。

2 四五者,不知一,非霸王之兵也:此言九地的利害关系,有一不知,就不能成为霸王的军队。张预注:"九地之利害,有一不知,未能全胜。""四五者",曹操注为"谓九地之利害"。霸王,即霸主,春秋时期诸侯之伯长。按,汉简本、平津馆本、樱田本"不知一"作"一不知"。又汉简本"霸王"作"王霸"。

3 夫霸王之兵:汉简本"夫"作"彼"。"彼",发语词,义同"夫"。汉简本"霸王"作"王霸"。

4 则其众不得聚:指敌国军民来不及动员和集中。聚,聚集、集中。

5 威加于敌,则其交不得合:指用强大的兵威施加到敌人的头上,那么他们在外交上也就无法联合盟国了。王皙注:"威之所加者大,则敌交不得合。"

6 是故不争天下之交:指没有必要争着和其他的国家结交。杜牧注:"不结邻援",甚是。

7 不养天下之权:养,培养、培植。此句意为没有必要在其他的国家培植自己的权势。一说,"不"当为"必",似有道理,惜未有证据耳。

8 信己之私:信,伸、伸展。私,私志、意图。此句谓当伸张自己的战略意图。李筌注:"惟得伸己之私志。"

9 威加于敌,则其城可拔,其国可隳:指兵威施加于敌,则敌国的城邑可以攻拔,敌人的国都可以摧毁。隳,音灰,毁坏、摧毁的意思。《吕氏春秋·顺说》"隳人之城郭",高诱注:"隳,坏也。"国,都城。春秋时的"国",一般都是指大城邑或国都。汉简本此句作"……可拔也,城可隳也"。

10 施无法之赏:意谓施行超出惯例的奖赏,即所谓的法外之赏。无法,不合惯例、超出规定的意思。梅尧臣注:"瞻功行赏,法不预设。"汉简本无"施"字。

11 悬无政之令:谓颁布打破常规的命令。无政,即无正,指不合常规。悬,悬挂,引申为颁发、颁布。汉简本无"悬"字。

12 犯三军之众:犯,使用。曹操注:"犯,用也。"一说为调动。指挥运用的意思。此句意为指挥三军上下行动。

13 犯之以事,勿告以言:之,指士卒。事,指作战。言,指谋虑、实情。意为驱使士卒参战,但不要说明任务的意图。张预注:"任用之于战斗,勿谕之以权谋;人知谋则疑也。"

14 犯之以利,勿告以害:意谓驱使士卒进行战斗时,只告诉其有利的条件,而不告诉其任务的危险性。梅尧臣注:"用令知利,不令知害。"

15 投之亡地然后存,陷之死地然后生:将军队置于危亡之地,然后可以保存;使军队陷入死绝之地,然后可以生存。梅尧臣注:"地虽曰亡,力战不亡;地虽曰死,死战不死。故曰亡者存之基,死者生之本也。"

16 夫众陷于害,然后能为胜败:谓只有把军队投置于险恶境地,才能取胜。张预注:"士卒用命,则胜败之事在我所为。"害,害处,指恶劣处境。胜败,指取胜、胜利,这是偏正结构用法。

17 在于顺详敌之意:顺,通"慎",谨慎的意思(据杨炳安《孙子会笺》说)。详,当训"审",详细考察。此句意为用兵作战要做到审慎地考察敌人的意图。一说,是指假装顺从敌人的意图,亦通。平津馆本、武经本无"于"字。

18 并敌一向:指集中兵力攻向敌人的一点。曹操注:"并兵向敌。"王晳注:"并兵一力以向之。"皆是。

[原文]

是故政举之日[1],夷关折符[2],无通其使[3];厉于廊庙之上,以诛其事[4]。敌人开阖[5],必亟入之。先其所爱[6],微与之期[7]。践墨随敌[8],以决战事[9]。是故始如处女,敌人开户[10];后如脱兔,敌不及拒[11]。

[译文]

因此,在决定战争行动的时候,就要封锁关口,销毁通行符证,不允许敌国使者往来,要在庙堂上反复谋划,作出战略决策。敌人方面一旦出现间隙,就要迅速地乘机而入。首先夺取敌人的战略要地,但不要轻易与敌约期交战,根据敌情的变化,灵活决定自己的作战行动。因此,战斗打响之前要像处女那样显得沉静柔弱,诱使敌人松懈戒备。战斗展开之后,则要像脱逃的野兔一样迅捷行动,打得敌人措手不及,无从抵抗。

[注释]

1 政举之日:政,指战争行动。举,指实施、决定。此句意为决定战争行动的时候。张预注:"庙算已定,军谋已成。"汉简本"政举"作"正与"。

2 夷关折符:意即封锁住关口,废除通行的凭证。梅尧臣注:"灭塞关梁,断毁符节。"夷,削平,此处引申为封锁。折,折断,这里可以理解为废除。符,泛指通行凭证。古时以木、竹、铜等材料做成的牌子,上书图文,分为两半,用作传达命令、调兵遣将和通行关界的凭证。

3 无通其使:不同敌国的使节相往来。张预注云:"恐泄我事也。"使,使节。

4 厉于廊庙之上,以诛其事:谓在庙堂上反复推敲计议,来决定战争行动事宜。厉,同"砺",本义为磨刀石,《荀子·性恶》:"钝金必将待砻厉然后利。"杨倞注:"厉与砺同。"此处意为反复推敲、计议。廊庙,即庙堂,喻指最高决策机构。诛,曹操注:"诛,治也。"意为研究决定。汉简本无"庙之"二字。

5 敌人开阖:敌人敞开门户,指敌人有隙可乘之时。阖,门扇。《礼记·月令》:"耕者少舍,乃修阖扇。"郑玄注:"用木曰阖,用竹苇曰扇。"汉简本"阖"作"闺"。

6 先其所爱:指首先攻取敌之关键要害处,以争取主动。杜牧注:"凡是敌人所爱惜,倚恃以为军者,则先夺之也。"爱,珍爱、宝贵,指要害。

7 微与之期:不要事先与敌人约期交战。微,无、毋的意思。王引之《经传释词》:"微,无也。"期,约期。

8 践墨随敌:指避免墨守成规,要随着敌情的变化来决定作战行动。贾林注:"随敌计以决战事,惟胜是利,不可守以绳墨而为。"践,通"刬",贾林注:"刬,除也。"避免的意思。墨,墨线,喻指陈规、教条。

9 以决战事:以解决战争胜负问题,即求得战争的胜利。

10 始如处女,敌人开户:军事行动开始之前,要做到如同处女一样沉静柔弱,诱使敌人放松戒备。张预注:"守则如处女之弱,令敌懈怠,是以启隙。"开户,开门,此处指松懈戒备,暴露破绽。

11 后如脱兔,敌不及拒:战斗一旦打响,就要像脱逃的兔子一样迅速快捷,使得敌人来不及做出反应,加以抗拒。张预注:"攻则犹脱兔之疾,乘敌仓卒,是以莫御。"

|通论|

　　本篇几占全书总篇幅的五分之一,内容丰富,思想精辟,说理透彻,文采斐然,含有深刻的战争哲理。

　　全篇立足于战略地理学的高度,围绕当时诸侯争霸战争新的特点和需要,深刻论述了军队在九种不同战略地形条件下进行作战的基本指导原则,特别强调要根据在不同作战地区官兵所产生的不同心理状态,来制定切合实际、行之有效的战略战术,夺取胜利。其中对战略进攻中如何实施突然袭击问题的论述,为全篇的精华所在,而其主旨是强调军队作战行动要隐秘、突然、迅猛、灵活、机动,善于因敌变化,因情制敌。

具体地说,本篇的兵学思想集中体现在以下三个方面:

(一)考察不同类型的兵要地理,根据具体地理条件制定适宜的作战方案。

孙子从自然地理和人文地理的结合上阐述了战略地理的不同类型及其主要特点。他把兵要地理具体区分为九大类,即散地、轻地、争地、交地、衢地、重地、圮地、围地、死地。认为高明的战争指导者应该善于根据不同的战略地形条件,权宜机变,制定正确的作战方针,以掌握战争的主动权。按照孙子的观点,在不同类型兵要地理展开军事活动是有其一般规律可循的,这就是军队在不同环境下的心理状态和战斗潜能发挥的可能态势。为此,他系统地提出了针对各种战略地形条件的作战要领:在散地上要统一军队的意志,稳定军心,同时尽可能避免作战。在轻地上,要使阵营部署互相衔接,并尽快脱离,避免陷足。在争地上,不可贸然进攻,而要注意让后续部队迅速跟进,以便互相策应。在交地上,要部署得宜,不可隔绝,同时谨慎防守。在衢地上,应结交诸侯,引为外援。在重地上,由于远离本土,后勤补给不便,因此要注意及时补充军粮,其途径则是因粮于敌。在圮地上,要迅速通过,以免陷于被动。在围地上,就要设计运谋,争取摆脱困境,具体做法是堵塞缺口,激励士气,坚决突围。在死地上,要显示死战的决心,殊死搏斗,从而以死求生,转危为安。

孙子的兵要地理思想是对无数战争经验教训进行总结的产物,具有很强的针对性和积极的成效性,同时也经受住历史长河之水的洗礼,而被证明是富有生命力的。纵观历史上的战争画卷,我们可以发现孙子关于九种兵要地理的作战方针,均屡试不爽,俱有印证。作战的成败,大多可从是否遵循这些作战方针中寻找内在的原因。如北宋末年方腊起义,曾先后占据六州五十二县,义军全盛时曾发展到百万人以上,但最终仍趋失败,其原因虽多,但在关键时刻不能驾驭全局,及时将战争推向北宋统治腹心,反而退守散地,导致不少义军怀土恋家,斗志涣散,战斗力下降,当是主要原因之一。其他像三国时期孙权轻地无止破皖城,诸葛亮重地刘麦战司马,南北朝时期长孙稚不攻争地平关中,明代李自成设计运谋出车箱峡,明末清初李定国抢占交地下桂林,郑成功海澄死地力战八旗等著名战例,均可视为孙子"轻地则无止""重地则掠""争地则无攻""围地则谋""交地则无绝""死地则战"诸原则的历史诠释。

(二)精辟深刻的战略突袭原则及其方法。

孙子对战争给国家、民众所带来的严重后果有着清醒的认识,所以他主张速战速决,以小的代价夺取大的胜利。为了达到这一目的,他提倡采取突然袭击的方式来展开战略进攻行动,主张纵深奔袭,出敌不意,一举而克。他的这一思想在本篇中有系统全面的反映:

第一,战前秘密决策,隐蔽准备。为了确保突然袭击的顺利进行,孙子主张要在战前作出秘密决策,保证军事机密不致泄露,即所谓"厉于廊庙之上,以诛其事"。具体措施:一是"夷关折符",封锁关口,销毁通行凭证,以防止敌方间谍潜入侦察。二是"无通其使",即不接受敌人新派使臣来国,以防其高明的间谍见微知著,察觉我方战略意图;也不允许敌国使臣回国报告消息,预作防范。

第二,及时把握进攻时机,正确选择主攻方向。这是指导战争活动的通则,更是决定战略突袭成败的关键。关于把握进攻时机问题,孙子强调高明的战争指导者应善于捕捉战机,一旦发现敌人弱点,有机可乘,便要以迅雷不及掩耳的速度发起进攻,"敌人开阖,必亟入之",使得敌人措手不及,丧失主动,"后如脱兔,敌不及拒",并指出有利战机的造就,在于战争指导者发挥主观能动性,凭借"顺详敌之意""运兵计谋,为不可测"等方法的运用。

关于选择主攻方向问题,孙子主张在实施战略突袭时,要做到"并敌一向,千里杀将",集中优势兵力,"乘人之不及,由不虞之道,攻其所不戒也"，"先夺其所爱"，以迅猛的速度，打击敌人既是要害而又虚弱的地方，大量杀伤敌之有生力量，事半功倍地解决战斗。

第三，巧妙灵活地变换战术，刚柔兼济，因敌变化。一旦决定了进攻时机，选定了主攻方向，那么在战役战斗中，灵活用兵，巧妙指挥也就成为实现战略突袭目的的主要环节了。孙子对战略进攻的战术运用问题进行了认真探索，提出了有关的原则和方法。其原则是"践墨随敌，以决战事"，即根据敌情的变化，灵活机动地决定自己的战术运用。诸如：隐蔽自己的作战企图，示形于敌，调动对手，"易其事，革其谋"，"易其居，迂其途"；布势列阵如同常山之蛇，灵活自如，善于策应，等等。其核心就是强调灵活的指挥，多变的战术，反对墨守成规，避免丧失战机，陷于被动。

第四，大胆坚决地深入重地，把战争指向敌国的腹心地区。孙子主张"帅与之深入诸侯之地，而发其机"，"信己之私，威加于敌"，以保证战略突袭的成功。为达到这一目的，他要求：一是在敌国浅近纵深的"轻地"迅速通过，不作纠缠，即使是敌之战略前哨的"争地"，也要巧妙迂回，决不旁骛。二是实行脱离后勤保障的无后方作战，依靠对敌国的劫掠来补充军粮，"掠于饶野，三军足食"。

综上所述，孙子关于战略突袭的指导思想是：以优势的兵力，多变的战术，出敌不意的时间、方向，深入敌之重地，给敌以毁灭性的打击。在战术上，收到"使敌人前后不相及，众寡不相恃，贵贱不相救，上下不相收，卒离而不集，兵合而不齐"的效果；在战略上，达到"伐大国，则其众不得聚；威加于敌，则其交不得合"，"其城可拔，其国可隳"的目的。

孙子这一思想，深刻揭示了进攻突袭作战的普遍规律，曾在实践中得到广泛地运用，孙子亲自参与指挥的破楚入郢之战，可以说是这一原则的实战体现。

这次影响春秋晚期战略格局的重大战争，以吴军五战入郢、大获全胜而告终。而吴军之所以取胜，除了其政治清明，具备一定的经济、军事实力，善于"伐谋"争取与国之外，关键在于其作战指导的高明，而这种高明,集中体现为吴军正确遵循了孙子的战略突袭原则。一是"顺详敌之意",采取疲楚误楚的正确策略,使楚军疲于奔命,并且松懈戒备。二是正确把握进攻时机,明智选择主攻方向,乘隙蹈虚,实施远距离的战略突袭,迫使楚军在十分被动形势下仓促应战。三是把握有利的决战时机,先发制人,一举击败楚军主力。四是适时进行战略追击,不给楚军以重整旗鼓、进行反击的任何机会,真正做到了"伐大国,则其众不得聚",顺利实现了"威加于敌,故其城可拔,其国可隳"的战略目标。

(三)正确认识和运用军事心理学知识,激励士气,充分发挥部队的战斗力。

人作为战争的主体,其精神面貌的好坏,参战意识的强弱,在一定程度上决定着战争的胜负。因此,重视人的心理因素,激励士气,发挥部队的战斗力,乃是战争指导者在管理部队、指导战争时必须优先考虑和解决的问题。

孙子是我国历史上第一位系统阐述军事心理学的兵学家,军事心理思想是他兵学理论体系中的重要组成部分。在本篇中,他对军事心理学作了最原始的考察,提出了在正确认识军队心理状态的基础上,激励士气、鼓舞斗志、夺取胜利的原则和方法。

孙子认为"人情之理,不可不察",鉴于这样的认识,他对部队不同情况下的心理反应进行了细致地分析。首先,他从作战区域的远近角度阐述了军心士气的凝聚和涣散问题。指出凡是进攻作战,越是深入敌国的重地,就越能巩固军心,振奋士气,立于不败之地:"凡为客之道,深则专,浅则散","深入则专,主人不克"。接着,孙子探讨了导致这种现象的内在原因,认为这是由部队的心理状态决定的,即在本土作战,斗志容易涣散,士卒容易逃亡。反之,如果远离乡土,深入敌国腹地,处境危殆,那么,他们为了自己的生存,就会死里求生,拼死作战,"兵士甚陷则不惧,无所往则固,深入则拘,不得已则斗"。

孙子进而论述了军队作战中更为普遍的心理活动规律,这就是"兵之情,围则御,不得已则斗,过则从"。指出将部队置于无路可走的"绝境",全军上下就会在求生意识的驱使下,奋起战斗,以十倍的英勇,百倍的坚韧,与敌决战。强调这是军队作战心理的一般共性:"投之无所往,死且不北,死,焉不得士人尽力。兵士甚陷则不惧,无所往则固。"

在这种认识基础上,孙子系统提出了运用部队作战心理的具体方法,强调要巧妙利用这一心理,因势利导,使官兵深陷危殆的环境,诱迫其为生存而死战。具体地说,就是"塞其阙","示之以不活","投之亡地","陷之死地"。而要做到这一点,则需推行"愚兵"之术,"能愚士卒之耳目,使之无知","若驱群羊,驱而往,驱而来,莫知所之"。让士卒成为一群没有头脑,供将帅任意驱使的战争工具。这样,将帅在利用部队心理"投之无所往"时便可得心应手了。孙子认为,一旦"愚兵"得逞,那么士卒的战斗潜能便可得到充分发挥,就可造成"携手若使一人"的理想局面,实现自己的战略意图。

应该说,孙子的军事心理思想反映了阶级社会中统治者与普通士兵之间的阶级对立本质属性,然而我们也应该看到,惧怕死亡,珍惜生命乃是人的本能,而战争却需要人们克服对死亡的恐惧。奋不顾身,殊死拼搏,虽然不同阶级为达到这一目的所使用的手段不一样,但所要收到的效果却有一致之处。从这个意义上说,孙子掌握和运用军队心理的原则和方法,就不无合理的因素。我们不能简单否定,一概骂倒。

历史上借鉴汲取孙子军事心理思想,用以指导战争实践的现象相当普遍。其中以秦汉之际韩信背水列阵大破赵军最为典型。在这次战役中,韩信根据己方兵力寡少、军心不固以及深入重地等实情,并针对赵军主帅陈余"不用诈谋奇计"的迂腐特点,遵循孙子"投之亡地然后存"的作战原则,"众陷于害",背水列阵,激发起汉军将士人人死战、个个拼命的昂扬斗志,抑制住赵军的攻势,同时出动奇兵袭占赵军大营,使赵军腹背受敌。韩信乘机发动反击,终于大获全胜,一举灭赵,实现了断楚之右臂的战略目的。

但是"投之亡地然后存"的作战心理原则,如同孙子其他军事原则一样,固是制胜法宝,但并非教条。换言之,实践这一原则,要有一定的条件,如将帅足智多谋,敌将颟顸无能,及时出动奇兵策应等等。总之是要灵活运用,因敌变化,而不能死守拘泥,削足适履。历史上就有因死啃教条,不能灵活掌握这一原则而导致失败、贻笑天下的案例,如三国时期马谡不讲条件侈谈"陷之死地然后生"的原则,舍水上山,放弃要冲,最终惨遭失败,痛失街亭,就是这方面的明显例子。由此可见,要正确发挥孙子军事心理思想的巨大威力,必须辅之以具体的条件,实施高明的指导,用孙子自己的话说,就是"兵无常势,水无常形,能因敌变化而取胜者,谓之神"。

[战例]

韩信破赵之战

公元前204年,汉大将韩信以不到三万的劣势兵力,在今河北井陉,一举击破号称二十万的赵国军队,阵斩赵军主将陈余,活捉了赵王歇和李左车,灭亡了项羽分封的赵国,为刘邦最终战胜项羽、统一全国创造了有利的态势。今天回顾这场战争,我们可以看到,韩信的获胜,在很大程度上,是建立在他灵活运用《孙子兵法·九地篇》基本思想的基础之上的。韩信在作战中善于做到"顺详敌之意,并敌一向,千里杀将",不愧为我国历史上一位杰出的军事指挥家。

秦末农民起义推翻秦王朝的统治后,中国历史进入了新的阶段。当时农民军的首领刘邦和项羽,分别形成了两个新的集团,双方为了争夺封建统治权,展开了历史上有名的楚汉之争。

楚汉战争初期,项羽的兵力远远胜过刘邦,拥有战略上的优势,因此,在几次重大的战役中,刘邦曾多次败给项羽。但是由于项羽政治上的失策和军事战略上的错误,并未能有力地扼制刘邦势力的继续发展。相反,刘邦方面则注意政治上争取民心,孤立和打击项羽;军事战略上有一套正确的指导思想,所以得以牢牢掌握楚汉战争的主动权,一步步消耗项羽的实力,蚕食项羽的势力范围,由战略上的劣势地位转化为优势地位,赢得了这场战争的最后胜利。韩信的卓越指挥艺术和取得的重大战果,对这一转折的完成,是有着重要贡献的。

公元前205年,项羽在彭城大败刘邦,歼灭了汉军主力。这使得许多诸侯纷纷背汉归楚,刘邦的处境十分困难。这时,张良向刘邦提出建议,主张争取英布,重用韩信和彭越,从各方面结成反楚的强大势力。刘邦采纳了这一建议,制定了规模宏大的作战部署。具体内容是在正面战场坚守成皋、荥阳地区,阻遏项羽的攻势,并令彭越在梁地开辟敌后战场,配合正面,调动和疲困楚军。在北方战场,命令大将韩信率领一部分兵力,逐次歼灭黄河以北的割据势力,向楚军的侧背发展。在南方战场,策反九江王英布,让其进攻楚军侧背,牵制项羽。韩信的平定赵地,就是这一战略计划的具体实施环节之一。

公元前205年,韩信率军击灭魏王豹,平定了魏地。当时,黄河北岸尚有代(今山西西北部)、赵(今河北南部)、燕(今河北北部)三个割据势力。它们都投靠项羽,成为楚的羽翼。要灭楚,就必须剪除这些诸侯国。韩信针对这些割据势力只图据地自保、互不相援的弱点,便向刘邦提出进一步开辟北方战场,逐次消灭代、赵、燕,东击田齐,南断楚军粮道,然后同汉王合师于荥阳的作战计划。刘邦非常赞许这个作战计划,给韩信增调步兵三万,并派遣熟悉代、赵等国情况的张耳去辅佐韩信。

公元前205年闰九月,韩信率军击破了代国,活捉代国的相国夏说。战斗一结束,刘邦就把韩信的精兵调往荥阳一带去正面抗击项羽的进攻。次年十月,韩信率领数万名刚招募来的部队,翻越太行山,向东挺进,向赵国发起攻击。

井陉口是太行山有名的八大隘口之一,就是现在河北获鹿西十里的土门关,在它以西,有一条长约百里的狭窄驿道,易守难攻,不利于大部队的行动。当时,赵王歇和赵军主帅陈余集中了号称二十万的兵力于井陉口,凭险据守,准备与韩信决战。

赵军的谋士李左车认真地分析了敌情和地形。他向陈余献计:韩信越过黄河,俘虏了魏王豹、夏说,乘胜进攻赵国,士气正旺,"其锋不可挡"。所以我们必须避开汉军的锋芒。但是汉军方面也并非无间隙可乘。这表现为,汉军的军粮必须从千里以外运送,补给困难。井陉口道路狭窄,车马不能并行,它的军粮一定在后面。请您让我带领奇兵三万从小道出击,去夺取汉军的辎重,切断韩信的粮道,您自己带领赵军主力做到深沟高垒,坚决不出战。这样一来,必能使得韩信求战不能,后退无路,不出十天,就可以打垮汉军,把韩信和张耳的首级拿回来。不然的话,我们是一定会被汉军打败的。然而,刚愎自用的陈余却认为韩信兵少且疲,不应避而不击,拒绝采纳李左车的正确作战方案。

韩信探知李左车的计策没有被采纳,赵军主帅陈余有轻敌情绪和希图速决的情况后,非常高兴,立即指挥部队开进距井陉口三十里的地方驻扎下来。当天夜里,韩信传令部队向前推进。同时,挑选两千名骑兵,让他们每人手持一面汉军的红色旗帜,从偏僻小路迂回到赵军大营侧翼的抱犊寨山(今河北鹿泉区)隐藏起来,等待赵军离营追击汉军之时,乘机抢占赵军营寨,把汉军的红旗树立起来,从侧后断敌归路。接着,韩信又派遣一万多人到绵蔓水(今河北井陉县境内)东岸,背靠河水摆成阵势,以迷惑调动赵军,增长其轻敌情绪。赵军望见汉军背水列阵,无路可退,都窃笑韩信不懂兵法,对汉军更加轻视。

次日清晨,韩信亲自率领汉军,打着大将的旗帜,携带大将的仪仗鼓号,向井陉口开进。赵军见状,果然离营出战。双方大战良久,汉军假装战败,扔掉旗鼓仪仗,向绵蔓水方向后撤,与事先背水列阵的部队迅速会合。赵王歇与陈余误以为汉军真的打了败仗,于是挥军追击。汉军士兵看到前有赵兵,后有大河,无处可退,只好拼死抵抗。这时,埋伏在赵军营垒翼侧的汉军骑兵乘势抢占了敌军营寨,迅速拔下赵军旗帜,换上汉军红旗。赵军久战不胜,陈余只得下令收兵。这时,赵军猛然发现自己大营已全部插上汉军旗帜,大惊失色,纷纷逃散。占据赵营的汉军轻骑见赵军溃乱,乘机出击,从侧后切断了赵军的归路;而韩信也指挥部队全线发起反攻。赵军向泜水(今河北获鹿南五里,现在已被湮塞)败退,被汉军追上,结果全部被歼灭,陈余被杀,赵王歇被俘。

《孙子兵法·九地篇》说:"凡为客之道,深入则专,主人不克。"又说:"兵士甚陷则不惧,无所往则固,深入则拘,不得已则斗。"韩信在破赵之战中,充分掌握运用了这一作战心理,出奇制胜,击败数倍于己的敌军。韩信知道地理形势于己不利,兵员的数量、质量均不如对手,加上孤军深入,没有后援,如按常规战法,是很难取得胜利的,所以敢于出兵列阵于绵蔓水之东岸,让士卒陷于危险境地,奋起作战,为夺取胜利竭尽全力,这就是所谓的"投之无所往者,诸、刿之勇也"。这一点韩信自己是公开承认的。当破赵之战结束后,汉军的一些将领询问韩信说:按照兵法,应该"右倍山陵,前左水泽",现在你韩将军背水列阵,反而取得了胜利,这是什么道理? 韩信回答说:背水阵在兵法上也是有的,即所谓"陷之死地而后生,置之亡地而后存"。汉军大多是新招募来的,没有经过训练,如同赶着集市上的人群去作战一样。因此,必须把他们置于后无退路的"死地",才能使他们拼死战斗,否则只会导致失败。由此可见,韩信所为,正是《九地篇》所提倡的:"愚士卒之耳目,使之无知","帅与之期,如登高而去其梯"。

韩信在破赵之战中,还做到了在作战指导上贯彻"先夺其所爱,则听矣"的原则。他出动轻骑乘虚袭占赵军大营,树立汉军的旗帜,从而极大地瓦解了赵军的斗志,为聚歼赵军创造了有利条件。

无论是背水列阵还是袭占赵军大营,其重要前提条件都是韩信对敌主帅陈余轻敌心理的巧妙利用。正是韩信了解陈余的轻敌情绪,才敢于布背水阵,以进一步诱导陈余与赵军的轻敌之心。正是陈余持有狂妄可笑的轻敌情绪,他才会倾巢出动进击韩信,而未留下足够的兵力据守大营。韩信"顺详敌之意"达到了炉火纯青的境界,而陈余实在不是他的对手,兵败身死,固所宜也!

火攻篇

导读

本篇是先秦时期火攻作战经验的总结性文字。主要论述火攻的种类、条件、实施方法以及火发后的应变措施等问题。孙子认为以火助攻，是提高军队战斗力，夺取作战胜利的重要作战样式。他把火攻归纳为五大类，即火人、火积、火辎、火库、火队。指出火攻必须具备"发火有时，起火有日"的气象条件和"行火必有因，烟火必素具"等物质条件。孙子主张火攻与兵攻相结合，明确提出"必因五火之变而应之"，即利用纵火所引起的敌情变化，及时地指挥军队发起攻击，以扩大战果。本篇中又一个重要内容，是孙子的慎战思想。他强调君主和将帅对战争要慎重从事，指出国君不可以凭个人喜怒而发动战争，将帅也不可以逞一时意气而轻率动武。无论是战是和，都必须以利益的大小或有无为依据："合于利而动，不合于利而止"，认为这才是真正的"安国全军之道"。

火攻，指用火攻敌。曹操注："以火攻人，当择时日也。"王晳注："助兵取胜，戒虚发也。"皆符合孙子本篇主旨。

原文

孙子曰：凡火攻有五[1]：一曰火人[2]，二曰

译文

孙子说：火攻的方式共有五种，一是焚烧敌军人马，二是焚烧敌军军

火积[3]，三曰火辎[4]，四曰火库[5]，五曰火队[6]。行火必有因[7]，烟火必素具[8]。发火有时，起火有日[9]。时者，天之燥也[10]；日者，月在箕、壁、翼、轸[11]也，凡此四宿者，风起之日也[12]。

需，三是焚烧敌军辎重，四是焚烧敌军仓库，五是焚烧敌军粮道。实施火攻必须有一定的条件，火攻器材必须常有准备。放火要看准天时，起火要选好日子。所谓天时，是指气候干燥；所谓日子，是指月亮行经"箕""壁""翼""轸"星宿位置的时候。凡是月亮经过这四个星宿的时候，就是起风的日子。

注释

1 凡火攻有五：五，五类、五种。汉简本"火攻"作"攻火"。

2 火人：焚烧敌军人马。火，此处作动词用，烧、焚烧之意。以下"火积"等之"火"义同。

3 火积：指焚烧敌军的粮秣物资。积，积聚、积蓄，此处指粮草。梅尧臣注："焚其委积，以困刍粮。""积"，汉简本作"渍"。

4 火辎：指焚烧敌军的辎重。张预注："焚其辎重，使器用不供。"

5 火库：意为焚烧敌军的物资仓库。梅尧臣注："焚其库室，以空蓄聚。"库，仓库，《释名·释宫室》："库，舍也。物所在之舍也。故齐鲁谓库曰舍也。"

6 火队：焚烧敌军的军事交通与转运设施。贾林注："烧绝粮道及转运也。"队，通"隧"，道路。《左传·文公十六年》："楚子会师于临品，分为二队以伐庸。"《广雅疏证·释宫》："队，与隧同。谓分为二道以伐庸也。"一说火队即焚烧敌军队伍，如杜牧注："焚其行伍，因乱而击之。"

7 行火必有因：指实施火攻必须具备一定条件。李筌注："因奸人而内应也。"张预注："凡火攻，皆因天时燥旱，营舍茅竹，积刍聚粮，居近草莽,因风而焚之。"皆是对火攻条件的具体罗列。行,实施、进行。因,原因,这里指实施火攻的必备条件。此句汉简本作"□火有因"。

8 烟火必素具:烟火,指火攻的器具燃料等物。曹操注:"烟火,烧具也。"素,平素、经常的意思。具,准备妥当。此句意为发火用的器材必须平常就有准备。张预注:"贮火之器,燃火之物,常须预备,伺便而发。"此句汉简本作"因必素具"。

9 发火有时,起火有日:意谓当根据天时条件而实施火攻。张预注:"不可偶然,当伺时日。"

10 时者,天之燥也:燥,气候干燥。言火攻应在气候干燥时进行。

11 箕、壁、翼、轸:中国古代星宿的名称,是二十八宿中的四个。

12 凡此四宿者,风起之日也:四宿,即箕、壁、翼、轸四个星宿。此言凡月球行经这四个星宿时,正是起风便于火攻的时候。李筌注:"天文志:月宿此者多风。"古人迷信,认为月亮运行到箕、壁、翼、轸这四个星宿位置时多风。《史记·天官书》:"翼为羽翮,主远客。轸为车,主风。"张守节《正义》:"箕主八风。"汉简本"风起之日也"作"风之起日也"。

〔原文〕

　凡火攻,必因五火之变而应之[1]。火发于内,则早应之于外[2]。火发兵静者[3],待而勿攻,极其火力[4],可从而从之,不可从而止[5]。火可发于外,无待于内[6],以时发之[7]。火发上风,

〔译文〕

　凡是进行火攻,必须根据以下五种因火攻而引起的敌情变化,灵活机动地加以处置。在敌营内部放火,就要及时派兵从外部策应。火已烧起而敌军依然保持镇静的,就应持重等待,不可贸然发起进攻。且待火势旺盛后,再根据情况作出决定,可以进攻就进攻,不可进攻就停止。火可以从外面燃放,这时就不必等待内应,只要适时放火就行。从上风口放火时,不可从下风处进攻。白天风刮的时间久了,到夜晚风

无攻下风⁸。昼风久,夜风止⁹。凡军必知有五火之变,以数守之¹⁰。

就容易停止。实施作战指挥时,将帅必须懂得这五种火攻战术的变化运用,并根据放火的时日条件具备与否来决定火攻的实施。

注释

1 必因五火之变而应之:因,根据、利用。应,采取对策、策应、接应的意思。本句意谓应当根据"火发于内"至"昼风久,夜风止"等五种不同情况而灵活处置。梅尧臣注:"因火为变,以兵应之。"注家多以"五火之变"为"火人"等五种火攻方式,不确。

2 早应之于外:及早用兵在外面策应。张预注:"火才发于内,则兵急击于外;表里齐攻,敌易惊乱。"

3 火发兵静者:兵,此处指敌军。静,安静、不慌乱。此句武经本《通典》、樱田本均作"火发而其兵静者"。

4 极其火力:让火势烧到最旺之时。极,尽、穷尽的意思。汉简本作"极其火央","央"同"殃"。

5 可从而从之,不可从而止:此句意如曹操所注:"见可而进,知难而退。"从,跟从,这里指用兵进攻。而,则、就。《易·系辞》:"君子见机而作,不俟终日。"王引之《经传释词》云:"言见机则作也。"汉简本句末有"之"字,武经本"而"作"则"。

6 无待于内:意谓不必等待内应。无,无须、不必。内,内应。此句汉简本作"毋寺于内"。"毋"与"无"古通,"寺"即"待"。

7 以时发之:根据气候、月象的情况实施火攻。贾林注:"得时即应发,不可拘于常势也。"以,依据、根据。

8 火发上风,无攻下风:上风,风向的上方。下风,风向的下方。梅尧臣注:"逆火势,非便也。"此句汉简本仅有"火□上风,毋攻"五字。

9 昼风久,夜风止:意为白天风刮久了,夜里风势就会止息。张预注:"昼

起则夜息,数当然也。故老子曰:"飘风不终朝。""又一说为:白天有
风放火,军队可以跟进攻击;夜里顺风放火时军队不能随之发起攻
击。刘寅《孙子直解》引张贲说:"谓白昼遇风而发火,则当以兵从之;
遇夜有风而发火,则止而不从,恐彼有伏,反乘我也。"

10 以数守之:数,星宿运行度数,此处引申为实施火攻的条件。也即前
面所说的"发火有时,起火有日"等条件。守,等待、等候。此句意为
等候具备火攻的条件。杜牧注:"须算星躔之数,守风起日,乃可发火,
不可偶然而为之。"又,张预注:"不可止知以火攻人,亦当防人攻己。
推四星之度数,知风起之日,则严备守之。"

[原文]

　　故以火佐攻者
明[1],以水佐攻者强。
水可以绝[2],不可以
夺[3]。

[译文]

　　用火来辅助军队进攻,效果殊为显著;
用水来辅助军队进攻,攻势必能加强。水
可以把敌军分割隔绝,却不能像火那样使
敌军失去军需物资。

[注释]

1 以火佐攻者明:佐,辅佐、辅助。明,明显,指效果显著。张预注:"用
火助攻,灼然可以取胜。"一说"明"即"强",两字异文同义,《经义述
闻》引王念孙曰:"明,犹强也。"

2 绝:隔绝、断绝的意思。

3 不可以夺:夺,剥夺、夺取,这里指焚毁敌人的物资器械。此句曹操注:
"不可以夺敌蓄积。"一说,此句当作"火可以夺","火""不"形近易误,
且与"火可以绝"句相对称,应该说,这是合理的解释。

原文

　　夫战胜攻取,而不修其功者,凶[1]。命曰费留[2]。故曰:明主虑之[3],良将修之[4]。非利不动[5],非得不用[6],非危不战[7]。主不可以怒而兴师[8],将不可以愠而致战[9]。合于利而动,不合于利而止[10]。怒可以复喜[11],愠可以复悦[12];亡国不可以复存,死者不可以复生[13]。故明君慎之,良将警之[14],此安国全军之道也[15]。

译文

　　凡是打了胜仗,夺取了土地城邑,而不能巩固其战果的,实属危险非常。这就叫作财耗师老的"费留"。所以说,明智的国君要慎重地考虑这个问题,贤良的将帅要严肃地对待这个问题。做到没有好处不行动,没有取胜的把握不用兵,不到危急关头不开战。国君切不可因一时的愤怒而发动战争,将帅切不可因一时的愤懑而出阵求战。符合国家利益才用兵,不符合国家利益就停止。愤怒还可以重新变为喜悦,愤懑也可以重新变为高兴。但是国家若是灭亡了就不能复存,人若死了也就不能再生。所以,对待战争,明智的国君要慎重,贤良的将帅要警惕,这是安定国家和保全军队的基本原则。

注释

1　而不修其功者,凶:言如不能及时论功行赏以巩固胜利成果,则祸患至矣。功,《文选·魏都赋》注引《孙子兵法》文,"功"作"赏"。凶,祸患。另一说,"功"指胜利成果。汉简本"修"作"隋"。

2　命曰费留:命,命名的意思。费留,财货耗费而师老淹留的意思。张预注:"财竭师老而不得归,费留之谓也。"一说,打了胜仗而不及时论功行赏,会挫伤将士的积极性,最终增大耗费。李筌注:"赏不逾日,罚不逾时,若功立而不赏,有罪而不罚,则士卒疑惑,日有费也。"汉简本"命"下有"之"字。

3 明主虑之：虑，谋虑、思考。《说文》："虑，谋思也。"张预注："君当谋虑攻战之事。"

4 良将修之：修，治、处理。张预注："将当修举克捷之功。"按，"修"在此处也有"儆戒"的意思，如《国语·鲁语》："吾冀而朝夕修我"，韦昭注："儆也。"汉简本此句作"良将随之"。

5 非利不动：没有利益就不行动。于鬯《香草续校书·孙子》云："当指士卒言。谓非有所利，则不为我动也。"

6 非得不用：不能取胜就不要用兵。得，取胜。用，用兵。

7 非危不战：不到危急关头不轻易开战。张预注："兵，凶器；战，危事。须防祸败，不可轻举，不得已而后用。"危，危急、紧迫。

8 主不可以怒而兴师：主，指国君。此句汉简本作"主不可以怒兴军"。

9 将不可以愠而致战：以，因、由于。愠，恼怒、怨恨、愤懑的意思。此句汉简本作"将不可以温战"。

10 合于利而动，不合于利而止：此句汉简本作"合乎利而用，不合而止"。曹操注："不得以己之喜怒而用兵也。"

11 怒可以复喜：复，重复、再度的意思。此句汉简本作"怒可复喜也"。

12 愠可以复悦：此句汉简本作"温可复……"。"可"字下无"以"字。

13 亡国不可以复存，死者不可以复生：梅尧臣注："一时之怒，可返而喜也；一时之愠，可返而悦也。国亡军死，不可复已！"《战国策》载吴起语曰："破国不可复完，死卒不可复生。"可谓和孙子如出一辙。

14 故明君慎之，良将警之：慎，慎重、谨慎。警，警惕、警戒。之，指用兵打仗。此句意谓国君与将帅当以十分慎重的态度对待战争。梅尧臣注："主当慎重，将当警惧。"武经本"明君"作"明主"。

15 此安国全军之道也：这是安定国家保全军队的根本道理。安国，安邦定国。全，保全。此句张预注云："君常慎于用兵，则可以安国；将常戒于轻战，则可以全军。"

通论

"烈火张天照云海"、"赤壁楼船扫地空",这两行形象鲜明、大气磅礴的诗句,出自唐代"诗仙"李太白的《赤壁歌送别》,它同宋代苏东坡千古绝唱《念奴娇·赤壁怀古》词一样,为人们绘声绘色地重现了公元208年曹、孙、刘三方赤壁鏖战的情景。这场决定魏、吴、蜀三国鼎立命运大战的最基本特色,就是"火攻破敌""谈笑间,樯橹灰飞烟灭"。处于劣势地位的孙、刘联军,巧妙以火助攻,烧得数十万曹师溃不成军,狼狈北窜。曹孟德横槊赋诗,并吞寰宇的气概雄心,就此付诸东流,抱恨终天。

所谓火攻,就是用放火燃烧的办法打击敌人,歼敌有生力量,以夺取胜利。在古代冷兵器作战条件下,火攻乃是威力最强大、效果最明显的作战手段之一。所以戚继光曾不无感慨地说:"夫五兵之中,惟火最烈;古今水陆之战,以火成功最多。"正因为火攻具有这种特殊的军事地位,所以历代兵家对它都高度重视,他们不仅把火攻广泛应用于实战,而且还努力从理论上对它进行总结。《孙子·火攻篇》就是我国古代最早系统总结火攻经验和特点的专门文字,它主要论述了春秋以前火攻的种类、条件、实施方法以及火发后的应变措施等问题,并提出了"安国全军"的慎战思想,具有重要的军事学术价值。

孙子对火攻问题的阐述具有严谨的逻辑性,换言之,即有着清晰的层次性。它包括以下几个方面:

第一,充分肯定火攻在军事斗争中的地位和作用。孙子明确指出,以火助攻,是提高军队战斗力、卓有成效打击和消灭敌人、夺取作战胜利的重要军事手段:"以火佐攻者明。"有了这样的认识,讨论火攻的具体问题便具备了基础。

第二,根据打击对象的不同,把火攻的方式具体区分归纳为五大类。即焚烧敌军人马,焚烧敌军粮草,焚烧敌军辎重,焚烧敌军仓库,焚烧敌军粮道。这五种火攻形式,分别之实际上就是两大类,一是直接打击和歼灭敌人的有生力量,二是摧毁敌人的后勤保障,剥夺敌人赖以支持战争的物质资源。

第三，论述实施火攻的具体条件，指出要使火攻发挥应有的作用，必须正确选择火攻的时机。孙子指出，火攻的实施必须依赖一定的条件。这种条件包括两个方面：气象条件和物质条件。就气象条件说，是"发火有时，起火有日"，即选择气候干燥、月亮行经箕、壁、翼、轸等星宿位置这样的有利时机。就物质条件而言，是"行火必有因，烟火必素具"，即火攻器材必须平时常有准备。孙子认为，一旦具备了这些条件，即可以考虑在作战中运用火攻手段了。

第四，主张火攻与兵攻相结合，明确提出"必因五火之变而应之"的原则，强调利用纵火所引起的敌情变化，及时地指挥军队发起攻击，以扩大战果，赢得胜利。辩证分析问题，因敌情变化用兵，是孙子兵学思想的重要特色，在火攻问题上也无例外。火攻固然威力强大，效果显著，但若不知灵活掌握，随机处宜，就不能使其发挥应有的作用，有时甚至会给自己带来灾难，如南朝梁代侯景叛军火攻巴陵一役中，失火自焚兵马，导致大败，就是明显的例子。所以高明的军事家在实施火攻过程中，一定要针对敌情的变化，灵活加以处置。孙子早在二千五百年前即注意到这一问题，系统提出"必知有五火之变，以数守之"的方法，诸如"火发于内，则早应之于外""火发上风，无攻下风"等，可见他的认识之高明。

孙子的《火攻篇》奠定了中国古代有关火攻理论体系的基础。自孙子以后，人们对火攻的理论阐述仍不绝于书，如进一步探求实施火攻的条件，研讨火攻与兵攻相结合的方式途径等。然而它们都未能超越孙子本篇所构设的基本框架。

上下数千年，以火攻克敌制胜的战例宛若秋夜繁星，不可胜数。其中比较突出的就是东汉班超的破莎之战，三国时期孙、刘联军大败曹师的赤壁之战，东吴陆逊火烧连营、大破刘备的夷陵之战，北宋初年潘美火攻刘鋹夺占广州平定南汉之战，曹彬火烧水寨攻取金陵灭亡南唐之战，元末朱元璋鄱阳湖歼灭陈友谅主力之战等。这些战役的指挥者，之所以能巧妙运用火攻手段,取得卓越的成功,归根结底是他们自觉或不自觉贯彻孙子"火攻"理论的结果。从这个意义上说,孙子的"火攻"原则及其方法业已经受住了历史的验证,而成为中华兵学宝库中的璀璨瑰宝了。

本篇中的另一重要内容,是孙子的慎战思想。他强调君主和将帅对战争要谨慎从事,做到"非利不动,非得不用,非危不战",对于那种缺乏政治目的和战略目标而轻启战端的愚妄行为,孙子持坚决反对的态度。他着重指出国君不可以凭个人喜怒而发动战争,将帅也不可以逞一时意气而随便动武。无论是战是和,都必须以利益大小或有无为依据:"合于利而动,不合于利而止。"认为这才是真正的"安国全军之道"。否则"战胜攻取,而不修其功者,凶",到头来一定会受到现实的惩罚,丧师辱身,为天下笑。

孙子的这一看法较之于儒、墨之流一味"非战""反战"立场无疑更接近于真理,而与《商君书》为代表的法家"主战"理论相比,也具有更大的合理性。"合于利而动,不合于利而止"乃是从事任何活动的根本依据,战争作为暴力的政治行为,更应该遵循这一宗旨。而要真正贯彻"兵以利动"的精神,国君和将帅乃是关键。古代国君是一国的主宰,他的一举一动都直接关系着国家的安危存亡,在战争问题上尤其如此。国君如果遇事不能沉着冷静,仅凭一腔热血而轻率发动战争,那后果就不堪设想。至于将帅,乃是一军的统帅,他指挥是否得当,与战争的胜负关系极大。遇事冷静,处变不惊,不为利诱,不为辱怒,是将帅应有的优良素质,也是军队克敌制胜的重要保证。有鉴于此,孙子才一再告诫统治者"不可以怒而兴师",奉劝将帅切不可"以愠致战"。

征之于史,这种"慎战"理论乃不刊之论,正如唐代杜牧所说:"将兵者,有成者,有败者,勘其事迹,皆与武所著书一一相抵当。犹印圈模刻,不无差跌。"像成皋之战中曹咎"以愠致战"终遭杀身,夷陵之战中刘备"以怒兴师"招致惨败,李自成不修其功断送天下,就都是违背孙子谆谆教诲的必然结果。

[战例]

赤壁之战

公元 208 年,曹操与孙权、刘备在今湖北江陵与汉口间的长江沿岸地区进行了一次战略会战,历史上称为"赤壁之战"。它对确立三国鼎立的形势具有决定性的作用。在这次战争中,孙、刘五万联军面对总兵力二十三四万之多的强大曹军,能正确分析形势,找出其弱点和不利因素,采取密切协同、以长击短、以火佐攻、乘胜追击的作战方针,打败了曹军,成为历史上运用火攻,以弱胜强的著名战例。

公元 200 年,曹操在官渡之战战胜袁绍,进而统一了北方,占据了幽、冀、青、并、兖、豫、徐和司隶(今河南洛阳一带)一共八州的地盘,形成了独占中原的格局。曹操在争夺中原的战争过程中,实行了抑制豪强、选拔贤能、推行屯田等一系列改良措施,建设起一支有较强战斗力的军队。在结束对乌桓的战争后,曹操的后方基本稳定,这使他进一步强化了夺取全国的封建统治权的欲望,于是便积极做向南方进军的准备,他在邺城修建玄武池训练水军,并派人到凉州(今甘肃)授马腾为卫尉予以拉拢,以避免南下作战时侧后受到威胁。

当时,南方的主要割据势力有两个,一是吴国的孙权,他占据扬州的吴郡、会稽、丹阳、庐江、豫章、九江等六郡。这些地方土地肥沃,物产丰富,在当时遭受战乱较少。而北方人的南迁又给当地带来了先进的生产技术,因此东吴的经济有了长足的进步,国力有所增强。在军事上,孙权拥有精兵数万,有周瑜、程普、黄盖等著名将领,内部团结,加上据有长江天险,因而成为曹操吞并天下的主要障碍。

南方另一个主要割据势力是荆州的刘表。他基本上采取了维持现状的政策。但这时刘表本人年老多病,处事懦弱,其子刘琦和刘琮又因争夺继承权而闹得不可开交,所以政权并不稳固。

　　至于刘备,在当时还没有自己固定的地盘,他原来依附袁绍,官渡之战后投奔刘表。刘表让刘备屯兵新野、樊城,为自己据守阻止曹军南下的门户。但刘备并非寻常之辈,他的雄心是"匡复汉室",所以乘着这个机会积极扩充军队,网罗人才。当时他拥有诸葛亮、关羽、张飞、赵云等谋士、猛将,是曹操吞并天下的又一个重要障碍。

　　公元208年七月,曹操亲率大军南下,他的第一个战略目标是荆州。因为荆州不仅物产丰富,而且地居长江中游,是南北交通的要道。占据了荆州,既能够控制今湖北、湖南地区,又可以顺江东下,从侧面打击东吴;向西进军则可以夺取富饶的益州(今四川)。同年八月,刘表病死,其次子刘琮继任荆州牧。九月,曹操进抵新野,刘琮不战而奉表迎降。

　　刘备在樊城获悉刘琮投降的消息后,急忙率所部向江陵(今湖北江陵)退却,并命令关羽率领水军经汉水到江陵会合。江陵是荆州的军事重镇,是兵力和物资的重要补给基地。曹操担心江陵为刘备所占有,便亲自率领轻骑五千,日夜兼行三百里,追赶行动迟缓的刘备军队,在当阳(今湖北当阳)的长坂坡击败刘备,占领了战略要地江陵。刘备仅仅同诸葛亮、张飞、赵云等几十骑突围逃到夏口(今湖北汉阳),同关羽的一万多水军以及刘表的长子刘琦率领的一万多人马会合后,退守长江南岸的樊口(今湖北鄂城西北)。

　　曹操占据江陵之后,企图乘胜顺流东下,占领整个长江以东的地区。谋士贾诩认为应利用荆州的丰富资源,休养军民,巩固新占地,然后再以强大优势迫降孙权。但是曹操由于对荆州的军事行动进展顺利,获得大量的军事物资和降兵、降将,实力大增,因而滋长了轻敌情绪,坚持继续向江东进军。

　　在曹操进兵荆州以前,东吴曾经打算夺占荆州与曹操对峙。刘表死后,东吴又派鲁肃以吊丧为名去侦察情况。鲁肃抵江陵时,刘琮已投降了曹操,刘备正向南撤退。鲁肃即在当阳的长坂坡会见刘备,说明联合抗曹的意向。刘备正在困难之际,便欣然接受了这个建议,并委派诸葛亮随鲁肃前去会见孙权。诸葛亮向孙权分析了当时的形势,指出:刘备最近虽兵败当阳长坂坡,但是还具备水陆二万余众的军事实力。曹操兵力虽多,但是长途跋涉,连续作战,非常疲惫,就像一枝飞到尽头的箭镞,它的力量连一层薄薄的绸子也穿不透,"强弩之末,势不能穿鲁缟"。何况曹军多是北方人,不习水战,荆州是新占之地,人心不服。在这种形势下,只要孙、刘两家携手联合,同心协力,一定能够打败曹军,造就三分天下的形势。孙权赞同诸葛亮的分析,打消了对联合抗曹的顾忌。

但是东吴内部也存在着反对抵抗、主张投降的势力。长史张昭等人为曹操的声势所慑服,认为曹操"挟天子以令诸侯",兵多势众,又挟新定荆州之胜,势不可挡;双方实力相差悬殊,东吴难以抵御曹军的进攻,不如趁早投降。张昭是东吴文臣的领袖,他这样的态度,使得孙权左右为难。这时主战派鲁肃密劝孙权召回东吴最高军事统帅周瑜商讨对策。

周瑜奉召从鄱阳赶回柴桑(今江西九江西南)。他同鲁肃一样,也主张坚决抵御曹操。他认为:曹操虽然统一了北方,但是后方局势并不稳定,马超、韩遂对凉州的割据,对曹操的侧后是一个很大的威胁。曹军舍弃北方军队善于骑战的长处,而同吴军进行水上较量,这是舍长就短。加上时值隆冬,马乏饲料,北方部队远来江南,水土不服,必生疾病。这些都是用兵的大忌。曹操贸然东下,失败不可避免。接着,周瑜又向孙权分析了曹操的兵力,认为曹操的中原部队不过十五六万,并且疲惫不堪。荆州的降兵最多有七八万人,而且心存恐惧,没有斗志。这样的军队,人数虽多,并不可怕,只要动用精兵五万,就足以打败曹军。周瑜深入全面的分析,使孙权更加坚定了联刘抗曹的决心。于是,就拨精兵三万,任命周瑜、程普为左右都督,鲁肃为赞军校尉(相当于现代军队中的参谋长),率领军队与刘备会师,共同抗击曹操。

公元208年十月,周瑜率兵沿长江西上到樊口与刘备会师。尔后继续前进,在赤壁(今湖北嘉鱼东北)与曹军打了一个遭遇战,曹军战败,退回江北,屯军乌林(今湖北嘉鱼西),与孙、刘联军隔江对峙。

这时曹军中疾病流行,又因多是北方人,不习惯于水上的风浪颠簸,便用铁环把战船连接起来。周瑜的部将黄盖针对敌强我弱,不宜持久,和曹军士气低落、战船连接等实际情况,建议采取火攻,奇袭曹军战船。周瑜采纳了这一建议,制定了"以火佐攻",因乱而击之的作战方针。

周瑜利用曹操骄傲轻敌的弱点,先让黄盖写信向曹操诈降,并与曹操事先约定了投降的时间。曹操不知是计,欣然接受。黄盖率蒙冲(一种用于快速突击的小船)、斗舰数十艘,满载干草,灌以油脂,并加以伪装,插上旌旗,同时预备快船系挂在大船之后,以便放火后换乘。当时,正刮着东南风,战船航速很快,向曹军阵地接近。曹军以为这是黄盖真来投降,皆"延颈观望",毫无戒备。黄盖在距曹军二里许,下令各船同时放火。一时间"火烈风猛,船往如箭",直冲曹军。曹军船只首尾相连,分散不开,移动不便,顿时成了一片火海。这时,风还一个劲地刮,火势遂向岸上蔓延,一直烧到了岸上的曹军营寨。曹军被这突如其来的大火烧得惊慌失措,溃不成军,烧死、溺死者不计其数。在长江南岸的孙、刘联军主力船队乘机擂鼓前进,横渡长江,大败曹军。曹操被迫率军由陆路经华容向江陵方向撤退,行至云梦时曾一度迷失方向,又遇风雨,道路泥泞,以草垫路,才使骑兵得以通过。一路上,人马自相践踏,死伤累累。孙、刘联军乘胜水陆并进,一直追到南郡(今湖北江陵境内)。曹操留曹仁、徐晃驻守江陵,乐进驻守襄阳,自率残余部队逃回北方。赤壁之战至此以孙权、刘备方面大获全胜而告结束。

赤壁之战,是我国历史上火攻的典型战例。在这次战争中,弱小的孙权、刘备联军面对屡战屡胜、兵锋甚锐的曹操大军,在知彼知己的基础上,针对曹操骄傲轻敌、舍长用短的特点,利用地理、天时方面的有利条件,果断采取"以火佐攻"的作战方针,乘敌之隙,一举而胜之。在具体作战过程中,孙、刘联军也认真贯彻了孙子《火攻篇》中所倡导的基本原则。

首先,他们充分做好了实施火攻的准备,即准备了充足的火攻器材和用于突击的蒙冲等物,这就是所谓的"行火必有因,烟火必素具"。他们也做到了"发火有时,起火有日",即充分利用东南风大起的机会,及时地放火焚烧曹军的战船。孙子说:"火发于内,则早应之于外。"周瑜、刘备等人在实施火攻袭击成功的情况下,不失时机地率领主力船队横渡长江,乘敌混乱不堪之际,奋勇攻击,从而扩大了战果,赢得最后的胜利。孙、刘联军在赤壁鏖战的突出表现,证明了他们的统帅集团不愧为谙熟"凡军必知有五火之变,以数守之"这一火攻原则的卓越代表。

孙子在《火攻篇》说道:"夫战胜攻取,而不修其功者,凶。命曰费留。"曹操在夺取荆州后,不能"修其功",拒绝了贾诩关于先稳定新占领区再伺机攻打东吴的正确建议,轻敌冒进,率意开战,在作战部署上又犯连接战船等错误,加上对孙、刘联军可能实施火攻的情况茫然无知,疏于戒备,轻信黄盖的诈降欺骗,终于导致可悲的失败,葬送了统一天下的大好机会,其教训是非常深刻的。

｜用间篇｜

导读

　　本篇主要论述在战争活动中使用间谍的重要性,以及间谍的种类、特点、使用方式等等。孙子主张战争指导者必须做到"知彼知己";要"知彼",即"知敌之情实",最为重要的手段之一,就是用间。孙子认为同战争的巨大耗费相比,用间实在是代价小而收效大的好办法,必须充分运用。反之如果因为爱惜爵禄不使用间谍,盲目行动,导致战争的失败,那才是十足的罪人。接着,孙子充分论证了使用间谍的原则和方法,他把间谍划分为五类,即因间(乡间)、内间、反间、死间、生间,指出"五间"的不同特点和功用,主张"五间并用",而以"反间"为主。并提出了"三军之事,莫亲于间,赏莫厚于间,事莫密于间"的用间三原则。同时孙子还指出了用间的必要条件:"非圣智不能用间,非仁义不能使间,非微妙不能得间之实。"把它们看作是正确发挥"用间"威力的重要保证。最后,孙子列举历史上用间的成功经验,进一步肯定用间的意义和作用,但他将战争的胜负主要归功于间谍的作用,这似乎是不无偏颇的。

　　用间:间,指间谍。《说文》:"间,隙也。"《尔雅·释言》:"间,㑦也。"郭璞注:"《左传》谓之谍,今之细作也。"曹操、李筌注:"战者必用间谍,以知敌之情实也。"其说甚是。

原文

孙子曰:凡兴师十万,出征千里,百姓之费[1],公家之奉[2],日费千金[3];内外骚动[4],怠于道路[5],不得操事者[6],七十万家[7]。相守数年[8],以争一日之胜,而爱爵禄百金[9],不知敌之情者,不仁之至也[10],非人之将也[11],非主之佐也,非胜之主也[12]。故明君贤将,所以动而胜人[13],成功出于众者,先知也[14]。先知者,不可取于鬼神[15],不可象于事[16],不可验于度[17],必取于人,知敌之情者也[18]。

译文

孙子说:凡是兴兵十万,出征千里,百姓的耗费,公室的开支,每天都要花费千金,前方后方动荡不安,民夫戍卒路途奔波,疲惫不堪,不能从事正常耕作生产的,就有七十万家。双方相持数年,就是为了决胜于一旦。如果吝惜爵禄和金钱,不肯用来重用间谍,以致不能掌握敌情而导致失败,那就是不仁慈到了极点。这种人不配做军队的统帅,称不得是国家的辅佐,也不是胜利的主宰。所以,英明的君主和贤良的将帅,他们之所以一出兵就能战胜敌人,功业超越普通人,就在于能够预先掌握敌情。要事先了解敌情,不可用求神问鬼的方式来获取;不可拿相似的事情作类比推测来得到;不可用日月星辰运行的度数作验证,而一定要取之于人,取之于那些熟悉敌情的人。

注释

1 百姓之费:汉简本作"百生之费"。"生"为"姓"之古字。《尚书·舜典》孔颖达疏:"生,姓也。"

2 公家之奉:公家,指国家(公室)。奉,同"俸",指军费开支。

3 日费千金:汉简本仅存"费日千"三字,"费日"二字疑即"日费"之误。

4 内外骚动：指举国上下混乱不安。内外，前方后方的通称。骚动，动荡不安。

5 怠于道路：梅尧臣注："输粮供用，公私烦役，疲于道路。"怠，疲惫、疲劳。

6 不得操事者：不得，不能够。操事，操作农事。此句梅尧臣注："废于耒耜也。"

7 七十万家：此喻兵事对进行正常农事影响之大。曹操注："古者八家为邻，一家从军，七家奉之。言十万之师举，不事耕稼者七十万家。"

8 相守数年：意即相持多年。相守，相持、对峙的意思。

9 而爱爵禄百金：而，如果、倘若。王引之《经传释词》："而，犹'若'也。"爱，吝惜、吝啬。《老子·四十四章》："甚爱必大费，多藏必厚亡。"爵，爵位。禄，俸禄。百金，泛指金钱财宝。此句李筌注曰："惜爵赏不与间谍。"

10 不仁之至也：不仁慈、不恩惠达到了极点。至，极、极点。

11 非人之将也：汉简本"人"作"民"。

12 非胜之主也：意谓这不是能主宰胜利的好国君。主，主宰。梅尧臣注："非致胜主利者也。"另一说"主"指人主、国君。汉简本"主"作"注"，二字古通用。

13 动而胜人：动，行动、举动，此处指出兵。而，则、就的意思。此句意为一出兵就能够克敌制胜。

14 成功出于众者，先知也：出于，超过、胜于。先知，预先侦知察明敌情。王皙注："先知敌情，制胜如神也。"又张预注："先知敌情，故动则胜人，功业卓然，超绝群众。"

15 不可取于鬼神：指不可以用祈祷、祭祀鬼神和占卜问筮等方法去求知敌情。张预注："视之不见，听之不闻，不可以祷祀而取。"

16 不可象于事：象，类比、比拟。事，事情。此句意为不可用与其他事情类比的办法去求知、推断敌情。曹操注："亦不可以事类而求也。"

17 不可验于度：指不能用征验星辰运行度数的办法去求知、预测敌情。
   验，应验、验证。度，度数，指日月星辰运行的度数（位置）。

18 必取于人，知敌之情者也：一定要取之于人，取之于那些熟悉敌人内
   情的人。汉简本此句作"必取于人知者"。

原文

故用间有五：有因间[1]，有内间，有反间，有死间，有生间。五间俱起，莫知其道[2]，是谓神纪[3]，人君之宝也[4]。因间者，因其乡人而用之[5]。内间者，因其官人而用之[6]。反间者，因其敌间而用之[7]。死间者，为诳事于外[8]，令吾间知之，而传于敌间也[9]。生间者，反报也[10]。

译文

运用间谍的方式有五种：因间、内间、反间、死间和生间。这五种间谍同时使用，敌人即无从捉摸我用间的规律，这就是使用间谍的神妙莫测的方法，也正是国君克敌制胜的法宝。所谓因间，是指利用敌国的当地人充当间谍。所谓内间，就是利用敌方的官吏做间谍。所谓反间，即利用敌方的间谍为我所用。所谓死间，是指故意向外散布假情报，并通过潜入敌营的我方间谍传给敌间，诱使敌人上当受骗（但一旦真情败露，我间就难免一死）。所谓生间，是指侦察后能活着回来报告敌情的人。

注释

1 因间：即下文的乡间。张预注曰："因间当为乡间，故下文云'乡间可得而使'。"

2 五间俱起，莫知其道：此言五种间谍同时使用起来，使任何敌人都无法摸清我们用间的一般规律。王晳注："五间俱起，人不之测。"俱，全、都。道，规律、途径。

3 是谓神纪:这就是神妙莫测的方法。是,这、此。谓,叫作。纪,法度、原则。《吕氏春秋·孟春纪》:"无变天之道,无绝地之理,无乱人之纪。"神纪,意即神妙莫测之道。张预注:"兹乃神妙之纲纪。"

4 人君之宝也:汉简本"宝"作"葆"。

5 因间者,因其乡人而用之:意谓因间就是利用敌国当地普通人作为己方的间谍。张预注:"因敌国人,知其底里,就而用之,可使伺候也。"因,根据,引申为利用。乡人,敌国的普通人。汉简本此句作:"……乡人而用者也。"

6 内间者,因其官人而用之:官人,指敌方的官吏。此句意为,所谓内间,是指收买敌国的官吏为间谍。梅尧臣注:"因其官属,结而用之。"

7 反间者,因其敌间而用之:所谓反间,就是指收买或欺骗敌方的间谍,使其为我所用。杜牧注:"敌有间来窥我,我必先知之。或厚赂诱之,反为我用;或佯为不觉,示以伪情而纵之,则敌人之间,反为我用也。"

8 为诳事于外:诳,欺骗、迷惑。此句意为故意向外散布虚假的情况来欺骗和迷惑对手。

9 令吾间知之,而传于敌间也:意思是让我方间谍了解自己故意散布的假情报并传给敌方间谍,诱使敌人上当受骗。在这种情况下,事发之后,我方间谍往往难免一死,所以称之为"死间"。王晳注:"诳吾间,使敌得之,间以吾诳告敌,事决,必杀之也。"另一说,死间乃打入敌方长期固定潜伏的人。于鬯《香草续校书》:"惟其待于敌,故谓之死间,非真使此间者死也。"

10 生间者,反报也:反,同"返"。此句意为,所谓生间,是那些到敌方了解情况后能够活着回来报告敌情的人。张预注:"选智能之士,往视敌情,归以报我。"

[原文]

故三军之事[1],莫亲于间[2],赏莫厚于间[3],事莫密于间[4]。非圣智不能用间[5],非仁义不能使间[6],非微妙不能得间之实[7]。微哉微哉[8]!无所不用间也[9]。间事未发[10],而先闻者,间与所告者皆死[11]。

[译文]

所以军队事务中,用人没有比间谍更为亲近的;奖赏没有比间谍更为优厚的;行事没有比间谍更为秘密的。不是睿智聪颖的人不能使用间谍;不是仁慈慷慨的人不能指使间谍;不是谋虑精细的人不能分辨证实间谍所提供情报的实情。微妙呀,微妙啊!无时无处不可以使用间谍!间谍的工作还未开展,而秘密却已泄露出去的,那么间谍和听到秘密的人都要处死。

[注释]

1 三军之事:汉简本作"三军之亲"。

2 莫亲于间:于,比。亲,亲密。意谓关系的亲密无过于所委派的间谍。张预注:"三军之士,然皆亲抚,独于间者以腹心相委,是最为亲密也。"

3 赏莫厚于间:此言军中的赏赐,没有比间谍所受更为优厚的。王晳注:"军功之赏,莫厚于此。"

4 事莫密于间:指军机事务,没有比间谍之事更为机密的。密,秘密、机密。

5 非圣智不能用间:不是才智超群的人不能使用间谍。张预注:"圣则事无不通,智则洞照几先,然后能为间事。"圣智,非凡卓越的才智,指具有杰出才智的人。

6 非仁义不能使间:指如果吝惜爵禄和金钱,不能做到以诚相待,就无法使间谍乐于效命。张预注:"仁则不爱爵赏,义则果决无疑。既啖以厚利,又待以至诚,则间者竭力。"汉简本无"义"字。

7　非微妙不能得间之实:微妙,精细奥妙,这里指用心精密、手段巧妙。
　　实,实情。此句意谓如果不能够做到用心精细、手段巧妙,就无从对
　　所获情报的真伪进行正确的分析判断。张预注:"须用心渊微精妙,
　　乃能察其真伪。"

8　微哉微哉:汉简本作"密哉密哉"。

9　无所不用间也:言无时无地不可使用间谍。王晳注:"当事事知敌之
　　情也。"

10　间事未发:发,举、行、施行的意思。《汉书·王吉传》:"慎勿有所发",
　　颜师古注:"发谓兴众举事。"此句言间事还未施行。

11　而先闻者,间与所告者皆死:先闻,事先知道,即暴露。此句谓间事先
　　行暴露,则间谍和知情者必须杀掉,以灭其口。张预注:"间敌之事,
　　谋定而未发,忽有闻者来告,必与间俱杀之。一恶其泄,一灭其口。"

原文

　　凡军之所欲击[1],城
之所欲攻,人之所欲杀,
必先知其守将、左右、
谒者、门者、舍人[2]之姓
名,令吾间必索知[3]之。

译文

　　凡是对于准备攻打的敌方军队,
准备攻占的敌方城池,准备刺杀的敌方
人员,都必须预先了解其主管将领、左
右亲信、负责传达的官员、守门官吏及
门客幕僚的姓名,指令我方间谍一定要
将这些情况侦察清楚。

注释

1　军之所欲击:此句为宾语前置结构句式,即"(吾)所欲击之军"。下"城
　　之所欲攻""人之所欲杀"句式同。

2　守将、左右、谒者、门者、舍人:守将,主将。左右,守将身边的亲信。
　　谒者,指负责传达通报的官员。门者,负责守门的官吏。舍人,门客,

指谋士幕僚。

3 索知:侦察了解。索,搜寻、侦察。

[原文]

必索敌人之间来间我者[1],因而利之[2],导而舍之[3],故反间可得而用也。因是而知之[4],故乡间、内间可得而使也[5]。因是而知之,故死间为诳事,可使告敌。因是而知之,故生间可使如期[6]。五间之事,主必知之[7],知之必在于反间,故反间不可不厚也[8]。

[译文]

必须侦察出敌方派来刺探我方军情的间谍,加以收买和利用,经过引诱开导,然后再放他回去。这样,反间就可以为我所用了。通过反间而了解敌情,这样,乡间、内间也就可以为我所用了。通过反间而了解敌情,这样,就可以使死间传播假情报给敌人了。通过反间而了解敌情,这样就能使生间按预定时间返回报告敌情了。五种间谍的使用,国君都必须了解掌握,而了解情况的关键在于使用反间,所以,对反间不可不给予优厚的待遇。

[注释]

1 必索敌人之间来间我者:武经本此句作"必索敌间之来间我者"。

2 因而利之:趁机收买利用敌间。因,由、就,可理解为顺势、趁机。利,杜佑注曰:"遗以重利",意即收买。

3 导而舍之:导,诱导、引导。舍,释放、放行的意思。此句意为,要对敌间加以诱导,然后放他回去,以为己用。赵本学云:"厚利以诱其心,导之以伪言伪事,而纵遣之,彼归告其主,则犹为我之间也。"一说"舍"作"居止"解。

4 因是而知之:此指从反间那里获悉敌人内情。

5　乡间、内间可得而使也：意谓通过利用反间，乡间和内间才能有效地加以使用。梅尧臣注："其国人之可使者，其官人之可用者，皆因反间而知之。"

6　故生间可使如期：如期，按期，此指按期返回报告敌情。杜牧注："可使往来如期。"

7　五间之事，主必知之：汉简本此句无"主"字。

8　故反间不可不厚也：厚，厚待也，也包含重视的意思。五间之中，以反间最为关键，因此必须给予反间十分优厚的待遇。张预注："人主当用五间以知敌情。然五间皆因反间而用，则是反间者，岂可不厚待之耶？"

[原文]

　　昔殷之兴也[1]，伊挚在夏[2]；周[3]之兴也，吕牙[4]在殷。故惟明君贤将[5]，能以上智[6]为间者，必成大功。此兵之要[7]，三军之所恃而动也[8]。

[译文]

　　从前殷商的兴起，在于伊挚曾经在夏为间，了解夏朝的内情；周朝的兴起，在于吕牙曾经在殷为间，熟悉殷商的内情。所以，明智的国君，贤能的将帅，能够任用智慧超群的人充当间谍，就一定能建立大功。这是用兵的关键步骤，整个军队都要依靠间谍所提供的敌情来决定军事行动。

[注释]

1　昔殷之兴也：殷，即商朝。公元前17世纪，商汤灭夏，建都亳（今河南商丘市北），史称商朝。公元前13世纪，商王盘庚迁都至殷（今河南安阳小屯村），因此商又称为"殷"，传至纣王帝辛时，灭于西方的属国周。兴，兴起。

2　伊挚在夏：伊挚，即伊尹。商朝贤臣，开国元勋。原为夏桀的臣子，后归附商汤,商汤任用他为相,在灭夏过程中,伊尹发挥了很大的作用。夏,夏朝,大禹之子夏启所建立的中国历史上第一个世袭王朝,共传十七世,至夏桀时为商汤所灭。

3 周:周朝,公元前11世纪周武王灭商后所建立的王朝,建都于镐京(今陕西西安)。公元前771年,周平王迁都成周洛邑(今河南洛阳一带),故又划分为西周、东周。

4 吕牙:即姜尚、姜子牙,俗称姜太公,曾为殷纣王之臣。祖先封于吕,故又称为"吕牙"。周武王任用他为"师",推翻了殷王朝的统治。后被分封于齐地(在今山东境内),为齐国的开创者。汉简本此句下还有"……衙师比在陉。燕之兴也,苏秦在齐"等语,系后人所臆增。

5 故惟明君贤将:汉简本"君"作"主"。

6 上智:最有智谋的人。

7 此兵之要:这就是军事行动中的关键所在。张预注:"用师之本,在知敌情。故曰'此兵之要'也。"要,要害、关键的意思。

8 三军之所恃而动也:军队要依靠间谍所提供的情报而展开行动。武经本、平津馆本无"之"字。

[通论]

孙子在本篇中主要论述了在战争中使用间谍,进行战略侦察的重要性,归纳分析间谍的基本种类、各自特点以及用间的主要原则和具体方法,是一篇从战略高度探讨用间问题的精彩文字,遂成为我国古代用间理论建设的不祧之祖。

在本篇中,孙子首先论述了用间在军事斗争中的重要意义,认为战争在当时的历史条件下是不可避免的选择,然而它带来的消极后果也是十分明显的,它造成国家资源的巨大耗费,使广大民众付出沉重的生命代价。高明的战争指导者应该看到这一点,尽可能设法将战争造成的损失降低到最小程度。而要实现这一良好的初衷,关键步骤之一,是努力做到"知彼知己",其中,"知彼"的关键又在于"知敌之情实",了解和掌握敌方的军情和政情,从而据以制定正确的战略策略方针,掌握战争的主动权,实现克敌制胜的目的。

那么"知彼"的途径是什么呢?孙子从尊重客观实际的立场出发,指出"先知者,不可取于鬼神,不可象于事,不可验于度",这样就与旧的落后做法划清了界限,使其"先知"的主张建立在科学理性的基础之上。基于这样的认识,孙子进而从正面阐述了"先知"的正确方法:"必取于人,知敌之情者。"而其重要的手段之一,便是用间,进行战略侦察。同战争的巨大耗费相比,用间代价小而收效大是掌握主动、出奇取胜的锐利武器,必须积极运用。反之,如果因吝啬金钱爵禄而不重视谍报工作,盲目行动,导致战争失败,那就是"不仁之至",必将成为国家的罪人。

其次,孙子充分论证了用间的基本原则和具体方法。应该说,"用间"作为先知敌情的重要手段,早在孙子之前已被人所认识了。在上古不少战争中已广泛进行间谍战,而孙子的可贵之处,是善于总结经验,并加以理性的提炼和升华,使古代用间思想得到一次质的飞跃。

孙子把间谍具体划分为五个大类:乡间(因间)、内间、反间、死间、生间,并细致分析了"五间"的不同特点和各自功用。他主张"五间俱起,莫知其道",使敌人无法了解我用间的规律,处处被动挨打,不能摆脱失败的命运。同时孙子也强调在用间问题上要抓住关键,突出重点。这个关键,就是以"反间"为主,带动其他四间,以获纲举目张之效。"五间之事,主必知之,知之必在于反间。"所以对反间要不惜重金收买,给予优厚的待遇。

孙子"五间俱起"而以"反间"为主的用间方法论,富有深刻的哲理性。这就如作战指导要做到灵活主动、变幻莫测一样,用间上也要善于运用多种手段,应变无穷,真真假假,虚虚实实。既突出重点,又灵活制宜,这种"因情用兵"的思想方法,表明孙子真正掌握了神妙的用间之道,进入了用间的上乘境界!

在充分阐述用间的主要方法及其相关问题的同时,孙子还提出了"三军之事,莫亲于间,赏莫厚于间,事莫密于间"的用间三条原则,进一步论证了间谍工作在军事活动中的地位,说明谍报工作的关键性、优越性和机密性。而确保用间成功的必要条件是:"非圣智不能用间,非仁义不能使间,非微妙不能得间之实。"把它们看作是正确发挥"用间"威力的重要保证。

毋庸置疑,孙子这三个"用间"条件是符合用间规律的。只有聪明睿智的人才会把用间作为克敌制胜的重要法宝来认真对待;只有仁慈慷慨的人才能赢得间谍的由衷信赖和拥戴,肯出死力去攫取情报;而搜集来的情报往往鱼龙混杂,真伪莫辨,只有通过仔细分辨,去伪存真,去芜存精,才能使它们在战争中真正派上用场,发挥应有的作用。而能够做到这一点的,也只能是那些谋虑精细、见微知著的人。由此可见,三项条件互为关系,不可或缺,孙子之说,可谓是深得"用间"之妙道矣!

总之,孙子高度重视"用间"的作用,甚至把它强调为军事行动成败所攸关,说:"故惟明君贤将,能以上智为间者,必成大功。此兵之要,三军之所恃而动也。"后世兵家对此无不奉为圭臬,并在实战活动中加以充分运用,上演了一幕幕波澜壮阔的战争活剧。

其中比较著名的,就有秦王重金收买内间除去赵国名将李牧,刘邦采纳陈平计谋离间项羽君臣关系,郦食其两次为死间建功立业,祖逖厚结胡春引为乡间察知敌情,岳飞巧使反间废刘豫,韦孝宽利用深间除掉北齐大将斛律光,种世衡用间借刀杀人废去西夏二亲王,唐代高仁厚妙用反间平阡能等等。诸如此类,史不绝书,孙子的用间思想由此而得到历史的验证。

[战例]

朱元璋破陈友谅应天之战

公元 1351 年,爆发了轰轰烈烈的红巾军农民大起义,以反抗元王朝腐朽的民族歧视和残酷的阶级压迫。起义爆发后,得到了全国各地人民的积极响应,长江、淮河流域等广大地区的农民纷纷起义。农民起义沉重地打击了元王朝的反动统治,元朝的军事优势被削弱以致丧失了。农民军则从胜利中得到发展壮大,农民革命形势日益高涨。

如火如荼的农民起义造就了杰出的领袖人才,朱元璋是他们中间的主要代表。他出身贫农,曾因贫困难为生计而入皇觉寺为僧,农民起义爆发后,他投入濠州的郭子兴起义军,在对元兵的长期作战过程中,朱元璋表现出了杰出的军事才能,脱颖而出成为农民起义领袖人物。朱元璋也富有敏锐的政治眼光,善于重用地主阶级知识分子,运用地主阶级的统治经验进行比较清明的政治建设,赢得了相当大的政治优势。经过多年的经营,朱元璋的势力越来越壮大,成为当时一股举足轻重的政治势力,而朱元璋本人,也在这个过程中完成了由农民军领袖向专制集权最高统治者的转变。

朱元璋的军事战略的基本构思是:先统一富庶的江南地区,进而统一全中国。当时北方红巾军的发展壮大,牵制了大批元军,这为朱元璋向江南发展提供了非常有利的时机。他逐步消灭了元朝在江南的残余部队和多个地方割据势力,迅速发展壮大起来。到公元 1358 年,他已占领了江苏大部、浙江、安徽一部的广大地区。但朱元璋并不因此而满足,于是开始了统一江南的作战。

当时,全国的形势发生了很大的变化。这表现为:在北方,刘福通领导的红巾军在元朝政府军和各地拥元地主武装势力的联合进攻下遭到失利。但是元朝统治者内部矛盾正日益激化,军事上的暂时胜利对元朝反动统治来说,不过是回光返照而已。在南方,已形成了陈友谅(名义上是徐寿辉)、张士诚、方国珍等几个武装集团。陈友谅与张士诚都有强大的军事实力,足以与朱元璋相抗衡,其中占据江西地区的陈友谅集团,在南方诸集团中兵力最强,野心最大,处心积虑地想消灭朱元璋,因而同朱元璋的矛盾最深。

朱元璋根据当时形势以及自己处于陈友谅和张士诚两大势力之间的处境,向刘基征询攻守之计。刘基提出先打陈友谅,后打张士诚的谋略,他向朱元璋分析说:张士诚专意保守现有地区,不足为虑。相反陈友谅正"劫主(挟持徐寿辉)胁下",又处于上流地区,应该先剪灭他。等到陈友谅被平定后,张士诚势孤力单,也可以一举消灭。然后再出兵中原,灭掉元朝,建立帝王之大业。朱元璋采纳了刘基这一建议,正式确定了先陈后张,统一江南,然后北上灭元,统一全国的战略方针。

朱元璋按照这一方针,集中主力先攻打陈友谅,对张士诚则采取守势,控制江阴等战略要点,以防张军向西发展,并拉拢方国珍,以牵制张士诚。应天之役,就是朱元璋这一战略方针实施过程中的第一回合。

同朱元璋看待陈友谅一样,陈友谅也把朱元璋视作自己的主要对手,从而积极筹划消灭之。公元1360年农历闰五月初一,陈友谅率舟师十万,越过朱军所据的池州(今安徽南部),攻取太平,夺占采石。陈友谅进驻采石,踌躇满志,便杀死徐寿辉,自立为皇帝,国号汉,改元大义。初五,他约张士诚夹攻朱元璋。

当时,陈友谅兵力上对朱元璋占有很大的优势,陈军的舟师尤为强大。在陈友谅优势兵力大举东下面前,朱元璋的部下,有的主张举城投降,有的主张退守钟山(今南京紫金山),也有的主张先决一死战,打不赢再跑。朱元璋采纳了刘基"伏兵伺隙击之"的建议,决定在应天与陈友谅决战。他为了防止陈友谅与张士诚联手,陷己于两面受敌的困境,并利用陈友谅求战心切,骄傲轻敌的心理,决定巧妙用间,诱敌深入,设伏聚歼,击败陈军。

为此,朱元璋先让陈友谅的老友、元朝降将康茂才写信给陈友谅诈降,表示愿为内应,并约定在江东桥(今南京江东门附近)会合,以呼"老康"为暗号。

在巧妙用间的同时,朱元璋按照设伏聚歼陈军的既定方针,根据应天(今南京)的地形条件作出如下的军事部署:命令常遇春、冯国胜、华高等率兵三万埋伏于石灰山(今南京幕府山)之侧;命令徐达等率兵列阵于南门外;因获悉陈友谅打听新河(今南京城西南)地形,遂派遣赵德胜率兵横跨新河筑虎口城;派遣杨璟率兵进驻大胜港(今南京城西门三十里);命令张德胜、朱虎率舟师出龙江关(今南京兴中门外);自率主力埋伏于卢龙山(今南京狮子山)。并规定作战信号:陈军入伏击圈,举红旗;伏兵出击,举黄旗。命令各军严阵以待。在此之前,朱元璋派遣将军胡大海自婺州(今浙江金华)、衢州率兵西攻信州(今江西上饶),对陈友谅的侧后实施威胁和牵制。

陈友谅收到康茂才的诈降信后,信以为真,便顾不得等待张士诚的出兵配合,于五月初十率军自采石进抵大胜港。待到江东桥连声呼唤"老康"不应,方知上当受骗,被动中仓促派遣士卒万人登岸立栅。

朱元璋在卢龙山上看到陈军进入伏击圈,遂乘其登岸立营未固之际,举起黄旗,发出出击信号。一时间鼓声震天,伏兵四起,水陆夹击。陈军遭此突然打击,阵势大乱,争相登舟而逃。此时正值江水退潮,陈军的巨舰搁浅,移动不得。陈军士卒被杀和落水而死者甚多,被俘二万余人。陈军诸将见情势危急,纷纷向朱军投降。朱军缴获巨舰百余艘。陈友谅本人乘坐小舟侥幸逃回江州(今江西九江)。此时,张士诚守境观望,未敢出兵助陈。朱元璋挥师乘胜追击,夺回安庆、太平,并占领了信州、袁州(今江西宜春)等地。这场关系到朱元璋君臣存亡的应天之战,最终以朱元璋的大获全胜而告结束。

应天之战的失败,使得陈友谅集团的内部矛盾更加激化,将士对陈友谅离心离德,政令军令也无法得到贯彻执行。朱元璋利用陈友谅的这些弱点，不断向西推进自己的势力范围。仅仅在公元 1361 年一年之间，就相继攻克了蕲州、黄州、兴国、黄梅、广济、乐平、抚州等地，实力日益增强，基本上扭转了陈强朱弱的战略格局，为公元 1363 年鄱阳湖大战最后消灭陈友谅势力奠定了基础。

朱元璋能够取得应天之战的胜利，一个重要的原因就是他善于用间，使敌人陈友谅作出错误的决断。朱元璋注重"先知"，做到"必取于人，知敌之情者"，即从了解陈友谅性格、为人的康茂才等人那里，把握住陈友谅骄傲自大、恃强轻进的特点，对症下药地巧妙行间。孙子说："因间者，因其乡人而用之。"康茂才是陈友谅的老友，根据这一情况，朱元璋对陈友谅采取了"因间"手段，让康茂才写信诈降，诱使陈友谅轻敌冒进，然后用部署周密的伏兵大破之，赢得战争的胜利。由此可见，应天之战，是巧妙使间与出奇制胜作战指导的完美结合，充分反映了朱元璋料敌如神、应变自如的卓越军事才能。

附录一

孙子传略

孙子武者,齐人也。以兵法见于吴王阖庐。阖庐曰:"子之十三篇,吾尽观之矣,可以小试勒兵乎?"对曰:"可。"阖庐曰:"可试以妇人乎?"曰:"可。"于是许之,出宫中美女,得百八十人。孙子分为二队,以王之宠姬二人各为队长,皆令持戟。令之曰:"汝知而心与左右手背乎?"妇人曰:"知之。"孙子曰:"前,则视心;左,视左手;右,视右手;后,即视背。"妇人曰:"诺。"约束既布,乃设铁钺,即三令五申之。于是鼓之

孙武,是齐国人。以兵法进见吴国的国王阖庐。阖庐说:"您的十三篇兵法,我都看过了。可以小试一下指挥队伍吗?"孙武回答说:"可以。"阖庐又说:"可以用妇女来试吗?"孙武回答道:"可以。"于是吴王允许派出宫中美女共一百八十人。孙武把她们分作两队,以吴王宠爱的妃子二人担任两队的队长,并命令所有的人都拿着戟。向她们下令说:"你们知道你们的心、左右手和背吗?"妇人回答说:"知道。"孙武说:"向前,就看心所对的方向;向左,看左手方向;向右,看右手方向;向后,就看背的方向。"妇人们回答说:"是。"整顿好队伍,规定动作,宣布纪律以后,就把铁钺排立起来,反复地"三令

右，妇人大笑。孙子曰："约束不明，申令不熟，将之罪也。"复三令五申而鼓之左，妇人复大笑。孙子曰："约束不明，申令不熟，将之罪也；既已明而不如法者，吏士之罪也。"乃欲斩左右队长。吴王从台上观，见且斩爱姬，大骇，趣使使下令曰："寡人已知将军能用兵矣。寡人非此二姬，食不甘味，愿勿斩也。"孙子曰："臣既已受命为将，将在军，君命有所不受。"遂斩队长二人以徇。用其次为队长，于是复鼓之。妇人左右前后跪起皆中规矩绳墨，无敢出声。于是孙子使使报王曰："兵既整齐，王可试下观之，唯王所欲用之，虽赴水火犹可也。"吴王曰："将军罢休就舍，寡人不愿下观。"孙子曰："王徒好其言，不能用其实。"于是阖庐知孙子能

五申"，宣布军法，然后击鼓发令向右，可是妇人们却嘻嘻哈哈地大笑起来。孙武说："规定不明确，约定不熟悉，这是将帅的罪过。"于是再次三令五申，击鼓发令向左。妇女们又大笑不已。孙武说："规定不明确，约令不熟悉，这是将帅的罪过；既然已经反复地说明了，仍然不执行命令，那就是下级士官的罪过了。"于是准备斩左右队长。吴王从台上看见要杀自己宠爱的妃子，大为惊骇，急忙派人传下命令说："我现在已经知道将军善于用兵了。我没有这两位爱姬，连饭也吃不下，希望不要杀她们。"孙武说："臣子我既然已经受命为将，将在军中，君主的命令有所不受。"便杀了两名队长示众，用下一名宫女担任队长。重新击鼓发令，妇人们左右前后跪起，都合乎规定和要求，没有再敢出声的。于是孙武派人向吴王报告说："队伍已经训练整齐，王可以下来视察！任凭王希望怎样用她们，即便是赴汤蹈火，也是可以的。"吴王说："请将军停止训练，返回馆舍休息吧，我不想下去看了。"孙武说："王只是爱好

用兵,卒以为将。西破强楚,入郢,北威齐晋,显名诸侯,孙子与有力焉。

(录自《史记》卷六十五,《孙子吴起列传》)

兵法的词句罢了,并不能实际使用它。"于是阖庐知道孙武会用兵,最终任命他为将军。向西击破强大的楚国,攻入楚的都城郢,北面威震齐晋。吴国的威名在诸侯列国中大为显扬,孙武是出了大力的。

附录二

十家注孙子遗说并序

荥阳郑友贤撰

求之而益深者,天下之备法也;叩之而不穷者,天下之能言也。为法立言,至于益深不穷,而后可以垂教于当时,而传诸后世矣。儒家者流,惟苦《易》之为书,其道深远而不可穷;学兵之士,尝患武之为说,微妙而不可究,则亦儒者之《易》乎?盖《易》之为言也,兼三才,备万物,以阴阳不测为神。是以仁者见之谓之仁,智者见之谓之智,百姓日用而不知。武之为法也,包四种,笼百家,以奇正相生为变。是以谋者见之谓之谋,巧者见之谓之巧,三军由之而莫能知之。迨夫九师百氏之说兴,而益见大《易》之义,如日月星辰之神,徒推步其辉光之迹,而不能考其所以为神之深。十家之注出,而愈见十三篇之法,如五声、五色之变,惟详其耳目之所闻见,而不能悉其所以为变之妙,是则武之意,不得谓尽于十家之注也。然而学兵之徒,非十家之说,亦不能窥武之藩篱;寻流而之源,由径而入户,于武之法,不可谓无功矣。顷因余暇,撮武之微旨,而出于十家之不解者,略有数十事,托或者之问,具其应答之义,名曰十注遗说。学者见其说之有遗,则始信益深之法、不穷之言,庶几大《易》不测之神矣。

或问:死生之地,何以先存亡之道?曰:武意以兵事之大,在将得其人。将能,则兵胜而生;兵生于外,则国存于内。将不能,则兵败而死;兵死于外,则国亡于内。是外之生死,系内之存亡也。是故兵败长平而赵亡,师丧辽水而隋灭。太公曰："无智略大谋，强勇轻战，败军散众，以危社稷，王者慎勿使为将。"此其先后之次也。故曰："知兵之将，生民之司命，国家安危之主也。"

或问：得算之多，得算之少，况于无算，何以是多、少、无之义？曰：武之文，固不汗漫而无据也。盖经之以五事，校之以七计，彼我之算，尽于此矣。五事之经，得三四者为多，得一二者为少；七计之校，得四五者为多，得二三者为少。五七俱得者为全胜；不得者为无算，所谓冥冥而决事，先战而求胜，图乾没之利，出浪战之师者也。

或问：计利之外，所佐者何势？曰：兵法之传有常，而其用之也有变。常者，法也；变者，势也。书者，可以尽常之言，而言不能尽变之意。五事七计者，常法之利也。诡道不可先传者，权势之变也。守常而求胜，如胶柱鼓瑟，以书御马。赵括所以能书而不能战，易言而不知变也。盖法在书之传，而势在人之用。武之意，初求用于吴，恐吴王得书听计而弃己也，故以此辞动之，乃谓书之外，尚有因（困）利制权之势，在我能用耳。

或问：因粮于敌者，无远输之费也，取用必于国者，何也？曰：兵械之用，不可假人，亦不可假于人。器之于人，固在积习便熟，而适其短长重轻之宜，与夫手足不相钮铻，而后可以济用而害敌矣。吾之器，敌不便于用；敌之器，吾不习其利。非国中自备，而习惯于三军，则安可一旦仓卒假人之兵而给己之用哉？《易》曰："萃除戎器，以戒不虞。"太公曰："虑不先设，器械不备。"此皆言取用于国，不可因于人也。

或问：兵以伐谋为上者，以其有屈人之易，而无血刃之难；伐兵攻城，为之次下，明矣。伐交之智，何异于伐谋之工，而又次之？曰：破谋者，不费而胜；破交者，未胜而费。帷幄樽俎之间，而揣摩折冲，心战计胜其未形已成之策，不烦毫厘之费，而彼奔北降服之不暇者，伐谋之义也。或遣使介，约车乘聘币之奉。或使间谍，出土地金玉之资。张仪散六国之从，阴厚者数年；尉缭子破诸侯之援，出金三十万。如此之类，费已广而敌未服，非加以征伐之劳，则未见全胜之功，宜乎次于晏婴、子房、寇恂、荀彧之智也。

或问:武之书皆法也,独曰,此谋攻之法也,此军争之法也?曰:余法概论兵家之术,惟二篇之说及于用,诚其易用而称其所难。夫告人以所难,而不济之以成法,则不足为完书。盖谋攻之法,以全为上,以破次之。得其法,则兵不钝而利可全;非其法,则有杀士三分之灾。军争之法,以迂为直,以患为利。得其法,则后发而先至;非其法,则至于擒三将军。此二者,岂用兵之易哉?乃云:"必以全争于天下。"又云:"莫难于军争。"难之之辞也。欲济其所难者,必详其法。凡所谓屈人非战,拔城非攻,毁国非久者,乃谋攻之法也。凡所谓十一而至,先知迂直之计者,乃军争之法也。见其法而知其难于余篇矣。

或问:将能而君不御者胜,后魏太武命将出师,从命者无不制胜,违教者率多败失;齐神武任用将帅出讨,奉行方略,罔不克捷,违失指教,多致奔亡。二者不几于御之而后胜哉?曰:知此而后可以起武之意。既曰,将能而君不御者胜,则其意固谓将不能而君御之则胜也。夫将帅之列,才不一概,智愚勇怯,随器而任。能者付之以阃寄,不能者授之以成算。亦犹后世责曹公使诸将以《新书》从事,殊不识公之御将,因其才之小大而纵抑之。张辽、乐进,守、斗之偏才也,合淝之战,封以函书,节宣其用;夏侯惇兄弟,有大帅之略,假以节度,便宜从事,不拘科制,何尝一概而御之邪?《传》曰:"将能而君御之,则为縻军;将不能而君委之,则为覆军。"惟公得武法之深,而后太武、神武,庶几公之英略耳,非司马宣王,安能发武之蕴哉?

或问:胜可知而不可为者,以其在彼者也;佚而劳之,亲而离之,佚与亲在敌,而吾能劳且离之,岂非可为欤?曰:《传》称用师观衅而动,敌有衅不可失。盖吾观敌人无可乘之衅,不能强使为吾可胜之资者,不可为之义也。敌人既有可乘之隙,吾能置术于其间,而不失敌之败者,可知之义也。使敌人主明而贤,将智而忠,不信小说而疑,不见小利而动,其佚也安能劳之?其亲也安能离之?有楚子之暗与囊瓦之贪,而后吴人亟肆以疲之;有项王之暴与范增之隙,而后陈平以反间疏之。夫衅隙之端,隐于佚亲之前;劳离之策,发于衅隙之后者,乃所谓可知也;则惟无衅隙者,乃不可为也。

或问:守则不足,攻则有余,其义安在? 曰:谓吾所以守者力不足,吾所以攻者力有余者,曹公也。谓力不足者可以守,力有余者可以攻者,李筌也。谓非强弱为辞者,卫公也。谓守之法要在示敌以不足,攻之法要在示敌以有余者,太宗也。夫攻守之法,固非己实强弱,亦非虚形视敌也。盖正用其有余不足之形势,以固己胜敌。夫所谓不足者,吾隐形于微,而敌不能窥也;有余者,吾乘势于盛,而敌不能支也。不足者,微之称也。当吾之守也,灭迹于不可见,韬声于不可闻,藏形于微妙不足之际,而使敌不知其所攻矣。所谓藏于九地之下者是也。有余者,盛之称也。当吾之攻也,若迅雷惊电,坏山决塘,作势于盛强有余之极,而使敌不知其所守矣。所谓动于九之上者是也。此有余不足之义也。

或问:三军之众,可使必受敌而无败者,奇正是也。受敌、无败,二义也,其于奇正有所主乎? 曰:武论分数、形名、奇正、虚实四者,独于奇正云云者,知其法之深而二义所主未白也,复曰:凡战,以正合,以奇胜。正合者,正主于受敌也;奇胜者,奇主于无败也。以合为受敌,以胜为无败,不其明哉!

或问:武论奇正之变,二者相依而生,何独曰善出奇者? 曰:阙文也。凡所谓如天地、江河、日月、四时、五色、五味,皆取无穷无竭、相生相变之义,故首论以正合奇胜,终之以奇正之变,不可胜穷,相生如循环之无端,岂以一奇而能生变,交相无已哉! 宜曰,"善出奇正者无穷如天地"也。

或问:其势险者,其义易明,其节短者,其旨安在? 曰:力虽甚劲者,非节量短近而适其宜,则不能害物。鲁缟之脆也,强弩之末不能穿;毫末之轻也,冲风之衰不能起;鸷鸟虽疾也,高下而远来,至于竭羽翼之力,安能击搏而毁折哉? 尝以远形为难战者此也,是故麹义破公孙瓒也,发伏于数十步之内;周访败杜曾也,奔赴于三十步之外。得节短之义也。

　　或问：十三篇之法，各本于篇名乎？曰：其义各主于题篇之名，未尝泛滥而为言也。如虚实者，一篇之义，首尾次序，皆不离虚实之用，但文辞差异耳。其意所主，非实即虚，非虚即实，非我实而彼虚，则我虚而彼实，不然则虚实在于彼此，而善者变实而为虚，变虚而为实也。虽周流万变，而其要不出此二端而已。凡所谓待敌者佚者，力实也；趋战者劳者，力虚也。致人者，虚在彼也；不致于人者，实在我也。利之也者，役彼于虚也；害之也者，养我之实也。佚能劳之，饱能饥之，安能动之者，佚、饱、安，实也，劳、饥、动，虚也；彼实而我能虚之也。行于无人之地者，趋彼之虚，而资我之实也。攻其所不守者，避实而击虚也；守其所不攻者，措实而备虚也。敌不知所守者，斗敌之虚也；敌不知所攻者，犯我之实也。无形无声者，虚实之极而入神微也。不可御者，乘敌备之虚也；不可追者，畜我力之实也。攻所必救者，乘虚则实者虚也；乖其所之者，能实则虚者实也。形人而敌分者，见彼虚实之审也；无形而我专者，示吾虚实之妙也。所与战约者，彼虚无以当吾之实也；寡而备人者，不识虚实之形也。众而备己者，能料虚实之情也，千里会战者，预见虚实也。左右不能救者，信人之虚实也。越人无益于胜败者，越将不识吴之虚实也。策之、候之、形之、角之者，辨虚实之术也。得也、动也、生也、有余也者，实也；失也、静也、死也、不足也者，虚也。不能窥谋者，外以虚实之变惑敌人也；莫知吾制胜之形者，内以虚实之法愚士众也。水因地制流，兵因敌制胜者，以水之高下喻吾虚实变化不常之神也。五行胜者，实也；囚者，虚也。四时来者，实也；往者，虚也。日长者，实也；短者，虚也。月生者，实也；死者，虚也。皆虚实之类，不可拘也。以此推之，余十二篇之义，皆仿于此，但说者不能详之耳。

　　或问：军争为利，众争为危，军之与众也，利之与危也，义果异乎？曰：武之辞未尝妄发而无谓也。军争为利者，下所谓军争之法也；夫惟所争而得此军争之法，然后获胜敌之利矣。众争为危者，下所谓举军而争利也；夫惟全举三军之众而争，则不及于利而反受其危矣。盖军争者，案法而争也;众争者,举军而趋也。为利者,后发而先至也;为危者,擒三将军也。

或问:兵以诈立,以利动,以分合为变,立也、动也、变也,三者先后而用乎?曰:先(兵)王之道,兵家者流,所用皆有本末先后之次,而所尚不同耳。盖先王之道,尚仁义而济之以权;兵家者流,贵诈利而终之以变。《司马法》以仁为本,孙武以诈立;《司马法》以义治之,孙武以利动;《司马法》以正,不获意则权,孙武以分合为变。盖本仁者治必为义,立诈者动必为利。在圣人谓之权,在兵家名曰变。非本与立无以自修,非治与动无以趋时,非权与变无以胜敌。有本立而后能治动,能治动而后可以权变。权变所以济治动,治动所以辅本立。此本末先后之次略同耳。

或问:武所论举军动众皆法也,独称此用众之法者何也?曰:武之法,奇正贵乎相生,节制权变,两用而无穷。既以正兵节制自治其军,未尝不以奇兵权变而胜敌。其于论势也,以分数、形名居前者,自治之节制也;以奇正、虚实居后者,胜敌之权变也。是先节制而后权变也。凡所谓立于不败之地,而不失敌之败,修道而保法,自保而全胜者,皆相生两用先后之术也。盖鼓铎旌旗,所以一人之耳目,人既专一,勇者不得独进,怯者不得独退,此何法也?是节制自治之正法也。止能用吾三军之众而已。其法也,固未尝及于胜人之奇也。谈兵之流,往往至此而止矣。武则不然,曰:此用吾众之法也。凡所谓变人之耳目,而夺敌之心气,是权谋胜敌之奇法也。

或问:夺气者必曰三军,夺心者必曰将军,何也?曰:三军主于斗,将军主于谋;斗者乘于气,主者运于心。夫鼓作斗争,不顾万死者,气使之也;深思远虑,以应万变者,心主之也。气夺则怯于斗,心夺则乱于谋;下者不能斗,上者不能谋,敌人上下怯乱,则吾一举而乘之矣。《传》曰:一鼓作气,三而竭者,夺斗气也;先人有夺人之心者,夺谋心也。三军、将军之事异矣。

或问:自计及间上下之法,皆要妙也,独云此用兵之法妙者,何也?曰:夫事至于可疑,而后知不疑者为明;机至于难决,而后知能决者为智。

用兵之法,出于众人之所不可必者,而吾之明智了然不至于犹豫者,其所得固过于众人,而通于法之至妙也。所谓高陵勿向,背丘勿逆,盖亦有可向、可逆之机。佯北勿从,锐卒勿攻,亦有可从、可攻之利。饵兵勿食,归兵勿遏,亦有可食、可遏之理。围师必阙,穷寇勿追,亦有不阙、可追之胜。此兵家常法之外,尚有反复微妙之术,智者不疑而能决。所谓用兵之法妙也。

或问:九变之法,所陈五事者何?曰:九变者,九地之变也。散、轻、争、交、衢、重、圮、围、死,此九地之名也。一其志,使之属,趋其后,谨其守,固其结,继其食,进其涂,塞其阙,示不活,此九地之变也。九而言五者,阙而失次也。下文曰:"将通于九变之地利者,知用兵矣;将不通九变之利者,虽知地形,不能得地之利矣。"是九变主于九地,明矣。故特于《九地篇》曰:"九地之变,人情之理,不可不察也。"然则既有九地,何用九变之文乎?曰:武所论将不通九变之利,又曰治兵不知九变之术。盖九地者,陈变之利,故曰不知变不得地之利;九变者,言术之用,故曰不知术不得人之用。是故六地有形,九地有名,九名有变,九变有术。知形而不知名,决事于冥冥;知名而不知变,驱众而浪战;知变而不知术,临用而事屈。此所以六地、九地、九变,皆论地利,而为篇异也。李筌以涂有所不由而下五利兼之为十变者,误也;复指下文为五利,何尝有五利之义也。绝地无留,当作轻地,盖轻有无止之辞。

或问:凡军好高而恶下,太公曰:"凡三军处山之高,则为敌所栖。"岂好高之义乎?曰:武之高,非太公之高也。公所论天下之绝险也:高山盘石,其上亭亭,无有草木,四面受敌。盖无草木,则乏刍牧樵采之利;四面受敌,则绝出入运馈之路。可上而不可下,可死而不可久。此固有栖之之害也。武之所论假势利之便也:处隆高丘陵之地,使敌人来战,则有登隆、向陵、逆丘之害,而我得因高、乘下、建瓴、走丸、转石、决水之势;加以养生处实,先利粮道。战则有乘势之便,守则有处实之固,居则有养生足食之利,去则有便道向生之路。虽有百万之敌,安能栖我于高哉?太武栖姚兴于天渡,李先计令遣奇兵邀伏,绝柴壁之粮道,此兴犯处高之忌,而先得栖敌之法,明矣。学孙武者,深明好高之论,而不悟处于太公之绝险,知其势利之便者,后可与议其书矣。

或问:六地者,地形也,复论将有六败者何? 曰:恐后世学兵者,泥胜负之理于地形也。故曰:地形者,兵之助,非上将之道。太公论主帅之道,择善地利者三人而委之,则地形固非将军之事也。所谓料敌制胜者,上将之道也。知此为将之道者,战则必胜;不知此为将之道者,战则必败。凡所言,曰走、曰弛、曰崩、曰陷、曰乱、曰北者,此六者,败之道,将之至任,不可不察也。是胜败之理,不可泥于地形,而系于将之工拙也。至于九地亦然,曰刚柔皆得,地之理也。将军之事,静以幽,正以治,驱三军之众如群羊往来,不知其所之者,将军之事也。特垂诫于六地九地者,孙武之深旨也。

或问:"死,焉不得士人尽力"诸家释为二句者何? 曰:夫人之情,就其甚难者,不顾其甚易;舍其至大者,不吝其至微。死,难于生也,甘其万死之难,则况出于生之甚易者哉? 身,大于力也,弃其一身之大,则况用于力之至微者哉? 武意以谓三军之士,投之无所往,则白刃在前,有所不避也。死且不避,况于生乎? 身犹不虑,况于力乎? 故曰:死且不北。夫三军之士,不畏死之难者,安得不人人尽其力乎?"死,焉不得士人尽力",诸家断为二句者,非武之本意也。

或曰:方马埋轮,诸家释方为缚,或谓缚马为方陈者,何也? 曰:解方为缚者,义不经;据缚而方之者,非武本辞。盖方当作放字。武之说,本乎人心离散,则虽强为固止,而不足恃也。固止之法,莫过于桎其所行。古者用兵,人乘车而战,车驾马而行,今欲使人固止而不散,不得齐勇之政,虽放去其马而牧之,陷轮于地而埋之,亦不足恃之为不散也。噫! 车中之士,辕不得马而驾,轮不得辙而驰,尚且奔走散乱而不一,则固在以政而齐其心也。

或问:兵情主速,又曰为兵之事,夫情与事义果异乎? 曰:不可探测而蕴于中者,情也;见于施为而成乎其外者,事也。情隐于事之前,而事显于情之后。此用兵之法,隐显先后之不同也。所谓兵之情主速者,盖吾之所由、所攻,欲出于敌人之不虞、不戒也。夫以神速之兵,出于人之所不能虞度而戒备者,固在中情秘密而不露,虽智者深间,不能前谋先窥也。所谓为兵之事者,盖敌意既顺而可详,敌衅已形而可乘,一向并敌之势,千里杀敌之将,使陈不暇战而城不及守者,彼败事已显,而吾兵业已成于外也。故曰,所谓巧能成事者,此也。是则情事之异,隐显先后也。

或问:九地之中,复有绝地者,何也? 曰:兴师动众,去吾之国中,越吾之境土,而初入敌人之地,疆场之限,所过关梁津要,使吾踵军在后,告毕书绝者,所以禁人内顾之情,而止其还遁之心也。《司马法》曰:"书亲绝,是谓绝顾壹虑。"《尉缭子·踵军令》曰:"遇有还者诛之。"此绝地之谓也。然而不预九地者何? 九地之法皆有变,而绝地无变;故论于九地之中,而不得列其数也。或以越境为越人之国,如秦越晋伐郑者,凿也。

或问:不知诸侯之谋,不能预交;不知山林、险阻、沮泽之形,不能行军;不用乡导,不能得地利。重言于《军争》《九地》二篇者,何也? 曰:此三法者,皆行师、争利、出没、往来、迟速、先后之术也。盖军争之法,方变迂为直,后发先至之为急也;九地之利,盛言为客深入利害之为大也。非此三法,安能举哉? 噫! 与人争迂直之变,趋险阻之地,践敌人之生地,求不识之迷涂,若非和邻国之援,为之引军,明山川、林麓、险难、阻厄、沮洳、濡泽之形而为之标表,求乡人之习熟者为之前导,则动而必迷,举而必穷。何异即鹿无虞,惟人于林,不行其野,强违其马,欲争迂直之胜,图深入之利,安能得其便乎? 称之二篇,不其旨哉!

或问:何谓无法之赏,无政之令? 曰:治军御众,行赏之法,施令之政,盖有常理。今欲犯三军之众,使不知其利害,多方误敌,而因利制权,故赏不可以拘常法,令不可以执常政。噫! 常法之赏,不足以愚众;常政之令,不足以惑人。则赏有时而不拘,令有时而不执者,将军之权也。夫进有重赏,有功必赏,赏法之常也。吴子相敌,北者有赏;马隆募士,未战先赏。此无法之赏也。先庚后甲，三令五申，政令之常也。武曰：若驱群羊往来，莫知所之。李愬袭元济，初出，众请所向，曰："东六十里止。"至张柴，诸将请所止。复曰："入蔡州。"此无政之令也。

或问：用间使间，圣智仁义，其旨安在？曰：用间者，用间之道也。或以事，或以权，不必人也。圣者无所不通，智者深思远虑，非此圣智之明，安能坐以事权间敌哉？使间者，使人为间也。吾之与间，彼此有可疑之势；吾疑间有覆舟之祸，间疑我有害己之计。非仁恩不足以结间之心，非义断不足以决己之惑，主无疑于客，客无猜于主，而后可以出入于万死之地而图功矣。秦王使张仪相魏，数年无效，而阴厚之者，恩结间之心也。高祖使陈平用金数十万，离楚君臣；平，楚之亡虏也，吾无问其出入者，义决己之惑也。

或问：伊挚、吕牙，古之圣人也，岂尝为商、周之间邪？武之所称，岂非尊间之术而重之哉？曰：古之人立大事，就大业，未尝不守于正；正不获意，则未尝不假权以济道。夫事业至于用权，则何所不为哉？但处之有道，而卒反于正，则权无害于圣人之德也。盖尽在兵家名曰间，在圣人谓之权。汤不得伊挚，不能悉夏政之恶；伊挚不在夏，不能成汤之美。武不得吕牙，不能审商王之罪；吕牙不在商，不能就武之德。非此二人者，不能立顺天应人伐罪吊民之仁义。则非为间于夏、商而何？惟其处之有道，而终归于正，故名曰权。兵家之间，流而不反，不能合道，而入于诡诈之域，故名曰间。所谓以上智成大功者，真伊、吕之权也。权与间，实同而名异。

或问：间何以终于篇之末？曰：用兵之法，惟间为深微神妙，而不可易言也。所谓非圣智不能用间，非微妙不能得间之实者，难之之辞也。武始以十三篇干吴者，亦欲以其书之法，教阖闾之知兵也。教人之初，蒙昧之际，要在从易而入难，先明而后幽，本末次序而导之，使不惑也。是故始教以计量校算之法，而次及于战攻、形势、虚实、军争之术，渐至于行军、九变、地形、地名、火攻之备，诸法皆通，而后可以论间道之深矣。噫！

教人之始者，务令明白易晓，而遽期之以圣智微妙之所难，则求之愈劳，而索之愈迷矣，何异王通谓不可骤而语《易》者哉？或曰：庙堂多算，非不难也，何不列之终篇也？曰：计之难者，经之以五事，校之以七计而索其情也。夫敌人之情，最为难知，不可取于鬼神，不可求象于事，不可验于度，先知者必在于间。盖计待情而后校，情因间而后知，宜乎以间为深，而以计为浅也。孙武之蕴至于此，而后知十家之说不能尽矣。

附录三

｜历代名家评孙子｜

明之吴越，言之于齐，曰知孙氏之道者，必合于天地。

——《孙膑兵法·陈忌问垒》附简

有提十万之众，而天下莫敢当者谁？曰桓公也。有提七万之众，而天下莫敢当者谁？曰吴起也。有提三万之众，而天下莫敢当者谁？曰武子也。

——《尉缭子·制谈篇》

临武君与孙卿子议兵于赵孝成王前。

王曰："请问兵要。"

临武君对曰："上得天时，下得地利，观敌之变动，后之发，先之至，此用兵之要术也。"

孙卿子曰："不然。臣所闻古之道，凡用兵攻战之本，在乎壹民。弓矢不调则羿不能以中微，六马不和则造父不能以致远，士民不亲附则汤武不能以必胜也。故善附民者，是乃善用兵者也，故兵要在乎善附民而已。"

临武君曰："不然。兵之所贵者势利也，所行者变诈也。善用兵者感忽悠暗，莫知其所从出，孙、吴用之无敌于天下，岂必待附民哉？"

孙卿子曰："不然。臣之所道，仁人之兵，王者之志也。君之所贵，权谋势利也，所行攻夺变诈也，诸侯之事也。"

——《荀子·议兵》

境内皆言兵，藏孙、吴之书者家有之，而兵愈弱，言战者多，被甲者少也。

————《韩非子·五蠹》

吾治生产，犹伊尹、吕尚之谋，孙、吴用兵，商鞅行法是也。是故其智不足与权变，勇不足以决断，仁不能以取予，强不能有所守，虽欲学吾术，终不告之矣。

————《史记·货殖列传》白圭语

自是之后，名士迭兴，晋用咎犯，而齐用王子，吴用孙武，申明军约，赏罚必信，卒伯诸侯，兼列邦土，虽不及三代之诰誓，然身宠君尊，当世显扬，可不谓荣焉？岂与世儒暗于大较，不权轻重，猥云德化，不当用兵，大至君辱失守，小乃侵犯削弱，遂执不移等哉！

————《史记·律书》

世俗所称师旅，皆道《孙子》十三篇。《吴起兵法》，世多有，故弗论，论其行事所施设者。

————《史记·孙子吴起列传》

非信廉仁勇不能传兵论剑，与道同符，内可以治身，外可以应变，君子比德焉。作《孙子吴起列传》第五。

————《史记·太史公自序》

非兵不强，非德不昌，黄帝、汤、武以兴，桀、纣、二世以崩，可不慎欤？《司马法》所从来尚矣，太公、孙、吴、王子能绍而明之，切近世，极人变。

————《史记·太史公自序》

春秋之后,灭弱吞小,并为战国……雄杰之士,因势辅时。作为权诈,以相倾覆。吴有孙武,齐有孙膑,魏有吴起,秦有商鞅,皆禽敌立胜,垂著篇籍。当此之时,合纵连横,转相攻伐,代为雌雄。齐愍以技击强,魏惠以武卒奋,秦昭以锐士胜。世方争于功利,而驰说者以孙、吴为宗。

——《汉书·刑法志》

孙武、阖庐,世之善用兵者也。知或学其法者,战必胜;不晓什伯之阵,不知击刺之术者,强使之军,军覆师败,无其法也。

——《论衡·量知篇》

操闻上古有弧矢之利,《论语》曰"足食足兵",《尚书》八政曰"师",《易》曰"师贞,丈人吉",《诗》曰"王赫斯怒,爰振其旅",黄帝、汤、武,咸用干戚以济世也。《司马法》曰:"人故杀人,杀之可也。"恃武者灭,恃文者亡,夫差、偃王是也。圣人之用兵,戢时而动,不得已而用之。吾观兵书战策多矣,孙武所著深矣!孙子者,齐人也,名武,为吴王阖闾作兵法一十三篇,试之妇人,卒以为将,西破强楚,入郢,北威齐晋。后百岁余有孙膑,是武之后也。审计重举,明画深图,不可相诬。而但世人未之深亮训说,况文烦富,行于世者失其旨要,故撰为《略解》焉。

——曹操《孙子十家注·孙子序》

孙武所以能制胜于天下者,用法明也。

——《三国志·马良传附马谡传》裴松之注引诸葛亮语

阖闾信其威,夫差穷其武,内果伍员之谋,外骋孙子之奇,胜强楚于柏举,栖劲越于会稽,阙沟乎商鲁,争长于黄池。

——左思《吴都赋》

抱瘤疾而言精和、鹊之技，屡奔北而称究孙、吴之算，人不信者，以无效也。

——葛洪《抱朴子·微旨》

孙武兵经，辞如珠玉，岂以习武而不晓文也！

——刘勰《文心雕龙·程器》

朕观诸兵书，无出孙武；孙武十三篇，无出《虚实》。夫用兵识虚实之势，则无不胜焉。

——《唐太宗李卫问对》卷中，李世民语

按《曹公新书》曰："己二而敌一，则一术为正，一术为奇；己五而敌一，则三术为正，二术为奇。"此言大略耳。唯孙武云："战势不过奇正，奇正之变，不可胜穷。奇正相生，如循环之无端，孰能穷之。"斯得之矣，安有素分之邪？若士卒未习吾法，偏裨未熟吾令，则必为之二术。教战时，各认旗鼓，迭相分合，故曰分合为变，此教战之术尔。教阅既成，众知吾法，然后如驱群羊，由将所指，孰分奇正之别哉？孙武所谓"形人而我无形"，此乃奇正之极致。是以素分者，教阅也；临时制变者，不可胜穷也。

——《唐太宗李卫公问对》卷上，李靖语

太宗曰："严刑峻法，使人畏我而不畏敌，朕甚惑之。昔光武以孤军当王莽百万之众，非有刑法临之，此何由乎？"

靖曰："兵家胜败，情状万殊，不可以一事推也。如陈胜、吴广败秦师，岂胜、广刑法能加于秦乎？光武之起，盖顺人心之怨莽也，况又王寻、王邑不晓兵法，徒夸兵众，所以自败。臣按《孙子》曰：'卒未亲附而罚之，则不服；已亲附而罚不行，则不可用。'此言凡将先有爱结于士，然后可以严刑也。若爱未加而独用峻法，鲜克济焉。"

太宗曰："《尚书》云：'威克厥爱，允济；爱克厥威，允罔功。'何谓也？"

靖曰："爱设于先，威设于后，不可反是也。若威加于前，爱救于后，无益于事矣。《尚书》所以慎戒其终，非所以作谋于始也。故《孙子》之法，万代不刊。"

——《唐太宗李卫公问对》卷中

太宗曰："兵法孰为最深者？"

靖曰："臣常(尝)分为三等，使学者当渐而至焉。一曰道，二曰天地，三曰将法。夫道之说，至微至深，《易》所谓聪明睿智神武而不杀者，是也。夫天之说，阴阳；地之说，险易。善用兵者，能以阴夺阳，以险攻易，孟子所谓天时地利者，是也。夫将法之说，在乎任人利器，《三略》所谓得士者昌，管仲所谓器必坚利者，是也。"

太宗曰："然。吾谓不战而屈人之兵者，上也；百战百胜者，中也；深沟高垒以自守者，下也。以是校量，孙武著书，三等皆具焉。"

——《唐太宗李卫公问对》卷下

语有之曰：天时不如地利，地利不如人和。诚谓得兵术之要也，以为孙武所著十三篇，旨极斯道。故知往昔行师制胜，诚当皆精其理。今辄捃摭与孙武书之义相协并颇相类者纂之，庶披卷足见成败在斯矣。

——杜佑《通典》卷一四八，《兵一》

自古以兵著书列于后世可以教于后生者，凡十数家，且百万言。其孙武所著十三篇，自武死后凡千岁，将兵者有成者，有败者，勘其事迹，皆与武所著书一一相抵当，犹印圈模刻，一不差跌。

——杜牧《樊川文集·注孙子序》

武之所论，大约用仁义，使机权。

——《杜牧注孙子·序》

战国诸侯言攻战之术，其间以权谋而辅仁义，先智诈而后和平，惟孙子十三篇而已。

——施子美《孙子讲义·计篇》引《张昭兵法》语

武之书本于兵，兵之术非一，而以不穷为奇，宜其说者之多也。

——《欧阳文忠公集·居士集·孙子后序》

孙武十三篇，兵家举以为师。然以吾评之，其言兵之雄乎！今其书论奇权密机，出入神鬼，自古以兵著书者罕所及。以是而揣其为人，必谓有应敌无穷之才，不知武用兵乃不能必克，与书所言远甚……

且吴起与武，一体之人也，皆著书言兵，世称之曰"孙吴"。然而吴起之言兵也，轻法制，草略无所统纪，不若武之书词约而意尽，天下之兵说皆归其中。然吴起始用于鲁，破齐；及入魏，又能制秦兵；入楚，楚复霸。而武之所为反如是，书之不足信也，固矣。

——苏洵《嘉祐集·权书·孙武》

神宗论孙武书，爱其文辞、意指。王安石曰："言理而不言事，所以文约而所该者博。"上论及韩信，安石曰："信但用孙武一二言，即能成功名。"

——《涧泉日记》

古之言兵者，无出于孙子矣。利害之相权，奇正之相生，战守攻围之法，盖以百数，虽欲加之而不知所以加之矣。然其所短者，智有余而未知其所以用智，此岂非其所大阙欤？

夫兵无常形，而逆为之形；胜无常处，而多为之地。是以其说屡变而不同，纵横委曲，期于避害而就利，杂然举之，而听用者之自择也。是故不难于用，而难于择……

古之善用兵者,见其害而后见其利,见其败而后见其成。其心闲而无事,是以若此明也。不然,兵未交而先志于得,则将临事而惑,虽有大利,尚安得而见之!若夫圣人则不然。居天下于贪,而自居于廉,故天下之贪者,皆可得而用。居天下于勇,而自居于静,故天下之勇者,皆可得而役。居天下于诈,而自居于信,故天下之诈者,皆可得而使。天下之人欲有功于此,而即以此自居,则功不可得而成。是故君子居晦以御明,则明者毕见;居阴以御阳,则阳者毕赴。夫然后孙子之智,可得而用也。

易曰:"介于石,不终日。贞吉。"君子方其未发也,介然如石之坚,若将终身焉者;及其发也,不终日而作。故曰:不役于利,则其见之也明。见之也明,则其发之也果。今夫世俗之论则不然,曰:兵者,诡道也。非贪无以取,非勇无以得,非诈无以成。廉静而信者,无用于兵者也。嗟夫,世俗之说行,则天下纷纷乎如鸟兽之相搏,婴儿之相击,强者伤,弱者废,而天下之乱何从而已乎?

夫武,战国之将也,知为吴虑而已矣。是故以将用之则可,以君用之则不可。今其书十三篇,小至部曲营垒、刍粮器械之间,而大不过于攻城拔国用间之际,盖亦尽于此矣。天子之兵,天下之势,武未及也。

——《苏轼文集》卷三《孙武论》

昔之以兵为书者无若孙武。武之所可以教人者备矣;其所不可者,虽武亦无得而预言之,而唯人之所自求也。故其言曰:"兵家之胜,不可先传。"又曰:"奇正之变,不可胜穷。"又曰:"人皆知我所胜之形,而莫知吾所以制胜之形,故其战胜不复,而应形于无穷。"善学武者,因诸此而自求之,乃所谓方略也。去病之不求深学者,亦在乎此而已。嗟乎!执孙吴之遗言以程人之空言,求合乎其所以教,而不求其所不可教,乃因谓之善者,亦已妄矣。

——何去非《何博士备论·霍去病论》

言兵无若孙武,用兵无若韩信、曹公。武虽以兵为书,而不甚见于其所自用;韩信不自为书,曹公虽为而不见于后世,然而传称二人者之学皆出于武,是以能神于用而不穷。窃尝究之,武之十三篇,天下之学兵者所通诵也,使其皆知所以用之,则天下孰不为韩、曹也?以韩、曹未有继于后世,则凡得武之书伏而读之者,未必皆能办于战也。武之书,韩、曹之术皆在焉,使武之书不传,则二人者之为兵,固不戾乎武之所欲言者;至其所以因事设奇,用而不穷者,虽武之言有所未能尽也。驱市人白徒而置之死地,惟若韩信者然后能斩陈馀;遏其归师而与之死地,惟若曹公者然后能克张绣。此武之所以寓其妙,固有待乎韩、曹之俦也。

——何去非《何博士备论·魏论下》

自六经之道散而诸子作,盖各有所长,而知兵者未有过孙子者。

——陈直中《孙子发微》

孙子十三篇,论战守次第与山川险易、长短、大小之状,皆曲尽其妙。摧高发隐,使物无遁情,此尤文章之妙。

——吕本中《童蒙训》

孙武之书十三篇,众家之说备矣。奇正、虚实、强弱、众寡、饥饱、劳逸、彼己、主客之情状,与夫山泽、水陆之阵,战守攻围之法,无不尽也。微妙深密,千变万化而不可穷。用兵,从之者胜,违之者败,虽有智巧,必取则焉。可谓善之善者矣。然武操术,有余于权谋而不足于仁义;能克敌制胜为进取之图,而不能利国便民为长久之计;可以为春秋诸侯之将,而不可以为三代王者之佐也。

——戴溪《将鉴论断·孙武》

孙子十三篇,不惟武人之根本,文士亦当尽心焉。其词约而缛,易而深,畅而可用,《论语》《易》《大传》之流,孟、荀、扬著书皆不及也。以正合,以奇胜,非善也;正变为奇,奇变为正,非善之善也,即奇为正,即正为奇,善之善也。

——郑厚《艺圃折衷》

世多谓书生不知兵,谓书生不知兵,犹言孙武不善属文耳。今观武书十三篇,盖与《考工记》《穀梁子》相上下。

——陈傅良《止斋先生文集》

司马迁谓世所称师旅,多道孙子十三篇。始管子、申、韩之学行于战国、秦汉,而是书独为言兵之宗。及董仲舒、刘向修明孔氏,其说皆已黜,而是书犹杰然尊奉逮今,又将传之至于无穷。此文武所以卒为二涂也。

——叶适《习学记言》卷四十六《孙子》

《吴子》之正,《孙子》之奇,兵法尽在是矣。《吴子》似《论语》,《孙子》似《孟子》。

——罗大经《鹤林玉露》卷二《孙吴》

世之言兵者祖孙氏,然孙武事吴阖闾而不见于《左氏传》,未知其果何时人也。

——陈振孙《直斋书录解题·兵书类》

孙子言兵,首谓“兵者,国之大事,死生之地,存亡之道”,而切切欲导民使之“与上同意”,欲“不战而屈人兵”,欲“先为不可胜,以待敌之可胜”,欲“无恃其不来,恃吾有以待之”。至论将,则谓“进不求名,退不避罪,惟民是保,而利于主”。盖始终未尝言杀,而以久于兵为戒。所异于先王之训者,惟诡道一语,然特自指其用兵变化而言,非欲情所事奸诈之比。且古人诡即言诡,皆其真情,非后世实诈而反谬言诚者比也。若孙子之书,岂特兵家之祖,亦庶几乎立言之君子矣！诸子自荀、扬外,其余浮辞横议者莫与比。

——黄震《黄氏日钞·读诸子·孙子》

以朕观之,武之书杂出于古之权书,特未纯耳。其曰:"不仁之至","非胜之主",此说极是。若虚实变诈之说,则浅矣。苟君如汤、武,用兵行师,不待虚实变诈而自无不胜。然虚实变诈之所以取胜者,特一时诡遇之术,非王者之师也,而其术终亦变耳。盖用仁者无敌,恃术者必亡,观武之言与其术亦有相悖。盖武之书必有所授,而武之术则不能尽如其书也。

——《明实录·明太祖宝训·评古》

不有大智,其何能谋;不有深谋,其何能将;不有良将,其何能兵;不有锐兵,其何能武;不有武备,其何能国？欲有智而多谋,善将而能兵,提兵而用武,备武而守国,舍是书何以哉！

——刘寅《武经七书直解·自序》

武,齐人,吴阖闾用以为将,西破强楚,入郢,北威齐晋,显名诸侯。叶適以不见载于《左传》,疑其书乃春秋末、战国初山林处士之所为。予独不敢谓然。春秋时列国之事,赴告者则书于策,不然则否。二百四十二年之间,大国若秦、楚,小国若越、燕,其行事不见于经传者有矣,何独武哉！

——宋濂《诸子辨》

孙子上谋而后攻,修道而保法,论将则曰仁智信勇严,与孔子合。至于战守攻围之道,批亢捣虚之术,山林险阻之势,料敌用间之谋,靡不毕具。其他韬钤机略,孰能过之?

——谈恺《孙子集注十三卷·自序》

十三篇之所论,先计谋而后攻战,先知而后料敌,用兵之事周备明白。虽不足与于仁义之师,苟以之战,则岂非良将乎?视彼恃力之徒,驱赤子而陷之死地者,犹狼残虎噬耳。呜呼!武亦安可得哉!

——方孝孺《逊志斋集·杂著·读孙子》

由直解而知七书之意,融会贯通而求知夫用兵之术,于以登坛号令,附国家元功,为旷世良将,讵弗伟哉!

——张居正增订《孙武子直解》

窃维天地之间,有人则有争,有争则有乱。乱不可以鞭扑治也,则有兵。兵之为凶器,不可以妄用也,则有法。其事起于斗智角力也,则其法不得不资于权谋。用兵而不以权谋,则兵败国危而乱不止。君子不得已而用权谋,正犹不得已而用兵也。用之合天理则为仁义,合王法则为礼乐。……孙子十三篇,实权谋之万变也。数千年来,儒者未尝一开其扃钥。……儒者生于其时,遇国家有难而主兵,何不可之有?其曰猥云德化,不当用兵,此迂儒保身之谋,卖国之罪也。

——赵本学《孙子书校解引类·序》

噫!孙武子兵闻拙速一言,误天下后世徒读其书之人,杀天下后世千千万人之命,可胜恨哉!可胜恨哉!世之徒读其书者,每以师老财匮为辞,不知列国相争,师老财匮则诸侯乘其弊而起,故胜亦宜速,不胜亦宜速。其在后世,堂堂讨罪,有征无战之兵,必为万全之画。夫苟一时攻之未暇,取之未克,师老矣,再请新师以益之;财匮也,再请多财以继之,必大破之而后已。愚见世人欲图速成之俸功,视三军之命如草芥,往往而然焉,皆孙武子一言误之也!孟子以杀人盈地、盈野者宜服上刑,然则孙武子一言杀天下后世之人不可胜计,使孟子而在,将以何刑加之乎?恨之深,恶之切,作《拙速解》下。

——俞大猷《正气堂续集·杂文·拙速解》

愚尝读孙武书,叹曰:兵法其武库乎?用兵者其取诸库之器乎?兵法其药肆乎?用兵者其取诸肆之材乎?及读诸将传,又悟曰:此固善握器而妙用材者乎!学者欲求下手着实工夫之门,莫逾于此。数年间,予承乏浙东,乃知孙武之法,纲领精微莫加焉。第于下手详细节目,则无一及焉。犹禅家所谓上乘之教也,下学者何由以措?

——戚继光《纪效新书·自序》(十八卷本)

夫习武者,必宗孙、吴。是习孙、吴者,皆孙、吴之徒也。自夫世好之不同也,每于试文必讥诋其师,无所不至。试使毁其师者,受国家戡定之寄,而攘外安内,如孙、吴者几人哉!夫业彼之业而诋其短,是无师矣。以无师之心,而知忠爱之道者,能之乎?

——戚继光《纪效新书·练将或问》(十四卷本)

孙武子兵法,文义兼美,虽圣贤用兵,无过于此。非不善也,而终不列之儒。设使圣贤其人,用孙武之法,武经即圣贤之作用矣。苟读六经,诵服圣贤,而行则狙诈,六经即孙武矣。顾在用之者,其人何如耳。故因变用智,在君子则谓之行权,在小人则谓之行术。均一智也,而君子、小人所以分者,何也?盖由立心不正,则发之自异耳。奚足怪哉!

……将有五德,智、信、仁、勇、严也。智者,仁之辨也;信者,仁之实也;仁者,人之本也;勇者,仁之志也;严者,仁之助也。任机权之真于义理,慎机权之似于诈伪,作仁之道,岂不在是哉。夫信、仁、勇、严,非智不能辨其弊。信之弊也执,仁之弊也姑息,勇之弊也暴,严之弊也刻,皆不得其当矣。故直看则智为首，横看则仁居中。苟智、信、勇、严而不重夫仁，则皆为虚器，为礼文矣。

——戚继光《止止堂集·愚愚稿上·大学经解》

司马穰苴、孙武，天下之言兵者归之。穰苴兵法不可见，所见独孙子十三篇，其精切事理，吾以为太公不能过也。而太史公独称穰苴兵法"闳廓深远，虽三代征伐未能竟其义"。如其文若尔，穰苴其尤胜耶？然太史公于穰苴则仅详其斩庄贾，于孙武仅详其斩爱姬而已，以为用兵之道，一赏罚尽之矣。……至于吴之强，伍员力耳，柏举之战虽能乘胜入郢，而班处其宫，使秦师得用其救，再合再败而后归，又不能预防夫概之为内孽，安在其为武也？太史公又称其"北威齐晋，显名诸侯"，恐亦附会之过。当其时，武必先死矣。不然，而檇李之败绩，会稽之许成，舍腹心之越而从事于石田之齐，武胡为不谏救也？太史公亦云"能行之者未必能言，能言之者未必能行"，盖颇见微指云。

——王世贞《读书后·书司马穰苴·孙武传后》

兵家，秦汉至众。今传于世而称经者，《黄帝》《风后》《太公》《黄石》《诸葛》《李靖》等，率依托也；《孙》《吴》《尉缭》，当是战国本书。……孙武十三篇，百代谭兵之祖。考汉《艺文志》有八十二篇，杜牧以曹公芟其繁芜，笔其精粹，以此成书。然太史武传固有十三篇之目，而其文章之妙，绝出古今，非魏晋所能润削。……孙武之谭兵，当在穰苴之后，吴起之前。叶正则以《左传》无之而并疑其人，则太过。然武为吴将，入郢，其说或未尽然。丘明于吴事最详练，又喜夸好奇，武灼灼吴楚间，不应尽没其实。盖战国策士以武圣于谭兵，耻以空言令天下，为说文之耳。……宋世以《孙》《吴》《司马》《韬》《略》《尉缭》《李卫公》为兵家七书。《孙武》《尉缭》，亡可疑者。《吴起》或未必起自著，要亦战国人掇其议论成编，非后世伪作也。

——胡应麟《少室山房笔丛·九流绪论》

吾独恨其不以《七书》与《六经》合而为一，以教天下万世也。故因读《孙武子》，而以魏武之注为精当，又参考六书以尽其变，而复论著于各篇之后焉。感叹深矣！

————李贽《孙子参同·自序》

古今兵法，亡虑数十百家，世所尊为经者七，而首《孙子》。《孙子》之言曰："奇正之变，不可胜穷也。"又曰："微乎微乎，至于无形；神乎神乎，至于无声。"合而言之，思过半矣。

……

古今兵法尽于七经，而七经尽于《孙子》……

————李贽《孙子参同·梅国祯序》

愚今无暇究十三篇之先后，孙子之有无，姑据其所作评之。其书先计而后战，修道而保法，论将则曰智、信、仁、勇、严，与太公之言吻合。至于战守攻围之法，山泽水陆之军，批亢捣虚之术，料敌用间之方，靡不毕具。是以战国以来，用兵者从之则胜，违之则败。虽一时名帅，莫能出其范围。

————何守法《孙子音注·孙子十三篇源委》

自古谈兵者，必首孙武子。故曹孟德手注之，又为《兵家接要》二十万言，大约集诸家而阐明孙子者也。世有《武侯新书》者，亦所以明孙子，然赝书也，无所短长。孟德书不传，然孙子在，有心者可以意迎之，他书可弗传也。先秦之言兵者六家，前孙子者，孙子不遗；后孙子者，不能遗孙子。谓五家为孙子注疏可也……要之，学兵诀者，学孙子焉可矣。

————茅元仪《武备志·兵诀评序》

昔者贤君之任将也，如己身有疾，委之良医，必曰除疾易而体气无伤。孙子十三篇，智通微妙，然知除疾而未知养体也。夫为将者，智足于军,未善也,军不可遍也。智足于战,未善也,战不可渎也。智足于破敌,未善也,破一敌又有一敌也。善军者,使天下不烦军;善战者,使天下不欲战;善破敌者,使天下不立敌。

——唐甄《潜书·全学》

惟孙子十三篇,简而赅,精而有则,即其始《计篇》曰:"令民与上同意",则言近于道,而治国治兵之理,若符券焉……

孙子一书,自始《计》以迄《用间》,如同条,如共贯,原始要终,层次井井,十三篇如一篇也。至一篇之中,节有旨,句有义,亦靡不纲举目张,主宾互见……

救乱如救病,用兵犹用药。善医者因症立方,善兵者因敌设法。孙子十三篇,治病之方也。古今帝王将相之战功往迹,名医之案也。医不通晓方案,不谓之名医,将不贯通古今,得谓之名将乎?兹于每篇中语足以法。

……孙子十三篇,无篇不可为法,无句不可为训。

——邓廷罗《兵镜备考》

此书凡有二疑,一则名之不见《左传》也……一则篇数之不侔也。史迁称孙子十三篇,而汉志有八十二篇……然则孙武者,其有耶?其无耶?其有之而不必如史迁之所云耶?其书自为耶?抑其后之徒为之耶?皆不可得而知也,故入之未定其人例中。若夫篇数,其果为史迁之传而非曹瞒之删,汉志八十二篇或反为后人附益,刘歆、任宏辈不察而收之耶?则亦不可得而知也。

——姚际恒《古今伪书考·未足定其著书之人者·孙子》

兵家之推孙吴,尚矣。《诗》曰:"不测不克",孙子其不测者也。七子首孙子,次吴子而三司马,不其允哉!……程子曰:"荀子才大其过多,扬子才小其过少",余于孙吴也,亦云。……若夫孙子之弃齐即吴,非君也;

师久于郢,非作战也;夫概自战,非节也;以班处宫,非道也;而未闻谋言。犹未去也,以观沂败。虽高蹈也,庸可愈乎! 故其所著书,知机权之制胜也,而不及国家之本也。本既失矣,枝虽万全,不可保也,讵曰论成败哉! 夫用兵之法,仁义为先,国之本也;节制次之,以治己也;机权为后,顺应而已。然则司马其庶几乎,孙子末也……孙子十三篇,其近正者,惟始《计》《作战》二篇。其最妙者,则《军形》《兵势》《虚实》三篇;而最险者,亦无逾于此三篇。至于《用间》,不足怪矣。然则握奇制变,孙子为最;而正大昌明,孙子为下。

——汪绂《戊笈谈兵·司马吴孙总论》

古今谈兵之雄者,首推孙子。盖孙子能推黄帝太公之意,而武侯卫公又皆推孙子之意,故言兵者以孙子为宗,第孙子之微旨不传。

——郑端《孙子汇征·自序》

孙、吴、司马穰苴之书,言言硕画,字字宏谟,上筹国计,下保民生,实以佐大学治平之未逮者。

——杨谦《武经三子体注·序》

孙武子十三篇,治病之法尽之矣。

——徐大椿《医学源流论·用药如用兵论》

是书所言皆战国事耳。其用兵法,乃秦人以虏使民法也,不仁人之言也。然自是,世言用兵者以为莫武若矣。

——姚鼐《惜抱轩文集·题跋·读孙子》

武书为百代谈兵之祖。叶適以其人不见于《左传》,疑其书乃春秋末战国初山林处士之所为。然《史记》载阖闾谓武曰:"子之十三篇,吾尽观之矣。"则确为武所自著,非后人嫁名于武也。

——《四库全书总目提要·子部·兵家类》

诸子之文,皆由没世之后门人小子撰述成书。惟此是手定,且在列、庄、孟、荀之前,真古书也。

——孙星衍《孙渊如全集·问字堂集·孙子略解序》

兵家言惟孙子十三篇最古。古人学有所爱,孙子之学或即出于黄帝,其书通三才、五行,本之仁义,佐以权谋,其说甚正。古之名将用之则胜,违之则败,称为兵经,比于六艺,良不愧也。……今世泥孔子之言,以为兵书不足观;又泥赵括徒能读父书之言,以为成法不足用;又见兵书有权谋、有反间,以为非圣人之法,皆不知吾儒之学者!……兵凶战危,将不素习,未可以人命为尝试,则十三篇之不可不观也。项梁教籍兵法,籍略知其意,不肯竟学,卒以倾覆。不知兵法之弊,可胜言哉!宋襄、徐偃仁而败,兵者危机,当用权谋。孔子犹有要盟勿信,微服过宋之时,安得妄责孙子以言之不纯哉!

——孙星衍校《孙子十家注·序》

武子之书,即兵论兵,出奇无穷,以贵速、不战为能,攻城、破军为下。传曰:"临事而惧,好谋而成。"然则所以胜诸家者,在是矣。

——张九镡《笙雅堂文集·孙子评序》

《易》其言兵之书乎?《亢》之为言也:知进而不知退,知存而不知亡,知得而不知丧,所以动而有悔也。吾于斯见兵之情。《老子》其言兵之书乎? "天下莫柔弱于水,而攻坚强者,莫之能先",吾于斯见兵之形。孙武其言道之书乎? "百战百胜,非善之善者也;不战而屈人之兵,善之善者也","故善用兵者,无智名,无勇功",吾于斯见兵之精。故夫经之《易》也,子之《老》也,兵家之《孙》也,其道皆冒万有,其心皆照宇宙,其术皆合天人、综常变者也。

———魏源《古微堂外集·孙子集注序》

孙子奇而不必法,而无不法也。云行空中,因风之势;水流地上,肖地之形。此有何法? 但见其奇耳;此有何奇? 但见其法耳。

———张象津《白云山房文集·集录弈谱小引》

孙子十三篇,后世学兵者多祖之,而儒者或不道。问其故? 诈谋也,圣贤不尚诈谋。呜乎! 圣贤不尚诈,圣贤岂不尚谋? 吾谓一也。自圣贤人出之,将以救世也,为忠谋;自不圣贤人出之,将以乱世也,为诈谋,庸其谋耶? 忠与诈,视其人如何也。以孙子之术为盗贼,则不圣贤之诈谋也,诚有所不可;以孙子之术诛盗贼,则圣贤之忠谋也,奚不可哉! 柳下惠见饧曰:"可以养老";盗跖见饧曰:"可以黏牡",见物同而所用异也。吾于孙子亦云。

———陈荣昌《虚斋文集·读孙子》

精辞粹语,批卻导窾,较司马子更为过也。孙吴并称,吾谓孙之用奇,更优于吴之用正也。一言以蔽之曰:兵不厌诈而已。宰相须用读书人,即大将亦乌可以不读书乎? 然则治军之道,韬略为先,而器械其后焉者也。明乎此,乃足以安内攘外,强国本,绝边患。

———方濬颐《二知轩文存·读孙武子》

"百战百胜,非善之善者也;不战而屈人之兵,善之善者也。"其言粹然进于王者之道矣。周亚夫之坚壁以败吴楚,赵充国之屯田以制羌人,是深得孙子谋攻之旨者。

———沈宗祉《泖东草堂笔记》

附录四

孙膑兵法

《孙膑兵法》是战国中期的杰出军事家孙膑所著的著名兵法著作。《汉书·艺文志·兵书略》著录为："《齐孙子》八十九篇,图四卷。"大约在东汉末年失传,自《隋书·经籍志》开始,不再见于历代著录。1972 年 4 月,山东省临沂银雀山汉墓出土了《孙膑兵法》的竹简;经银雀山汉墓竹简整理小组整理考证,由文物出版社于 1975 年 2 月和 7 月两次公开出版简本《孙膑兵法》(前者为普通本,后者为线装大字本),共收整理后的竹简三百六十四枚,分上、下两编,各十五篇,计一万一千余字。1985 年,文物出版社又出版《银雀山汉墓竹简》〔壹〕,其中收有《孙膑兵法》,该书经认真的进一步考证,认为《孙膑兵法》(下编)没有充分的证据能认定为孙膑的著作,只能以古代兵家的佚书视之。故现在我们所说的《孙膑兵法》就是指文物出版社 1975 年版的上编十五篇,并加《五教法》一篇,计十六篇。当然,由于时代久远,竹简残缺不全,损坏严重。这十六篇是否完全系《孙膑兵法》的内容,也是难以绝对确认的。正如竹简整理小组在《银雀山汉墓竹简》〔壹〕"编辑说明"中所说那样:"第五至十五各篇篇首都称'孙子曰'。……以指孙膑可能性较大,因此暂时把它们定为孙膑书。但我们仍然不能完全排除这些篇是《孙子》佚篇的可能性。"同样,即使是下编的十五篇,也可能有一些是未被识别出来的《孙膑兵法》。因此,我们现在所读到的《孙膑兵法》,只是孙膑兵学理论的一个大致反映。而对该书面貌的全面廓清,尚有待专家们的进一步努力。

　　从思想内容上看,《孙膑兵法》在继承《孙子兵法》的基础上,又有许多新的发展。它提倡"战胜而强立"的战争观,充分肯定兼并统一战争的历史进步性。主张"必攻不守"的积极战略,把消灭敌人作为指导战争的基本出发点。它揭示了巧妙造势、灵活用兵的战术原则,丰富和提高了《孙子兵法》有关"兵因敌而制胜"的阐述;它强调以人为贵的治军原理,注重训练精兵强将,提高部队的战斗力。它阐发以"道"制胜的军事哲学,主张既尊重客观实际,又充分发挥人的主观能动性,以赢得战争的胜利。由此可见,两《孙子》是一脉相承而依次发展的,所谓"孙子之道,明之吴越,言之于齐",洵非虚辞。

　　虽然《孙膑兵法》断简残篇极多,文字古奥,词意难解,但这并不影响它的极大学术价值,它是我们今天全面认识战国兵学思想和战争实践的重要依据,也是我们理清中国古代兵学逻辑发展线索的一把钥匙,从这个意义上,谨将《孙膑兵法》原文附录于本书,并作必要的白话翻译以供广大读者阅读、研究。

　　此处的《孙膑兵法》原文依据《银雀山汉墓竹简》〔壹〕《孙膑兵法》释文迻录。迻录体例一如汉简本《孙子兵法》。特此说明。各篇所附简文,文字残缺太甚,文义不清,故不作翻译。《杀士》篇内容不连贯,译文亦从略。

禽(擒)庞涓

原文	译文
昔者,梁(梁)君将攻邯郸,使将军庞涓带甲八万至于茬丘。齐君闻之,使将军忌子带	从前,魏惠王打算攻打赵国都城邯郸,派将军庞涓统兵八万进至茬丘。齐威王听到这个消息,以将军田忌领兵八万抵达……国境。庞涓攻打卫……将军田忌(向孙膑问道:我们是

甲八万至……竟（境）。庞子攻卫，□□□，将军忌〔子〕……□卫□□救与……救卫是失令。田忌曰："若不救卫，将何为？"孙子曰："请南攻平陵。平陵，其城小而县大，人众甲兵盛，东阳战邑，难攻也。吾将示之疑。吾攻平陵，南有宋，北有卫，当涂（途）有市丘，是吾粮涂（途）绝也。吾将示之不智（知）事。"于是徙舍而走平陵。〔□□〕陵，忌子召孙子而问曰："事将何为？"孙子曰："都大夫孰为不识事？"曰："齐城、高唐。"孙子曰："请取所□□□□□□□□□二大夫□以□□□臧□□都横卷，四达环涂，□横卷所□陈也。环涂辊甲之所处也。吾末甲劲，本甲不断，环涂击柀其后，二大夫可杀也。"于是段齐城、高唐

否要救援）卫国，（孙膑回答说：）"救卫是违误军令。"田忌又问："若不救卫该怎么办呢？"孙膑说："请向南进攻平陵。平陵城池虽小，所辖县境很大，人口多，兵力强，是东阳一带兵家必争的城邑，很不容易攻取。我们要显示出使他们迷惑的态势。我军攻打平陵，南面有宋国，北面有卫国，途中有市丘，这样我们的粮道就被切断了。我们将装出不懂得用兵打仗道理的样子。"于是齐军拔营直趋平陵。（快到平陵的时候），田忌召见孙膑问道："怎样攻打平陵呢？"孙膑说："（我们的）都大夫中谁不懂得打仗的事呢？"田忌回答说："齐城、高唐的都大夫。"孙膑说："那就请赶快派（齐城、高唐二大夫率部攻打平陵。他们必经过魏国的横、卷二邑），横、卷二邑地处四通八达的交通要冲，是魏将军环涂排列军阵的地方，也是他车甲聚集之地。我们的后续部队要保持强大的战斗力，主力部队不要分散。而齐城、高唐二大夫的部队（前有平陵坚城之阻），后有环涂在后截击冲杀，必然会被消灭。"于是田忌分齐城、高唐二大夫

为两,直将蚁傅平陵,挟茇环涂夹击其后,齐城、高唐当术而大败。将军忌子召孙子问曰:"吾攻平陵不得而亡齐城、高唐,当术而厥(蹶)。事将何为?"孙子曰:"请遣轻车西驰粱(梁)郊,以怒其气。分卒而从之,示之寡。"于是为之。庞子果弃其辎重,兼取舍而至。孙子弗息而毄(击)之桂陵,而禽(擒)庞涓。故曰:孙子之所以为者尽矣。

四百六

部队为两部,直接去攻打平陵。(果不出孙膑所料),魏将挟茇、环涂自后夹击,齐城、高唐的部队在途中就被打得大败。将军田忌召见孙膑问道:"我军进攻平陵没有得手,又失去了齐城、高唐二大夫所部,(他们的部队)已在半道上崩溃。该怎么办呢?"孙膑说:"请派遣轻捷战车西进,直抵魏国都城大梁城郊,以激怒庞涓,(迫其自邯郸回救。)同时让士卒分散行动,以显示我兵力单薄。"于是田忌按孙膑的谋划行事。庞涓果然丢下辎重车辆,昼夜兼程赶赴大梁。孙膑也毫不停留,在桂陵大破魏军,活捉了庞涓。所以人们说,孙膑的军事谋划,真是达到尽善尽美的境界了。

见威王

原文

孙子见威王,曰:"夫兵者,非士恒埶(势)也。此先王之傅道也。战胜,则所以存亡国而继绝世

译文

孙膑晋见齐威王,说:"军事不能依赖固定不变的形势。这是先王传下来的道理。打了胜仗,就能够存活危亡中的国家,延续即将灭绝的世系。打了败仗,就要割让领土并

也。战不胜,则所以削地而危社稷(稷)也。是故兵者不可不察。然夫乐兵者亡,而利胜者辱。兵非所乐也,而胜非所利也,事备而后动。故城小而守固者,有委也;卒寡而兵强者,有义也。夫守而无委,战而无义,天下无能以固且强者。尧有天下之时,诎(黜)王命而弗行者七,夷有二,中国四。故尧伐负海之国而后北方民得不苛,伐共工而后兵寝(寝)而不起,施(弛)而不用。其间数年,尧身衰而治屈,胥天下而传舜。舜击谨收(兜),方(放)之宗(崇);击归(鲧),方(放)之羽;戴(击)三苗,方(放)之危;亡有户(扈)是(氏)中国。有苗民存,蜀(独)为弘。舜身衰而治屈,胥天下而传之禹。禹凿孟门而通大夏,斩八林而焚九□。

危及国家政权。所以,对战争问题不能不认真研究。然而好战者必将导致灭亡,贪图胜利者也会受挫被辱。打仗并不是什么好玩的事,胜利也不是可以随意贪求的。要预先做好战争准备,然后才开始行动。所以,城邑虽小但防守坚固,是因为有物资准备;士卒虽少战斗力强,是因为站在正义一方。倘若防守却缺乏物资准备,进行战争却不站在正义一方,天下就再也没有赖以固守并能增强战斗力的东西了。唐尧统治天下时,废弃王命拒不执行的部族有七个,东夷地区有两个,中原地区有四个。所以唐尧征伐了远方靠海诸国,而后居住在北方地区的民众不再被骚扰;讨伐了共工,而后战争止息,武备松弛不再运用。此后数年,唐尧衰弱而政治上不再进步,便把天下传给虞舜。虞舜攻击谨兜,将他放逐到崇山地区;攻击鲧,将他放逐到羽山地区;攻击三苗,将他们放逐到三危地区;并在中原地区灭掉了有扈氏。还有一些三苗部落保留下来,独自发展壮大。(而后)虞舜衰弱,政治上停滞不前,便把天下传给夏西面而并三苗□□……素佚而至(致)利也。战胜而强立,故天下服矣。昔者,神戎(农)战斧遂;黄帝战蜀禄;尧伐共工;舜伐厥管;汤汸(放)桀;武王伐纣;帝奄反,故周公践(浅)之。故曰,德不若五帝,而能不及三王,知(智)不若周公,曰我将欲责(积)仁义,式礼乐,垂衣常(裳),以禁争挩(夺),此尧舜非弗欲也,不可得,故举兵绳之。"

禹。夏禹开凿通往中原的孟门,砍伐八处森林,焚烧九……。西面吞并了三苗部落……(不能靠)一贯安逸而获取好处。战胜了敌人,使自己强大并立住脚跟,天下才会归顺。以前神农战胜斧遂;黄帝在涿鹿征战蚩尤;唐尧讨伐共工;虞舜征伐厥管;商汤流放夏桀;周武王讨伐商纣王;商奄反叛,周公领兵镇压。所以说,那些德行不如五帝,才能不如三王,见识不如周公的人,说什么我要积仁义,用礼乐,靠谦恭礼让来禁止战争,这种做法并不是尧舜不想尝试,而是根本办不到,所以才用战争手段解决问题。"

威王问

原文

齐威王问用兵孙子曰:"两军相当,两次相望,皆坚而固,莫敢先举,为之奈何?"孙子合(答)曰:"以轻卒尝之,贱而勇者将之,期于北,毋期于得,为之

译文

齐威王向孙膑询问用兵的方法,说:"两军旗鼓相当,双方将领互相观望,阵势都很坚固,不敢先发动进攻,怎么办呢?"孙膑回答说:"以轻装步兵去试探敌人,用地位不高但勇敢善战的人去率领,要准备打败,不要准备打胜。同时以隐蔽的

微陈（阵）以触其厠（侧）。是胃（谓）大得。"威王曰："用众用寡有道乎？"孙子曰："有。"威王曰："我强适（敌）弱，我众适（敌）寡，用之奈何？"孙子再拜曰："明王之问。夫众且强，犹问用之，则安国之道也。命之曰赞师。毁卒乱行，以顺其志，则必战矣。"威王曰："适（敌）众我寡，适（敌）强我弱，用之奈何？"孙子曰："命曰让威。必臧其尾，令之能归。长兵在前，短兵在□，为之流弩，以助其急者。□□毋动，以侍（待）适（敌）能。"威王曰："我出适（敌）出，未知众少，用之奈何？"孙子："命曰险成。险成，适（敌）将为正，出为三陈（阵），□〔□□□〕能相助，可以止而止，可以行而行，毋求……"威王曰："戳

战阵攻击敌人侧翼，这就是所谓获得大胜的办法。"齐威王问："运用较多的兵力和较少的兵力，（在作战指挥上）有什么规律可循吗？"孙膑回答说："有。"齐威王问："我强敌弱，我众敌寡，怎样用兵呢？"孙膑再一次向齐威王拜谢，回答说："这是英明的君王才会提出的问题。自己兵员众多且战斗力强，还要问怎样用兵，的确是保障国家安全的根本之道。（这种情况下的用兵之法）称之为'赞师'，即让自己的队伍阵势混乱，以迎合敌人的心意，这样敌人就一定会出兵作战了。"齐威王问："敌众我寡，敌强我弱，怎样用兵呢？"孙膑回答说："（这种情况下用兵的方法）称之为'让威'，即隐蔽后面的主力部队，使其便于撤退。把长兵器配置在前面，短兵器配置在后面，再预备些机动的弩兵，以支援情况危急的部队。……（按兵）不动，以等待敌人暴露其企图。"齐威王问："我们双方都已出战，不知兵力众寡如何，怎样用兵呢？"孙膑说："（这种情况下的战法）可称为'险成'。险成这种战法，敌人将领肯定会按常规的阵法出战，我方可摆出三种阵势，一

(击)穷寇奈何？"孙子……可以侍（待）生计矣。"威王曰："毂（击）钧（均）奈何？"孙子曰："营而离之，我并卒而毂（击）之，毋令适（敌）知之。然而不离，案而止，毋毂（击）疑。"威王曰："以一毂（击）十，有道乎？"孙子曰："有。功（攻）其无备，出其不意。"威王曰："地平卒齐，合而北者，何也？"孙子曰："其陈（阵）无逢（锋）也。"威王曰："令民素听，奈何？"孙子曰："素信。"威王曰："善戈（哉）！言兵執（势）不穷。"

田忌问孙子曰："患兵者何也，困适（敌）者何也？壁延不得者何也？失天者何也？失地者何也？失人者何也？请问此六者有道乎？"孙子曰："有。患兵者地也，困适（敌）者

是……这样能相互援助，在可以停止时即停止，在可以行动时就行动，不要追求……"齐威王问："攻击走投无路的入侵之敌该怎样用兵呢？"孙膑说："……（不要过分逼迫，要使他们认为）可以有生存活路。"齐威王问："攻击势均力敌之敌军，怎样用兵？"孙膑说："迷惑敌人，使其兵力分散，而我军集中兵力攻击，这种战法不要令敌人察觉。敌人若不分兵，我军就要按兵不动，不要攻击情况不明之敌。"齐威王问："以一击十，有什么方法吗？"孙膑回答说："有。要攻击没有防备之敌，出乎其意料之外。"齐威王问："地势平坦，部伍整齐，与敌交锋却失败，这是为什么呢？"孙膑回答说："这是因为战阵中没有精选的前锋。"齐威王问："要让士卒一贯服从命令，怎么办？"孙膑回答说："（将领）必须一贯严守信用。"齐威王说："真好啊，你所谈的用兵情势，确实奥妙无穷。"

田忌问孙膑说："妨碍军队行动的是什么？使敌人陷入困窘的是什么？不能攻克壁垒沟堑的原因是什么？什么是失天时？什么是失地利？什么是失人和？请问解决这六

险也。故曰：三里瀒（沮）
洳，将患军……涉将留大
甲。故曰：患兵者地也，困
适（敌）者险也，壁延不得
者蛋寒也，□……奈何？"
孙子曰："鼓而坐之，十而
揄之。"田忌曰："行陈（阵）
已定，动而令士必听，奈
何？"孙子曰："严而视（示）
之利。"田忌曰："赏罚者，
兵之急者邪（耶）？"孙子
曰："非。夫赏者，所以喜
众，令士忘死也。罚者，所
以正乱，令民畏上也。可
以益胜，非其急者也。"田
忌曰："权、埶（势）、谋、诈，
兵之急者邪（耶）？"孙子
曰："非也。夫权者，所以
聚众也。埶（势）者，所以
令士必斗也。谋者，所以
令适（敌）无备也。诈者，
所以困适（敌）也。可以益
胜，非其急者也。"田忌忿
然作色："此六者皆善者所

个问题有什么规律可循吗？"孙膑
回答说："有。妨碍军队行动的是不
利地形，陷敌于困境的是险阻要隘。
所以说三里宽的沼泽将妨碍军队行
动……若要涉渡，大批的战车甲士
将被迫留下。所以说妨碍军队行动
的是不利地形，陷敌于困境的是险
阻要隘。至于壁垒沟堑不能攻克的
原因，是因为上面敷设有渠答一类
防护设施……"（田忌问）："……怎
么办？"孙膑回答说："敲击进军鼓
却坐阵不前，用多种方法引诱、调动
敌人。"田忌问："阵势部署已定，行
动时欲使士卒听从命令，怎么办？"
孙膑回答说："严明军纪并让士卒看
到服从命令的好处。"田忌问："赏
罚，是用兵最紧要的事情吗？"孙
膑回答说："不是。奖赏可以鼓励士
卒，使士卒舍命作战。惩罚可以整
顿军纪，使士卒敬畏官长。这些都
有助于胜利，但还不是最紧要的事
情。"田忌问："权、势、谋、诈，是用兵
最紧要的事情吗？"孙膑回答说："不
是。权力，可以用来调集军队；形
势，可以迫使士卒投入决战；阴谋，
可以使敌人毫无防备；诡诈，可以使
敌人陷入困境。这些都有利于夺

用,而子大夫曰非其急者也,然则其急者何也?"孙子曰:"缭(料)适(敌)计险,必察远近……将之道也。必攻不守,兵之急者也。□……骨也。"田忌问孙子曰:"张军毋战有道?"孙子曰:"有。俀险增(增)垒,净戒毋动,毋可□前,毋可怒。"田忌曰:"适(敌)众且武,必战,有道乎?"孙子曰:"有。埤垒广志,严正辑众,辟(避)而骄之,引而劳之,攻其无备,出其不意,必以为久。"田忌问孙子曰:"锥行者何也?鴈(雁)行者何也?篡(选)卒力士者何也?劲弩趋发者何也?剽(飘)风之陈(阵)者何也?众卒者何也?"孙子曰:"锥行者,所以冲坚毁兑(锐)也。鴈(雁)行者,所以触厕(侧)应□〔也〕。

取胜利,但还不是用兵最紧要的事情。"田忌气愤地变了脸色说:"这六个方面都是善战者所常用的,而你却说不是最紧要的,那么,用兵最紧要的事情是什么呢?"孙膑回答说:"分析敌军情况,研究地形险易,考察距离远近……这是为将之道。采取必攻不守的战略,这是用兵最紧要的事情……"田忌问孙膑说:"让军队摆开阵势而不交战,有办法吗?"孙膑回答说:"有。凭据险要地形,增高壁垒,全神戒备,不轻易采取行动……"田忌问:"敌人兵多势强,我们又非与之交战不可,有什么办法吗?"孙膑回答说:"有。加固壁垒,激励士气,严明军纪,团结士卒;避敌锐气,使其骄纵,引诱敌军频频调动使其疲乏;攻其无备,出其不意;一定要坚持持久作战。"田忌问孙膑道:"锥行阵的作用是什么?雁行阵的作用是什么?精选士卒的作用是什么?强弩急射的作用是什么?飘风阵的作用是什么?一般士卒的作用是什么?"孙膑回答说:"锥行阵,用以冲破精兵坚阵;雁行阵,用以袭击侧翼,应付……精选士卒,用以突破敌阵,擒杀敌将;强弩急射,用以篡(选)卒力士者,所以绝陈(阵)取将也。劲弩趋发者,所以甘战持久也。剽(飘)风之陈(阵)者,所以回□〔□□也〕。众卒者,所以分功有胜也。"孙子曰:"明主、知道之将,不以众卒几功。"孙子出而弟子问曰:"威王、田忌,臣主之问如何?"

孙子曰:"威王问九,田忌问七,几知兵矣,而未达于道也。吾闻素信者昌,立义……用兵无备者伤,穷兵者亡。齐三枼(世)其忧矣。"

　　※※※※

……善则敌为之备矣。孙子曰……

……孙子曰:"八陈(阵)已陈……

……□孙子曰:"毋侍(待)三日□……

……也。孙子曰:"战……

激战持久;飘风阵,用以……一般士卒,用以分担作战任务,夺取胜利。"孙膑说:"贤明的君主和通晓作战规律的将帅,都不倚仗众多一般的士卒而取胜。"

孙膑从齐威王和田忌的住处走出来以后,弟子们问他:"齐威王和田忌君臣二人所提出来的问题怎么样?"孙膑回答说:"齐威王问了九个问题,田忌问了七个问题,他们差不多通晓兵事了,但还没有掌握用兵规律。我听说:'一贯讲求信义者,国家必然昌盛,伸张正义……好用兵而缺乏准备的国家必然受损害,穷兵黩武必定灭亡。'齐国再经历三代,命运就很令人忧虑了。"

……□威王曰……
……道也。"田忌……

陈忌问垒

原文

田忌问孙子曰:"吾卒少不相见,处此若何?"曰:"传令趣弩舒弓,弩□□□□□……不禁,为之奈何?"孙子曰:"明将之问也。此者人之所过而不急也。此□之所以疾……志也。"田忌曰:"可得闻乎?"曰:"可。用此者,所以应卒(猝)宭(窘)、处隘塞死地之中也。是吾所以取庞〔□〕而禽(擒)泰(太)子申也。"田忌曰:"善。事已往而刑(形)不见。"孙子曰:"疾利(蒺藜)者,所以当蟥(沟)池也。车者,所以当垒〔也〕。〔□□者〕,所以当堞也。发

译文

田忌问孙膑说:"我们兵力不多,彼此接应不上,在这种情况下怎么办?"又说:"传令士卒迅速引弩开弓……不能制止,怎么办?"孙膑说:"这是明智的将帅所提的问题,一般人常忽略不计而并不感到急迫的。这是用来迅速……"田忌说:"能讲给我听听吗?"孙膑回答道:"可以。用这种方法,是应付仓促处于山隘险阻等'死地'时采用的方法,是我们战胜庞涓、太子申时采用的方法。"田忌说:"很好。(但)事情已经过去,当时的情形已不会再现了。"孙膑说:"蒺藜可以作为沟堑和护城河,战车可以作为壁垒……可以作为雉堞,盾牌可以作为埤堄。(在上述工事)后面配备长兵器,用来援救危急之处。其后配置锬等较短兵

者,所以当俾堄也。长兵次之,所以救其隋也。從(鏦)次之者,所以为长兵〔□〕也。短兵次之者,所以难其归而徼(邀)其衰也。弩次之者,所以当投几(机)也。中央无人,故盈之以□……卒已定,乃具其法。制曰:以弩次疾利(蒺藜),然后以其法射之。垒上弩戟分。法曰:见使堞来言而动□……□去守五里直(置)候,令相见也。高则方之,下则员(圆)之。夜则举鼓,昼则举旗。"

※※※※※

田忌问孙子曰:"子言晋邦之将荀息、孙轸之于兵也,未□……

……无以军恐不守。"忌子曰:"善。"田忌问孙子曰:"子言晋邦之将荀息、孙……

……轸为晋要秦于殽,溃秦军,濩(获)三衔(帅)□……

器,以接济长兵器。其后配置短兵器,用来断敌归路、阻击疲惫之敌。弩配置在最后,用来机动灵活地打击敌人。中间部位无人,用……加以充实……兵力部署已毕,于是确定具体打法。按照制度规定:弓弩配置在蒺藜后面,然后按要求发射。壁垒上弩和戟要各占一半。兵法上说,见到派出去的间谍回来报告后再行动……在离防守之地五里的地方设置观察哨,以便能相互看见信号。高处观察哨所筑成方形,低处哨所筑成圆形,夜间击鼓,白天举旗(进行联络)。"

……强晋,终秦缪公之身,秦不敢与……

……也,劲将之陈(阵)也。"孙子曰:"士卒……

……田忌曰:"善。独行之将也。……

……人。"田忌请问兵请(情)奈何……

……言而后中。"田忌请问……

……兵请(情)奈何。孙子……

……请问兵伤□……

……见弗取。"田忌服,问孙……

……□橐□□□焉。"孙子曰:"兵之□……

……□应之。"孙子曰:"伍□……

……□孙子曰:"□…………□见之。孙子……

……以也。孙……

……□孙子……

……□明之吴越,言之于齐。曰智(知)孙氏之道者,必合于天地。孙氏者……

……求其道,国故长久。孙子……

……田忌请问智(知)道奈何。孙子……

……而先智(知)胜不胜之谓智(知)道。已战而智其所……

……所以智(知)適(敌)所以曰智。故兵无……

篡 卒

原文

孙子曰:"兵之胜在于篡(选)卒,其勇在于制,其巧在于埶(势),其利在于信,其德在于道,其富在于呕归,其强在于休民,其伤在于数战。"·孙子曰:"德行者,兵之厚积也;信者,兵明赏也;恶战者,兵之王器也;取众者,胜□□□也。"·孙子曰:"恒胜有五:得主剸(专)制,胜;知道,胜;得众,胜;左右和,胜;粮(量)适(敌)计险,胜。"·孙子曰:"恒不胜有五:御将,不胜;不知道,不胜;乖将,不胜;不用间,不

译文

孙膑说:"军队打胜仗在于精选士卒,军队作战勇敢在于节制有序,军队作战灵活在于因形任势,军队战斗力强在于赏罚有信,军队素质优良在于政治清明,军队储备富足在于速战速决,军队的强盛在于及时休整,军队的削弱在于频繁征战。"

孙膑说:"品德是军队雄厚的储备,信用是军队严明奖赏的保障,不好战是用兵最高的原则,得到士卒的拥护是获取胜利的……"

孙膑说:"将帅常胜不败有五个条件:得到君主信任,事权专一的将领,能胜;懂得用兵之道的将领,能胜;得到士卒信赖的将领,能胜;将帅之间和睦协力的,能胜;善于分析判断敌情地形的,能胜。"

孙膑说:"将帅常败不胜有五个原因:受到君主牵制的,不胜;不懂得用兵之道的,不胜;将帅间不和睦的,不胜;不用间谍的,不胜;得不到士卒拥护的,

胜；不得众，不胜。"·孙子曰："胜在尽□，明赏，撰（选）卒，乘敌之□。是胃（谓）泰武之葆。"·孙子曰："不得主弗将也……

※※※※

……□□令，一曰信，二曰忠，三曰敢。安忠？忠王；安信？信赏；安敢？敢去不善。不忠于王，不敢用其兵；不信于赏，百生（姓）弗德；不敢去不善，百生（姓）弗畏。

二百卅五

孙膑说："胜利在于尽……明赏罚，选精卒，善于利用敌人的……这就是所说的使军队战无不胜的法宝。"

孙膑说："得不到君主的信任，是不能领兵打仗的……"

……命令，一叫信，二叫忠，三叫敢。忠于谁？忠于君王；相信什么？相信奖赏；敢做什么？敢于去除不好的东西。不忠于君王的人，不敢使用他的军队；不取信于奖赏，百姓就不会感恩戴德；不敢于去除不好的东西，百姓就不会敬畏。

月　战

原文

孙子曰："间于天地之间，莫贵于人。战□□□人不单（战）。天时、地利、人和，三者不得，虽胜有央（殃）。是以必付与而□战，

译文

孙膑说："天地之间，没有比人更宝贵的……天时、地利、人和三个方面的条件都不具备，虽然打了胜仗也会有祸患。所以必须三方面条件具备而后才出战，不得已才出战。因此，顺应天时而战，就不需要反复

不得已而后战。故抚时而战,不复使其众。无方而战者,小胜,以付麿者也。"

孙子曰:"十战而六胜,以星也。十战而七胜,以日者也。十战而八胜,以月者也。十战而九胜,月有……〔十战〕而十胜,将善而生过者也。一单……

※※※※

……所不胜者也五,五者有所壹,不胜。故战之道,有多杀人而不得将卒者,有得将卒而不得舍者,有得舍而不得将军者,有复(覆)军杀将者。故得其道,则虽欲生而不可得也。

八十

用兵。不具备三方面有利条件而出战,依靠历数的帮助也能获得小胜。"

孙膑说:"十次作战六次取胜,是因为星德的缘故。十次作战七次取胜,是因为日德的缘故。十次作战八次取胜,是因为月德的缘故。十次作战九次取胜,是因为月……十次作战十次取胜,是因为将领善战而超过以上诸德的缘故……"

……不能取胜的原因有五种,五种原因中居其一,就不能获胜。所以用兵之道中,有的杀戮很多但不能擒获敌军将卒,有的能擒获敌军将卒却不能占领敌军营舍,有的能占领敌军营舍却不能俘获将帅,有的能歼敌全军并击杀敌军将帅。所以能掌握这些方法,即使敌人想要生存也是不可能的。"

八陈(阵)

原文

孙子曰:"知(智),不

译文

孙膑说:"智谋不足,却要领兵

足将兵,自恃(恃)也。勇,不足将兵,自广也。不知道,数战,不足将兵,幸也。夫安万乘国,广万乘王,全万乘之民命者,唯知道。知道者,上知天之道,下知地之理,内得其民之心,外知敌之请(情),陈(阵)则知八陈(阵)之经,见胜而战,弗见而诤,此王者之将也。"

孙子曰:"用八陈(阵)战者,因地之利,用八陈(阵)之宜。用陈(阵)参(三)分,诲陈(阵)有蜂(锋),诲逢(锋)有后,皆恃(待)令而动。斗一守二,以一侵適(敌),以二收。適(敌)弱以乱,先其选卒以乘之。適(敌)强以治,先其下卒以诱之。车骑与战者,分以为三,一在于右,一在于左,一在于后。易则多其车,险则多其骑,

打仗,是自负。勇气不足,却要领兵打仗,是自大。不懂得用兵之道,又没有足够实战经验却要领兵打仗,是希图侥幸取胜。要想安定万乘之国,扩大万乘大国君王的声威,保全万乘大国人民生命的人,必须懂得用兵之道。懂得用兵之道,就是要上知天文,下知地理,内得民心,外知敌情,布阵时懂得八阵的要领,有必胜的把握就打,没有必胜的把握就不打。这才是'王者之将'。"

孙膑说:"运用八阵作战,要根据地形的有利条件,采用八阵中适宜的阵法。布阵时将兵力分为三部分,每阵有前锋,每支前锋有后续部队,都待命而动。以三分之一的兵力与敌交战,三分之二的兵力守住阵脚。以三分之一的兵力侵袭敌阵,三分之二的兵力聚歼敌军。敌人战斗力弱而阵势混乱,就要先选用精锐士卒去攻击。敌人战斗力强且阵势严整,就要先用战斗力弱的士卒去引诱。有车兵、骑兵参加作战时,分为三部分,一部分在右翼,一部分在左翼,一部分在后面。地势平坦要多用车兵,地势险峻要多用骑兵,山谷隘塞要多用弩兵。无论地势

厄则多其弩。险易必知生地、死地,居生毃(击)死。"

平坦或是险要,都要弄清楚'生地''死地',占据有利的'生地',击敌于不利的'死地'。"

二百一十四　八陈(阵)

地 葆

【原文】

孙子曰:"凡地之道,阳为表,阴为里,直者为刚(纲),术者为纪。纪刚(纲)则得,陈(阵)乃不惑。直者毛产,术者半死。凡战地也,日其精也,八风将来,必勿忘也。绝水、迎陵、逆溜(流)、居杀地、迎众树者,钧(均)举也,五者皆不胜。南陈之山,生山也。东陈之山,死山也。东注之水,生水也。北注之水,死水。不留(流),死水也。五地之胜曰:山胜陵,陵

【译文】

孙膑说:"地形方面的一般道理是,高亢向阳的地形为表,低洼背阴的地形为里,平坦的地形为纲,起伏错杂的地形为纪。掌握了纪纲,布阵用兵才不会迷惑。平坦的地方生长五谷百草,起伏错杂之地利弊参半。在作战地区,太阳是精灵,八种风将吹来,切不可忘记。前有江河、面向山岭、处于下游、处于不利的'杀地'、面对森林与敌作战,这五种情况下都会失败。阵在山之南,是有利的生山。阵在山之东,是不利的死山。流向东方的河水,是有利的生水,流向北方的河水,是不利的死水。不流动的水,也是不利的死水。五种地形的优劣是说:山地胜于高陵地,高陵地胜于土山地,土山地胜过丘陵地,丘陵地胜过平川地。五种有利于作战的草木依次是:如藩篱般丛生的草地、丛生的荆棘、

胜阜,阜胜陈丘,陈丘胜林平地。五草之胜曰:藩、棘、椐、茅、莎。五壤之胜:青胜黄,黄胜黑,黑胜赤,赤胜白,白胜青。五地之败曰:溪、川、泽、斥……五地之杀曰:天井、天宛、天离、天垎(隙)、天招。五墓,杀地也,勿居也,勿□也。春毋降,秋毋登。军与陈(阵)皆毋政前右,右周毋左周。

地葆　　二百

丛生的灌木、长势较高的茅草、低矮的莎草。五种土壤的优劣是说:青土胜于黄土,黄土胜于黑土,黑土胜于红土,红土胜于白土,白土胜于青土。五种可招致失败的地形是:山涧、河川、沼泽、盐碱地……五种可造成覆灭结局的地形是:天井(四面高中间低)、天宛(三面环山易进难出)、天离(草木茂密)、天隙(两山夹一沟)、天招(地势低洼行动不便)。这五种地形称为'五墓',是不利的'杀地',军队不能停留,不能……春夏不可迁往低处安营,秋冬不要从低处迁往高处安营。军队驻扎和布阵都不要正面或右侧对着山地,要从右边而不是左边绕过山岭。"

埶(势)备

孙子曰:"夫陷(含)齿戴角,前蚤(爪)后锯(距),喜而合,怒而斮(斗),天之道也,不可止也。故无天兵者自为备,圣人之事也。

孙膑说:"凡是长有锐齿、坚角、利爪和劲距的(鸟兽),欢喜时便合群,发怒时便争斗,这是合乎自然之性而不能禁止的事情。而人类没有天然兵器就自己制造,这便是圣人的事情了。黄帝造剑,可以用军阵黄帝作剑,以陈(阵)象之。羿(羿)作弓弩,以埶(势)象之。禹作舟车,以变象之。汤、武作长兵,以权象之。凡此四者,兵之用也。何以知剑之为陈(阵)也?旦莫(暮)服之,未必用也。故曰:陈(阵)而不战,剑之为陈(阵)也。剑无封(锋),唯(虽)孟贲〔之勇〕,不敢□□□。陈(阵)无蜂(锋),非孟贲之勇也敢将而进者,不智(知)兵之至也。剑无首铤,唯(虽)巧士不能进〔□〕□。陈(阵)无后,非巧士敢将而进者,不知兵之请(情)者。故有蜂(锋)有后,相信不动,適(敌)人必走。无蜂(锋)无后……□券不道。何以知弓奴(弩)之为埶(势)也?发于肩应(膺)之间,杀人百步之外,不识其所道至。故曰:

来比喻。后羿制弓弩,可以用兵势来比喻。大禹创舟车,可以用机变来比喻。商汤、周武发明长柄兵器,可以用主动权来比喻。这四个方面,都是兵学原理的具体体现。怎么可以知道剑能用来比喻军阵呢?(因为剑)早晚都要佩带在身上,并不一定使用。所以说'布好阵但并不交战',这就是剑可以比喻军阵的道理。剑没有锋刃,即使像孟贲那样的勇士也不敢……军阵如果没有前锋,又没有孟贲那样的勇气,还敢领兵进攻敌人,那真是一点也不懂得用兵之道。剑没有把柄,虽然精于技击的武士也不能……军阵如果没有后卫兵力,又没有精于技击的武士,还敢领兵进攻敌人,真是一点也不懂得军事常识。所以说有前锋有后卫,互相配合,阵势稳固,敌人必然败走。没有前锋和后卫……怎么才能知道弓弩可以用来比喻兵势呢?因为(箭镞)从肩、胸之间发出,射杀敌人于百步之外,而敌人还分不清是从哪里射来的。所以说,弓弩好比兵势。怎么才能知道舟车可以用来比喻机变呢?……怎么可以知道长柄兵器可以用来比喻主动权呢?打弓弩埶(势)也。何以〔知舟车〕之为变也？高则……何以知长兵之权也？击非高下非……□卢毁肩。故曰：长兵权也。凡此四……所循以成道也。知其道者，兵有功，主有名。□用而不知其道者，〔兵〕无功。凡兵之道四：曰陈(阵)，曰埶(势)，曰变，曰权。察此四者，所以破强適(敌)，取孟(猛)将也。……埶(势)者，攻无备，出不意……中之近……也，视之近，中之远。权者，昼多旗，夜多鼓，所以送战也。凡此四者，兵之用也。□皆以为用，而莫劈(彻)其道。"

※※※※※

……□得四者生，失四者死，□□□□……

击敌人时不用站高蹲低……（便能击毁敌人)头颅肩膀。所以说，长柄兵器好比战场主动权。这四个方面……遵从而掌握战争规律。懂得战争规律，作战才会有战绩，君主才会有名声。用兵却不了解其中的道理，是不会有战果的。大凡用兵的原则有四个，就是军阵、兵势、机变和主动权。了解这四个基本原则，就能够击破强大的敌军，擒获勇敢的敌将。……兵势，就是攻其不备，出其不意……看起来近，击中它却很远。主动权，就是白天多设旌旗，夜间多用金鼓，以此来指挥战斗。以上这四个方面，都是军事理论的具体应用。（人们)虽然都在运用它们，却没有完全明白其中的道理。"

兵 情

原文

孙子曰："若欲知兵之请（情），弩矢其法也。矢，卒也。弩，将也。发者，主也。矢，金在前，羽在后，故犀而善走。前〔重而〕后轻，故正而听人。今治卒则后重而前轻，陈（阵）之则辨（办），趣之适（敌）则不听人，治卒不法矢也。弩者，将也。弩张楪（柄）不正，偏强偏弱而不和，其两洋之送矢也不壹，矢唯（虽）轻重得，前后适，犹不中〔招也〕……□□□将之用心不和……得，犹不胜适（敌）也。矢轻重得，前〔后〕适，而弩张正，其送矢壹，发者非也，犹不中昭（招）也。卒轻重得，前后适，而将唯于……兵□□□□□□□，犹不胜

译文

孙膑说："如果想知道治军、用兵的道理，可以效法弩箭。箭好比士卒，弩好比将领，射弩人好比君主。箭，前面装有金属箭头，后面装有羽毛箭翎，所以犀利善飞。（箭矢）结构前重后轻，所以能按人的意志正确飞行。现在治军却后重前轻，布阵时还能办到，用来攻击敌人则士卒不听命令，这就是治军不效法弩箭的缘故。弩，好比将领。弩张开后而弩臂不正，或强或弱张力不协调，它的两端弹射箭的力量也不一致。虽然箭的轻重前后都很合适，也仍然射不中靶子……将领之间不能协调一致……也不能战胜敌人。箭轻重前后都很合适，弩拉得很正，弩弓两端弹射箭的力量也一致，但射箭人不当，也仍然不能中靶。士卒主次兵力部署得当，前后合适，而将领虽……仍然不能

适(敌)也。故曰:弩之中毂(彀),合于四,兵有功。……将也,卒也,□也。故曰:兵胜适(敌)也,不异于弩之中召(招)也。此兵之道也。"

战胜敌人。所以说,发箭射中靶子必须符合上述四个条件,打仗欲取胜……将领、士卒、(君主,必须协调一致)。所以说,军队战胜敌人,与箭射中靶子没有什么两样。这就是治军、用兵之道。"

行篹(选)

孙子曰:"用兵移民之道,权衡也。权衡,所以篹(选)贤取良也。阴阳,所以敶众合适(敌)也。正衡再纍……暨(既)忠,是谓不穷。称乡县(悬)衡,虽其宜也。私公之财壹也。夫民有不足于寿而有余于货者,有不足于货而有余于寿者,唯明王、圣人智(知)之,故能留之。死者不毒,夺者不温(愠)。此无穷……□□□□民皆尽力,近者弗则,远者无能。

孙膑说:"治理军队,使士兵和百姓归服之道,就如同用秤衡量轻重。通过衡量比较,即可选拔优秀人才。阴阳占卜,用来聚集兵众与敌交战。权衡要反复进行……不偏不倚,这就叫'不穷'。确定方向,衡量利弊,也以适宜为目的,对待公私财产也是同样的道理。老百姓中有富裕却贪生的,有贫穷却不吝惜生命的。只有英明的君主和圣哲懂得这个道理,所以能够使人们乐于留在军中作战,人死了也无遗恨,失去财物也不抱怨……民众都会竭尽全力,亲近的人不会为非作歹,疏远的人不会怠慢。财富多了就会生离异之心,离异之心使百姓不感激君主货多则辨,辨则民不德其上。货少则□,□则天下以为尊。然则为民赇也,吾所以为赇也。此兵之久也,用兵之国之葆(宝)也。"

的恩德。财富少了则……君主就会受到天下的尊崇。所以为百姓积累财富,我以为就是这种积累财富的办法,这是支持战争的长远打算,国家用兵打仗的法宝。"

杀 士

【原文】

孙子曰:"明爵禄而……

……士死。明赏罚□……

……士死。立□……

……必审而行之,士死。……

……死。挢而下之,士死。□……

……之,士死。□而传……

……勉之骥,或死州□……

……之亲,或死贲(坟)墓……

……之謌,或死饮食……

……□处之安,或死疾,疢之间,或死……

【译文】

(略)

延 气

[原文]

孙子曰:合军聚众,〔务在激气〕。复徙合军,务在治兵利气。临竞(境)近適(敌),务在疠(厉)气。战日有期,务在断气。今日将战,务在浧(延)气。……以威三军之士,所以敚(激)气也。将军令……其令,所以利气也。将军乃……短衣絜裘,以劝士志,所以厉气也。将军令,令军人人为三日粮,国人家为……望,国使毋来,军使毋往,所以断气也。将军召将卫人者而告之曰:饮食毋……〔所〕以浧(延)气……也。”·延气

……营也。以易营之众而贵武適(敌),必败。气不利则拙,拙则不及,不及

[译文]

孙膑说:“集合民众,编组军队,一定要激发士气。连续行军,奔赴战场,一定要培植锐气。兵临边境,接近敌人,一定要鼓舞士气。确定作战日期以后,一定要使士卒具有拼死决斗的勇气。在作战的当天,一定要使部队保持高昂的士气……用来威震三军士卒,这就是激发士气的办法。将军命令……的命令,是用来造成战前有利士气的。将军……穿着粗衣短服,鼓舞士气,这就是‘厉气’。将军下令全军每人携带三天口粮,全国百姓每家……朝廷不再派使臣到军中来,军中也不派使臣到朝廷去,这就是‘断气’。将军召集卫士而告诉他们:‘饮食不得……’这就是‘延气’。”

则失利,失利……

……气不疠(励)则聂(慑),聂(慑)则众□,众……

……气不断则週,週则不槫易散,临难易散必败。……

……□□气不□则隋(惰),隋(惰)则难使,难使则不可以合旨……

……□□则不智(知)为已之节,不智(知)为已之节则事……

……□而弗救,身死家残。将军召使而勉之;击……

官 一

[原文]

孙子曰:凡处卒利陈(阵)醴甲兵者,立官则以身宜,贱令以采章,乘削以伦物,序行以〔□〕□,制卒以周(州)间,授正以乡

[译文]

孙膑说:"凡是部署士卒,排列有利阵势,统帅甲兵的人,委派官职都要根据才能,用不同的徽章标示地位的高低,用兵车上插着的旗子来区别车乘的种类,用……来规定行列的次序,按地方州、间来编组军

曲,辩(辨)疑以旌舆,申令以金鼓,齐兵以从速,(迹),庵结以人雄,猎军以索陈(阵),茭肆以囚逆,陈师以危□,射战以云陈(阵),围(御)裹以赢渭,取喙以阖燧,即败以包□,奔救以皮傅,燥战以错行,用□以正□,用轻以正散,攻兼用行城。

□地□□用方,迎陵而陈(阵)用刲,险□□□用圜,交易武退用兵,□□陈临用方……

翼,氾战接厝用喙逢,囚险解谷以□远,草驷沙茶以阳削,战胜而陈(阵)以奋国,而……

为畏以山肢,秦怫以委施(逶迤),便罢以鴈(雁)行,险厄以杂管,还退以蓬错,绕山林以曲次,袭国邑以水则,辩(辨)夜退以明简,夜敬(警)以传节,厝入

队,把军政权授予地方乡曲官吏,用不同的旗帜来辨别行动,用金鼓来下达命令,使队伍整齐前后紧随,掩护任务要交给勇敢过人的士卒,进剿敌军要靠索阵,反复骚扰敌人要用囚逆阵,列阵待敌要用危……与敌人弓弩对射要用云阵,反包围要用赢渭阵,歼灭敌前锋要用阖燧阵,追击败退之敌要用包……奔驰救援要用皮傅阵,鼓噪而战要用错行阵,……用轻装之兵攻击散乱之敌。攻击坚城之敌用行城。

……用方阵,面对山陵布兵用刲阵,……用圆阵,在平坦地形与敌交战要靠武力强大,击退败走之敌可以用轻兵……

对居高临下之敌要从侧翼攻击,一般作战时要用前锋与敌交战,封锁处于险地之敌要放开谷口引敌聚歼,在茅草荆棘之地要诈设旗帜,打了胜仗要严饬阵容,以振国威……

用山肢阵,通过草木丛生之地要用逶迤阵,疲乏之师要用雁行阵,扼守险阻要用杂管阵,撤退时用蓬错阵,绕行山林用曲次阵,攻击敌国城邑用水则阵,夜间撤退要

内寇以棺士,遇短兵以必舆,火输积以车,陈(阵)刃以锥行,陈(阵)少卒以合杂。合杂,所以围(御)裹也。修行连削,所以结陈(阵)也。云折重杂,所权趣也。猋凡振陈,所以乘疑也。隐匿谋诈(诈),所以钓战也。龙隋陈伏,所以山斗也。□□乖举,所以厌(压)津也。□□□卒,所以□□也。不意侍卒,所以昧战也。遏沟□陈,所以合少也。疏削明旗,所以疑適(敌)也。歒(剽)陈(阵)辁车,所以从遗也。椎下移师,所以备强也。浮沮而翼,所以燧斗也。禅袺□避,所以莠綦也。涧(简)练歒(剽)便,所以逆喙也。坚陈(阵)敦□,所以攻槥也。樸(撲)豳(断)藩薄,所以泫(眩)疑也。伪遗小亡,所以瑰(饵)敌也。重害,所以茭〔□〕也。顺明

用书写好的简书传达命令,夜间警戒要查验符节,突入敌阵要用武艺高强之士,与敌人短兵相接要用舆车来对付,以火攻敌要用车辆输送柴草,欲使阵势锋锐就要用锥行阵,兵员不足要集中兵力布阵。集中兵力是为了防止敌人包围。整顿队伍、排列旗帜是为了布好战阵。阵势如乌云翻滚是为了突击。急速前进并扬起尘土是为了乘敌疑惑时进攻。隐瞒企图,施用诈谋是为了诱敌出战。佯为羸弱,暗设伏兵的办法用于山地作战……出敌不意,突然攻击的战术用于偷袭。凭借沟池布阵,是以少敌众的方法。排列旗帜是为了迷惑敌人。排列飘风之阵,派出轻快的战车是为了追击逃敌。摧毁了当面之敌,遂即转移兵力,是为了防备其他强敌。浮沮阵用于狭路中战斗。不戴盔穿甲,行动迟缓,是为了诱敌来追。精选骁勇敏捷的士卒,是为了准备迎击敌军的前锋。部署坚阵、整顿队伍是为了攻击敌军主力。故意拆毁藩篱障碍是为了……故意丢弃一些物资是为了引诱敌人。反复陷敌人于不利,是为了

到声,所以夜军也。佰奉离积,所以利胜也。刚者,所以圉(御)劫也。更者,所以过□也。□者,所以圉(御)□也。□〔者,所以〕□□〔也。序〕者,所以厌门也。胡退□人,所以解困也。

疲惫敌人。以亮光、声音联络便于夜间行动。控制敌境内的物资储备有利于作战胜利。配置坚强的部队用以抗击敌人的袭击。轮番更替部队是为了……是为了摆脱自己的困境。"

　　　　※※※※※

……□令以金……

……云陈(阵),圉(御)裹〔以赢渭,取喙〕以阖……

……荼以阳削,战……

……畏以山肢,秦怫以委施(逶迤),便罢以鴈(雁)……

……夜退以明简,夜敬(警)……

……舆,火输积以车,陈(阵)……

……龙隋陈……

……也。疏削明……

……也。涧(简)练□便,所以逆喙也……

……豑(断)藩薄,所以汯(眩)〔疑也。伪遗小亡〕,所以瑰(饵)敌也。重害,所……

……奉离积,所以利……

……所以圉(御)□〔也。
□者,所以□□〕也。序者,所
以厌……

五教法

原文

〔孙〕子曰:善教者于
本,不临军而变,故曰五
教:处国之教一,行行之
教一,处军之〔教一,处阵
之教一,隐而〕不相见利
战之教一。处国之教奚
如?曰……孝弟良五德
者,士无壹乎,虽能射不
登车。是故善射为左,善
御为御,毕母(无)为右。
然则三人安车,五人安
伍,十人为列,百人为卒,
千人有鼓,万人为戎,而
众大可用也。处国之教
如此,行行之教奚如?废

译文

孙膑说:"善于施教的人对那些
根本原则,不会在军队临战时随意更
改,所以叫'五教':一种是在国内时
的教戒,一种是在行军时的教戒,一
种是在军内的教戒,一种是在军阵中
的教戒,一种是隐蔽以利于作战时的
教戒。在国内时怎样施教呢?……
孝、悌、良五种良好品德,士卒难道一
样也没有吗?(缺乏这些品德的士卒)
虽然善于射箭也不能让他们登上战
车。所以,善于射箭的人在战车的左
面,善于驾车驭马的当驭手,都不能
在战车的右面。然而同一战车的三
个车兵安于自己的一乘,同伍的五个
人安于自己的一伍,十人成一列,百
人成一卒,上千人设有指挥鼓,万人
为一戎,虽然人数众多也可以用来作

车罢(疲)马,将军之人必任焉,所以衔(率)……险幼将自立焉,所以敬□……□足矣。行行之教如此,处军之教〔奚如?〕……也。处军之教如〔此,处阵〕之教奚如?兵革车甲,陈(阵)之器也。……以兴仁。然而陈(阵)暨(既)利而陈(阵)实繁。处陈(阵)之教如此,隐而不相见利战之教〔奚如?〕……　五教法

※　※　※　※

……垒涂(途)道,使三军之士,皆见死而不见生,所〔以〕……

……镉所以教耳也……

……〔所〕以教足也。五教暨(既)至,目益明……

战。在国内时施教是这样。行军时是怎样施教的呢?战车损坏、战马疲惫,领兵之人必须承担责任……身处险恶之地要能自主处理……就足够了。行军时施教是这样,在军内是怎样施教呢?……在军内施教是这样,在军阵之中是如何施教的呢?兵器、战车、铠甲是战阵中必不可少的装备。……振兴好的方面。由此构成锐利却变化多端的战阵。在军阵之中施教是这样,隐蔽以利于作战时是怎样施教的呢?……"

强　兵

原文

……威王问孙子曰:"

译文

……齐威王问孙膑说:"……

"□□□……□齐士教寡人强兵者,皆不同道。……〔有〕教寡人以正(政)教者,有教寡人以〔□〕敛者,有教寡人以散粮者,有教寡人以静者,……〔孙子曰〕:"……皆非强兵之急者也。"威〔王〕……□□。孙子曰:"富国。"威王曰:"富国。"……□厚,威王、宣王以胜诸侯,至于……

※※※※

……将胜之,此齐之所以大败燕……

……众乃知之,此齐之所以大败楚人,反……

……知之,此齐之〔所以〕大败赵……

……□人于砮桑而禽(擒)氾(范)皋也。……

……禽(擒)唐□也。

……禽(擒)□睘……

齐国之士教我怎样强兵,办法都不相同……有的教我从政教入手,有的教我积聚人力、物力,有的教我发放粮食(以笼络百姓之心),有的教我清静无为……"孙膑说:"……这些都不是为了强兵所急需做的。"齐威王问:"……"孙膑说:"富国。"……齐威王、齐宣王就是通过这些办法战胜各国诸侯的,至于……